知识产权法
研究丛书

反不正当竞争法价值论

王艳芳 著

图书在版编目(CIP)数据

反不正当竞争法价值论/王艳芳著.—北京：商务印书馆,2022
(知识产权法研究丛书)
ISBN 978-7-100-21581-7

Ⅰ.①反… Ⅱ.①王… Ⅲ.①反不正当竞争—经济法—中国 Ⅳ.①D922.294

中国版本图书馆 CIP 数据核字(2022)第 150422 号

权利保留,侵权必究。

知识产权法研究丛书
反不正当竞争法价值论
王艳芳 著

商 务 印 书 馆 出 版
(北京王府井大街36号 邮政编码100710)
商 务 印 书 馆 发 行
北京市白帆印务有限公司印刷
ISBN 978-7-100-21581-7

2022年11月第1版　　开本 880×1230　1/32
2022年11月北京第1次印刷　印张 8¼
定价：88.00元

序　言

当前反不正当竞争法的施行空前活跃，并持续扩展外延和走向纵深，在保护商业成果和维护竞争秩序上经常呈现新动态和发挥新功能，同时也带来了保护正当性、保护边界以及保护方法的诸多困惑和疑虑。每当在解决现实问题产生困惑时，总归要回归其本源和来路，据此为新难问题寻求答案。

但是，当前我国反不正当竞争法的基础性研究还很欠缺，致使实践中往往易于出现各种似是而非的观点和认识，并已在不同程度上影响法律的实际适用。本书所研究的价值取向无疑是反不正当竞争法的元命题，是贯彻于反不正当竞争立法、司法和理论研究中的灵魂，是反不正当竞争法最基本、最根本和最重要的问题，是构建反不正当竞争法理念、原则和规则的根基。

本书以反不正当竞争法的价值取向为主线，以比较法研究为方法，以国内法研究为支点，以具体制度分析为支撑，分别从国内与国外、理论与实践、历史与现实以及"道"与"术"等方面，进行了多角度多层面的系统分析研究，并提出了诸个有新意的观点。作者深耕多年，实践经验丰富，具有理论与实践结合的天然优势，确实把看似高度抽象的价值取向研究得非常接地气和可操作，难能可贵。

本书通过提炼两种价值取向模式，即侧重于自由和效率的价值取向模式与侧重于公平的价值取向模式，对于两大法系反不正当竞争法价值取向及其差异进行系统的比较研究。如此切入的研究角度和挖掘深度，在该领域的国内同类研究中尚不多见。

本书摒弃仅将公平作为我国反不正当竞争法价值取向的通常认识，从公平、自由和效率三个维度全面界定其价值取向，尤其是在自由和效率的基础上界定公平，也即将公平界定为受自由和效率规制的公平，是自由和效率基础上的公平，且对其相辅相成、相互制约与三位一体的关系进行分析。自由、效率与公平本身是常见的和固有的术语，看起来似乎没有新意，但在反不正当竞争法语境下却具有特殊的含义和价值，反不正当竞争法的直接目标是维护市场竞争的公平，公平无疑是其基本的价值取向，但自由和效率仍是其基本价值。公平、自由与效率构成反不正当竞争法的完整价值观念。其中，公平是本位性价值，如非为了追求公平，反不正当竞争法即无产生和存在的必要。反不正当竞争法的具体制度也都是围绕公平而设计的。自由是反不正当竞争法的限定性价值，即反不正当竞争法是为了适当限制竞争自由而生，是对于竞争自由的直接限制，但对于竞争自由的限制本身依然是有限度和受限制的，限制不正当竞争范围的基准恰是竞争自由，即出于最大限度地维护竞争自由的需要，不允许以公平的名义将太多的竞争行为纳入不正当竞争。市场竞争的基调是自由竞争，自由竞争是原则，不正当竞争属于竞争自由的例外。效率是反不正当竞争法的功利性目标价值，反不正当竞争法之所以干预竞争，最终是为了更好地实现市场效率。公平、自由与效率从不同的侧面，构成了反不正当竞争法完整的价值体系。忽视自由和效率，竞争公平无法实现，而且丧失参照物和逻辑前提，最终缺失衡量标准。

序　言

价值取向不是空中楼阁，必须有具体制度的支撑，并在理念、制度与法律标准上相对应。本书以公平、自由和效率为核心，以具体制度为支撑，构建了我国反不正当竞争法的价值取向理论体系和实践操作标准。认为价值观是制度运行的灵魂，必须体现于和贯彻于制度之中，以制度设计为支撑，并就体现和贯彻价值取向的支柱性制度进行了逐一探讨，着重从价值取向的角度解释和重塑相关制度。反不正当竞争法的基本原则、基本判断标准、一般条款、具体规定等，均必须体现其价值取向，受价值取向的引导和拘束。反不正当竞争法价值取向也贯穿于这些原则和制度的解释和适用之中，并用以指引反不正当竞争法与知识产权专门法等特殊关系的处理。把价值取向问题理顺和解决了，原则与制度的适用就有了明确的和准确的方向，反不正当竞争法也就有了准确的和恰当的定位。

此外，本书从价值取向的视角对于商业道德进行解读，进一步廓清其内涵，并对世俗道德与商业伦理进行了进一步的划分，对于一般条款的适用进行了系统诠释。本书运用反不正当竞争法价值取向，对于该法的补充保护进行了理论梳理和实践解析，区分了静态的与动态的竞争观，并通过实例分析论证，认为动态的竞争观更为符合反不正当竞争法的价值取向。有感于本书的写作，作者倾注全力，观点中肯，反映中国司法实践的经验总结，实属不易。

孔祥俊
2022 年 2 月 20 日

自　　序

这本小书原型是我的博士毕业论文，撰写时更多地考虑从学术的角度论述论题。恰逢我离开工作了 25 年的最高人民法院审判岗位赴华东政法大学专职任教之际，转型专职任教尘埃落定，两种角色身份的转变，加之工作衔接的空档，让我从案牍和徘徊中暂时解脱出来，静心梳理撰写缘起及心路历程。

在从事知识产权审判的多年，对一些问题的认识是从浅显到初入门径。但由于长期实务的惯性及成长的经历，对很多问题并没有上升到理论的高度，而经常是一种直觉。当然这种直觉不是毫无根据的，而是多年审判实践浸淫熏陶而来，正如庞德所言："熟练的工匠可以运用来自其经验的直觉确保他们的活动。不可计数的细节和细微的差别造就了这种直觉，它形成于日积月累的经验之中，形成于一次又一次的尝试和谬误之中，形成于不断做出恰当的包容和淘汰，直至有效的行为准则成为一种习惯。"[①] 在没有深厚理论指导的情况下撰写出来的判决，有时候也会出现以下情形："那些研究司法判决的人经常会发现，不论达到结果的推理过程是否合理，他们所做的决定往往是合理的。法官训练有素的直觉不断引导他们

[①] The Theory of Judicial Decision, 36 *Hav.L.R.*952, 转引自〔美〕本杰明·N. 卡多佐：《法律的成长》，李红勃、李璐怡译，北京大学出版社 2014 年版，第 103 页。

作出正确的判决，但是让他们给出推理过程，却有些强人所难"。[①]我经常会有这样的困境，审判经验的积累形成一种直觉引导我找到正确的裁判方向，也能根据事实阐述法律适用的具体原因，但对于更深层次价值观程度的论述却经常感到心有余而力不足。当然，是否要在裁判文书中论述指引裁判者作出裁决的价值观，仁者见仁智者见智，不同的裁判者会有自己撰写文书的独特风格，不能一概而论。于我自己而言，一是作为最高人民法院的法官，起草的文书需要符合严格的规范；二是当时不完全具备这种能力，没有把握做到游刃有余；三是感觉如果进行价值观的论述，更适合的地方是裁判之后，对文书的深层解读，所以在我起草的文书中，甚少大篇幅价值观的论述，仅是只言片语隐藏在判理之间隐约透露出点滴价值。

2014年师从刘春田教授攻读知识产权博士学位。对于博士论文的选题，一直在酝酿。由于长期从事审判实务，相比而言，我于理论并非长处，但博士论文又要求有较高的理论深度。刚好我也是从2014年开始担任最高人民法院竞争合议庭[②]的审判长，期间三四年时间。这个时期正是反垄断民事审判起步的阶段，也是网络反不正当竞争纠纷剧增的阶段。考虑到从事工作的实际需求，竞争法的原则性经常会使审判实践中面临两种截然不同的观点，"一个法官坚信正确的方法，却遇到另一些具备同样能力又有良知的人（法官）

[①] The Theory of Judicial Decision, 36 *Hav.L.R.*952, 转引自〔美〕本杰明·N.卡多佐：《法律的成长》，李红勃、李璐怡译，北京大学出版社2014年版，第103页。

[②] 作者自1997年9月—2021年8月在最高人民法院知识产权庭工作，庭内合议庭设置经历了若干变化，大概变化情况如下：第一阶段为著作权组、工业产权组；第二阶段为著作权组、商标组、专利组；第三阶段为专利合议庭、商标合议庭、竞争合议庭、著作权合议庭；第四阶段为专利民事审判、专利行政审判及不正当竞争、商标行政审判、商标民事审判、著作权审判、三合一及综合七个调研组。

的挑战，声称那方法是错误的"①。由于身处最高人民法院的缘故，经常会接触到不同层级法院或不同法官对同一案件的不同观点。在这些案件中，冲突的往往是法律适用的结果问题，或者是同一个法律条文针对同一事实得出了截然相反的观点，而这些观点背后往往是价值取向的考量，孰是孰非，难以定论。因此，希望将博士论文研究的内容与审判实践相结合，如果能够在一定程度上为审判实践中的疑难问题找到一种解释，面临两条不同的审判思路时能够更加自如确信地选出更加符合法律本意的裁决方向，岂不达到事半功倍的效果，因此选定了反不正当竞争法的价值观作为论文主题。

  现代经济是一个复杂的演化系统，为满足人类丰富而多变的欲求，其有序运行依赖于各种强制执行的制度。制度反映着特定的价值观，并且也是追求这些价值观的手段。如何设计制度，涉及价值观的取舍及平衡问题。探索价值观，并非易事，探索反不正当竞争法的价值观，更是如此。《反不正当竞争法》第1条和第2条是其价值观的集中体现。我国理论研究与司法实践中，通常泛泛地将反不正当竞争法的价值取向定位于含义宽泛的公平，并以此区别于诸如反垄断法等法律维持的竞争秩序。也就是说，反不正当竞争法的立法宗旨在学界一般被广泛认为是维护竞争公平，反垄断法旨在维护竞争自由。但对公平的具体含义少有深刻的阐释，经常仅进行笼统含糊的表述，也甚少与竞争自由和市场效率相连接。实践中经常有观点受到传统公平观的影响，在竞争行为正当性的认定上有泛道德化和权利保护的思维，导致不正当竞争行为认定扩大化的倾向。

---

① The Theory of Judicial Decision, 36 *Hav.L.R.*952, 转引自〔美〕本杰明·N.卡多佐：《法律的成长》，北京大学出版社2014年版，第150页。

公平的含义如何界定，市场自由和效率之间的关系如何取舍，如何对二者进行精细的平衡，实质上涉及反不正当竞争法价值取向的问题。探索价值取向，必然涉及设立这些制度（立法）的目的；而对于制度目的的探索，又会追根溯源到制度的建立等基础问题。

在刘春田和孔祥俊等老师的指导下，我开始了对美国经济学家约翰·康芒斯《制度经济学》等经济学书籍的研读。初读时，晦涩难懂；硬着头皮啃，又读时，初现端倪；再读时，似有所得但不足以融会贯通；放下一段时间再读，经常有惊喜简直要拍案大呼痛快，原来底层的逻辑是这样。大致而言，制度是经济制度进化的动力，所谓制度是集体行动控制个体行动。集体行动牵扯范围甚广，最主要的是法制，法制对经济制度的变化有着重要的作用。康芒斯从最高法院判例及集体议价、劳动仲裁和商事仲裁的案件来分析，发现了法庭的判决是从利益冲突开始，考虑那些冲突的利益的显然互相依存；然后再由最高裁判机构（最高法院或者劳动和商事仲裁法庭）作出判决，目的不是要产生利益的协调，而是要从利益的冲突中产生秩序，在法院这就叫做"合法"程序。事实上，中国法院受理的不正当竞争案件正好反映了如何产生这种秩序，如何通过案件的审理达到《反不正当竞争法》第1条立法目的的实现，即如何通过案件的审理建立"促进社会主义市场经济健康发展，鼓励和保护公平竞争，制止不正当竞争行为，保护经营者和消费者的合法权益"的秩序。为了建立这种秩序，《反不正当竞争法》第2条规定了经营者的行为准则即"应当遵循自愿、平等、公平、诚信的原则，遵守法律和商业道德"。准则中的"自愿、平等、诚信"相对而言容易确定，但何为"公平"？"商业道德"内容为何？这些基本的概念，需要作出回答。在我承办的一起商业秘密纠纷案件中，就非常有代表性地体现出了对这两个问题的不同观点。

该案是最高人民法院提审改判的一起商业秘密案件。原告华阳公司是一家从事工业清洗维护产品研发、生产和销售的企业,产品范围主要包括清洗剂、润滑剂、密封剂等工业化学品。被告王某于1996年入职华阳公司,曾任华阳公司董事、销售副总经理、总经理、副总裁,并于2012年至2016年期间任华阳公司的法定代表人。2015年10月底,王某创立被告麦达可尔公司,任法定代表人和总经理,麦达可尔公司主要从事清洗剂产品的生产销售等经营活动。被告张某于2001年入职华阳公司,曾任华阳公司技术部经理、技术服务部经理。2016年1月开始,张某任麦达可尔公司技术部经理。被告刘某于2010年入职华阳公司,曾任华阳公司销售服务部经理。2015年10月底,刘某开始负责麦达可尔公司的人事行政工作。华阳公司曾与张某、刘某签订保密协议,保密范围涵盖与客户业务、产品、服务有关的信息等商业秘密。华阳公司对客户信息采用ERP系统进行管理。在华阳公司的ERP系统中,存储的客户信息包括:客户名称、品名、货品规格、销售订单数量、单价、联系人、电话、地址等。华阳公司在本案中主张作为商业秘密保护的是含有43家客户信息的客户名单。天津市第一中级人民法院一审认为,43家客户名单构成华阳公司的商业秘密,麦达可尔公司、王某、张某、刘某的行为构成侵权,遂判决麦达可尔公司、王某、张某、刘某立即停止侵权,麦达可尔公司赔偿华阳公司经济损失60万元,王某、张某、刘某承担连带赔偿责任。麦达可尔公司与华阳公司均不服,提起上诉。天津市高级人民法院二审判决驳回上诉,维持原判。麦达可尔公司仍不服,向最高人民法院申请再审。

最高人民法院审查认为:人民法院在审理商业秘密案件中,既要依法加强商业秘密保护，有效制止侵犯商业秘密的行为，为企业的创新和投资创造安全和可信赖的法律环境，又要妥善处理保护商业秘密与劳动者自由择业、竞业限制和人才合理流动的关系，维护劳动者正当就业、创业的合法权益，依法促进劳动力的合理流动和自主择业。职工在工作中掌握和积累的知识、经验和技能，除属于单位的商业秘密的情形外，构成其人格的组成部分，是其生存能力和劳动能力的基础，职工离职后有自主利用的自由。根据《最高人民法院关于审理不正当竞争民事案件应用法律若干问题的解释》第13条规定的"客户名单"，受商业秘密保护的客户名单，除由客户的名称地址、联系方式以及交易的习惯、意向、内容等信息所构成外，还应当属于区别于相关公知信息的特殊客户信息，并非是指对所有客户名单的保护。根据麦达可尔公司提供的公证书，前述43家客户信息可以通过网络搜索得到。根据华阳公司提供的43家被侵权客户名单（2012—2015），该表格为特定时间段内华阳公司与某客户的交易记录及联系人。最高人民法院认为，首先，在当前网络环境下，相关需方信息容易获得，且相关行业从业者根据其劳动技能容易知悉；其次，关于订单日期、单号、品名、货品规格、销售订单数量、单价、未税本位币等信息均为一般性罗列，并没有反映某客户的交易习惯、意向及区别于一般交易记录的其他内容。在没有涵盖相关客户的具体交易习惯、意向等深度信息的情况下，难以认定需方信息属于反不正当竞争法保护的商业秘密。

结合华阳公司未与王某、张某、刘某签订竞业限制协议的事实，麦达可尔公司并不承担相关竞业禁止义务。因此，在王某、张某、刘某既没有竞业限制义务，相关客户名单又不构成商业秘密，且相关联系人、联系电话较大比例不相同的情况下，难以认定麦达可尔公司、王某等人之行为构成侵犯华阳公司商业秘密。在既没有竞业限制义务,又不侵犯华阳公司商业秘密的情况下,王某、张某、刘某运用其在原用人单位学习的知识、经验与技能,无论是从市场渠道知悉相关市场信息还是根据从业经验知悉或判断某一市场主体需求相关产品和服务,均可以在此基础上进行市场开发并与包括原单位在内的其他同行业市场交易者进行市场竞争。虽然与原单位进行市场竞争不一定合乎个人品德的高尚标准,但其作为市场交易参与者,在不违反法律禁止性规定又没有合同义务的情况下,从事同行业业务并不为法律所禁止。如果在没有竞业限制义务亦不存在商业秘密的情况下,仅因为某一企业曾经与另一市场主体有过多次交易或稳定交易即禁止前员工与其进行市场竞争,实质上等于限制了该市场主体选择其他交易主体的机会,不仅禁锢了交易双方的交易活动,限制了市场竞争,也不利于维护劳动者正当就业、创业的合法权益,有悖反不正当竞争法维护社会主义市场经济健康发展,鼓励和保护公平竞争,制止不正当竞争行为,保护经营者和消费者的合法权益之立法本意。最高人民法院判决撤销一审、二审判决,驳回华阳公司的诉讼请求。①

客户名单是否构成商业秘密的认定问题在司法实践中是一个较为疑难复杂的问题,地方法院在认定是否构成商业秘密上标准不尽一致,有的判决书在论述裁判理由时也常常语焉不详,常以原则性的论述直接得出构成商业秘密的结论。客户名单是否构成商业秘密,一方面关系着企业经营秘密的保护,关系着诚信经营,避免企业积累的经营秘密被不正当利用;另一方面又涉及劳动者基于自身、

---

① 最高人民法院民事判决书(2019)最高法民再 268 号

智力和经验所形成的知识和技能。两者之间界限的划分关系着劳动者的择业自由是否应当受到限制。如果保护过宽，则会使不正当竞争认定扩大化，将会不适当地限制市场自由竞争，因此把握合适的"度"尤为重要。尺度宽严的把握实质上是世俗公平和商业伦理不同价值取向冲突与取舍的体现。也就是说，本案表面上是是否构成商业秘密的冲突，是地方法院与最高人民法院关于不为公众知悉的要件判定标准的不同，实质上是世俗公平价值观和商业伦理价值观的冲突和取舍。表面上是判断标准的差异，深层则是竞争观的差异。

原审法院认为只要含有客户名称、电话、地址与交易内容等就认定前述信息为深度信息进而认定其区别于相关公知信息。此判断标准更倾向认为，原职工离职后再与原单位相关客户进行交易即违反了《反不正当竞争法》第2条规定的"公平、诚实信用原则"。最高人民法院则认为前述信息不能是一般性的罗列，而必须反映了客户的交易习惯等特殊客户信息，否则会对相关客户名单构成商业秘密的认定过宽，事实上会限制市场竞争，不利于反不正当竞争法关于"促进社会主义市场经济健康发展，鼓励和保护公平竞争，制止不正当竞争行为，保护经营者和消费者的合法权益"的立法精神的实现。

两种价值观取舍和选择在本案原审和再审得以鲜明体现。原审法院判断标准背后的价值观类似于最高人民法院在"山东食品与马达庆案"中指出的"人情世故"和"社会道义"等社会世俗意义上的公平标准，[①] 也就是传统的公平的价值观。在该案中，最高人民法院指出：如果从传统的知恩图报、哥们义气等人情世故和社会道义

---

① 最高人民法院民事裁定书（2009）民申字第1065号

的角度进行判断，马达庆从原单位跳槽到从事竞争业务的行为或许被看做"忘恩负义"或者"不仗义"。本案中，王某从华阳公司离职后即成立麦达可尔公司并与华阳公司交易多年的客户进行交易，从世俗意义上讲，可以谓之"不够诚信"和"不够仗义"。但再审法院认为，市场经济中的诚实信用不同于一般市民社会的诚实信用，在规范市场竞争的反不正当竞争法中，诚实信用原则更多的是以公认的商业道德的形式体现出来的。商业道德要按照特定商业领域中市场交易参与者即经济人的伦理标准来加以评判，它既不同于个人品德，也不能等同于一般的社会公德，所体现的是一种商业伦理。关于人的特质，经济学者归纳出两点：理性和自利。理性，是指人能思索，会思索。自利不是自私，而是指会做对自己有利的事情。利益,包括物质和精神,也可能包含别人的利益[1]。熊秉元形象地举例，理性有刻度高下之分——在商业上和竞争对手锱铢必较的思维，想必和酒桌上朋友打敬酒官司时不同[2]。虽然这个例子用在此处并非非常贴切，但也大体表现了日常民事生活中的道德和商业道德的不同。

　　竞争自由是市场效率与竞争公平的根基，反不正当竞争法是为了适当限制竞争自由而生，是对于竞争自由的直接限制，但对于竞争自由的限制本身依然是有限度和受限制的，限制不正当竞争范围的基准恰是竞争自由，即出于最大限度地维护竞争自由的需要，不允许以公平的名义将太多的竞争行为纳入不正当竞争。试想，如果在不构成商业秘密的情况下，仅因为某一企业曾经与另一市场主体有过多次交易或稳定交易即禁止前员工与其进行市场竞争，实质上

---

[1] 熊秉元：《法的经济解释》，东方出版社2017年版，第5—6页。
[2] 同上书，第7页。

等于限制了该市场主体选择其他交易主体的机会,不仅禁锢了交易双方的交易活动,限制了市场竞争,而且还违背了反不正当竞争法对自由竞争竞争秩序的根本要义。

前述案件审理期间恰是我博士论文撰写期间,该案判决书成稿于我博士论文答辩后。可以说如何公平审理该案促进了我对两种价值观的探根求源,反过来,对两种价值观的深层次反思又进一步坚定了我于本案的裁判方向。后该案被评为2019年50件典型知识产权案例,判决书在第四届全国知识产权优秀裁判文书评选活动中获二等奖,候选最高人民法院指导案例。虽最后因种种原因未能成为指导案例,但我转型教职之际,欣喜地看到该判决书核心判决理由"人民法院在审理商业秘密案件中,既要依法加强商业秘密保护,有效制止侵犯商业秘密的行为,为企业的创新和投资创造安全和可信赖的法律环境,又要妥善处理保护商业秘密与劳动者自由择业、竞业限制和人才合理流动的关系,维护劳动者正当就业、创业的合法权益,依法促进劳动力的合理流动和自主择业"[1]在《最高人民法院关于加强新时代知识产权审判工作为知识产权强国建设提供有力司法服务和保障的意见》(法发〔2021〕29号)[2]中被引用,我作为一名长期从事知识产权审判的一线法官对此而由衷欣慰。

---

[1] 最高人民法院民事判决书(2019)最高法民再268号

[2] 见该意见:11.加强商业秘密保护,护航企业创新发展。依法加大涉及国家安全和利益的技术秘密司法保护力度,严惩窃取、泄露国家科技秘密行为。正确把握侵害商业秘密民事纠纷和刑事犯罪的界限,完善侵犯商业秘密犯罪行为认定标准。加强诉讼中的商业秘密保护,切实防止诉讼中二次泄密,保障权利人依法维权。妥善处理保护商业秘密与自由择业、竞业限制和人才合理流动的关系,在依法保护商业秘密的同时,维护劳动者正当就业创业合法权益,保障企业创新发展,促进人才合理流动。

xiii

目　录

导论 …………………………………………………………………… 1
　第一节　选题背景及研究方法 …………………………………… 1
　　一、选题背景和意义 …………………………………………… 1
　　二、研究内容和方法 …………………………………………… 3
　　　（一）研究内容 ………………………………………………… 3
　　　（二）研究方法 ………………………………………………… 4
　第二节　当前研究状况 …………………………………………… 6
　　一、功能定位 …………………………………………………… 6
　　二、规制范围 …………………………………………………… 8
　　三、竞争属性 …………………………………………………… 10
　　四、价值取向 …………………………………………………… 11
第一章　反不正当竞争法价值取向的问题 ……………………… 15
　第一节　价值取向的地位 ………………………………………… 15
　　一、价值观 ……………………………………………………… 15
　　二、价值取向 …………………………………………………… 16
　第二节　价值词源内涵 …………………………………………… 17
　　一、公平价值的由来 …………………………………………… 17
　　二、深层考量的疑问 …………………………………………… 18
　第三节　价值取向的误读 ………………………………………… 20

一、价值取向聚焦于公平 ···················· 20
　　　二、判断标准泛道德化 ···················· 22
　　　三、一般条款过宽适用 ···················· 23
　　　四、与专门法的关系 ······················ 25
　　　五、动态抑或静态的竞争观 ················ 26

第二章　反不正当竞争法价值取向比较 ············ 28
　第一节　概述 ································ 28
　　　一、价值取向一体两翼 ···················· 28
　　　二、价值取向各有侧重 ···················· 29
　第二节　词源考量与价值取向模式 ·············· 31
　　　一、词源差异 ···························· 31
　　　二、两种不同的价值取向 ·················· 33
　第三节　INS 案与两种价值取向 ················ 34
　　　一、INS 案的裁判 ························ 34
　　　二、未成主流的 INS 案裁判规则 ············ 36
　第四节　侧重于自由和效率的价值取向 ·········· 39
　　　一、贸易自由、竞争自由与公平竞争 ········ 39
　　　二、慎重干预市场竞争的法律实践 ·········· 41
　第五节　社会和谐的公平价值取向 ·············· 53
　　　一、社会和谐的要义 ······················ 53
　　　二、实证分析 ···························· 54
　第六节　两种价值取向模式评析 ················ 58
　　　一、观念上的差异 ························ 58
　　　二、行动上的差异 ························ 61
　　　　（一）关于欺骗消费者问题 ·············· 62

　　　　（二）关于利用或者贬损产品形象问题 ················ 64
　　　　（三）关于逼真模仿 ······························ 67
　第七节　社会和谐向自由效率转变 ························ 69
　　一、转变的过程及其表现 ······························ 69
　　二、转变的原因 ······································ 74
　　　　（一）竞争社会 ································· 74
　　　　（二）政府干预的变化 ··························· 76
　　　　（三）公平与效率并非对立 ······················· 77
　　三、价值取向与义利观 ································ 78
　　　　（一）"义"与社会和谐 ·························· 78
　　　　（二）"利"与市场自由和效率 ···················· 79

第三章　我国反不正当竞争法的价值取向 ···················· 84
　第一节　自由、公平与效率的三元价值取向 ················ 84
　　一、一元价值取向的问题 ······························ 84
　　　　（一）一元价值取向 ····························· 84
　　　　（二）忽视其他价值取向之不足 ··················· 85
　　二、公平价值的本位性 ································ 86
　　三、自由价值的基础性 ································ 89
　　　　（一）竞争自由的基本定位 ······················· 89
　　　　（二）限制与维护自由的悖论 ····················· 93
　　　　（三）自由竞争是效率的灵魂 ····················· 95
　　四、效率价值的经济性 ································ 97
　第二节　我国立法价值取向定位 ························· 100
　　一、立法与修法的价值取向 ··························· 100
　　　　（一）1993年的《反不正当竞争法》··············· 101

xvii

（二）2017年修订《反不正当竞争法》 ·············· 101
　二、2017年修订法律中价值关系的协调 ·············· 103
　　（一）限制不正当竞争行为的范围 ·············· 104
　　（二）重视实质性维护竞争自由 ·············· 104
　　（三）重视发挥市场机制的作用 ·············· 105
　　（四）保持垄断与不正当竞争的各自空间 ·············· 105

第三节　价值取向的制度构造 ·············· 106
　一、价值取向的宏观制度 ·············· 106
　二、价值取向的中观微观制度 ·············· 108
　　（一）原则 ·············· 108
　　（二）正当性判断标准 ·············· 108
　　（三）与知识产权保护的关系 ·············· 109
　　（四）列举性规定与总则条款 ·············· 109
　　（五）列举性规定与价值取向 ·············· 110
　　（六）不正当竞争的经济伦理 ·············· 111

第四章　有限补充保护 ·············· 113

第一节　知识产权的补充保护 ·············· 113
　一、反不正当竞争法的知识产权保护功能 ·············· 113
　二、补充保护之比较 ·············· 114
　三、我国反不正当竞争法的补充保护 ·············· 117
　四、补充保护的新动态 ·············· 119
　五、补充保护与知识产权法定原则 ·············· 122

第二节　从兜底保护到有限补充保护 ·············· 127
　一、兜底保护功能 ·············· 127

二、有限的补充保护 ·················129
第三节 限制补充保护的度 ·················133
 一、不抵触原则 ·················133
  (一)《大闹天宫》案 ·················134
  (二)《傅雷家书》案 ·················136
  (三)电子媒介亚洲公司案 ·················137
 二、另立保护根据原则 ·················139
 三、限制补充保护的原则 ·················142
 四、知识产权法保护的优先性原则 ·················144
 五、"合法权益"非专有权原则 ·················145
第四节 自由价值取向与模仿自由 ·················147
 一、市场成果的自由利用 ·················148
 二、模仿自由:竞争自由的集中体现 ·················150
 三、模仿自由的尺度 ·················155
 四、避免商业道德的泛化 ·················160

第五章 价值取向与判断标准 ·················163
 第一节 世俗道德与商业伦理 ·················163
  一、经济与伦理的结合体 ·················163
  二、价值与标准的比较分析 ·················167
  三、我国司法实践态度的典型案件 ·················169
  四、竞争行为正当性认定的商业伦理标准 ·················172
 第二节 由判断到创制的商业伦理 ·················177
  一、由判断到创制的立法变化 ·················177
  二、公认的商业道德 ·················182

xix

第六章　价值取向与一般条款·················185
第一节　价值取向下的一般条款·················185
一、反不正当竞争法的一般条款·················185
二、价值取向的限定和指导·················187
第二节　价值取向与法益保护格局的变化·················188
一、国际的发展变化·················188
二、我国立法上的变化·················190
三、价值取向与具体的利益平衡·················193
（一）判断元素中价值取向基础·················194
（二）不被扭曲的市场秩序·················195
（三）消费者利益·················196
第三节　保护竞争秩序而不是竞争者·················200
一、保护竞争而不是保护竞争者·················200
二、竞争性损害和法益·················202
三、一般条款适用的谦抑·················205

第七章　价值取向与动态性竞争·················209
第一节　市场竞争的形态·················209
一、静态竞争与动态竞争·················209
二、市场竞争与动态利益协调·················210
三、市场竞争与动态的过程·················212
第二节　两种价值观的取舍·················215
一、静态的竞争观·················215
二、动态的竞争观·················218

结论·················223
一、价值取向的核心指引功能·················223

二、三元价值取向及其互补关系 ·································· 225
三、价值取向的制度基础 ······································· 229

参考文献 ·· 230
案例列表 ·· 238

导　　论

第一节　选题背景及研究方法

一、选题背景和意义

我国理论研究与司法实践中，通常泛泛地将反不正当竞争法的价值取向定位于含义宽泛的公平，并以此区别于诸如反垄断法等法律维持的竞争秩序。换言之，反不正当竞争法的立法宗旨在学界一般被广泛认为是维护竞争公平，反垄断法旨在维护竞争自由，公平与自由是两部法律的基本分界线，而公平则是一个笼统的概念，并未与竞争自由和市场效率相连接，从而未能体现和揭示反不正当竞争法价值取向的本质。这种流行的公平竞争观通常流于老生常谈，被视为当然之理，却鲜有在理论上进行深入系统的探究，在实务中也往往被视为应然和常识。

这种价值取向的定位直接影响了竞争行为正当性判断标准、反不正当竞争法与知识产权法的关系等核心问题，使得反不正当竞争法的适用不能准确地达成其法律目标，甚至严重偏离法律适用方向和扭曲法律适用标准。例如，我国反不正当竞争法理论和司法更多受传统公平观的影响,在竞争行为正当性认定上有泛道德化和权利(绝对权)保护的思维,对于市场自由、效率和动态竞争的考量有所欠缺,导致不正当竞争行为认定上的扩大化倾向,如一般条款的适用过宽过滥,[①] 进而不能很好地处理政府与市场、司法和市场、竞争自由与竞争公平以及静态竞争与动态竞争等关系。

近年来,我国反不正当竞争实践开始对价值取向进行关注和争论,其背后反映的主要是在公平与效率目标之间的平衡和取舍。当前我国司法实践中对于竞争行为正当性认定标准的争论以及认定结果的差异,已实质上转化为价值取向层面的争议和认识差异,不解决价值取向问题,就难以统一标准和形成共识。2017年修订的《反不正当竞争法》确立了反不正当竞争的新范式,为进一步明确界定价值取向提供了新依据和提出了新需求。从国际上看,英美法与欧洲大陆法的反不正当竞争价值取向有着传统的差异,但欧陆国家逐渐受英美法的影响,已开始了价值取向上的变化。在国际发展新趋向和我国新修订法律的背景下,如何确定我国的反不正当竞争价值取向,具有更为重要的意义。

本书结合当前我国司法实践中对于竞争行为正当性认定标准的争论以及认定结果的差异,尤其是针对价值取向层面的争议和认识差异,对于反不正当竞争法价值取向进行系统研究,并在此基础上对于竞争行为正当性判断的理念、制度和方法进行诠释、重塑或者构建。其目的是切实解决价值取向的认识问题,以便于统一标准和形成共识。

[①] 蒋舸:《关于竞争行为正当性评判泛道德化之反思》,载《现代法学》2013年第6期。

鉴此，研究反不正当竞争法价值取向，在反不正当竞争法的理论与实践中具有正本清源的重要价值。这正是本书选题的重要意义所在，也是我选择这一选题的原因。

二、研究内容和方法

（一）研究内容

本书围绕反不正当竞争法价值取向这一主题，进行多角度和系统性的研究。

本书首先研究反不正当竞争法价值取向的国际背景和比较法情况，特别是对于不同的价值取向模式进行比较，并揭示价值取向的演变趋势，从中为研究我国反不正当竞争法价值取向提供比较法的支撑和借鉴。着重抓住国外尤其是两大法系在竞争观上的历史差异及当今演变，通过对由社会和谐型的公平竞争观到自由效率型的竞争观的现代变化的分析，揭示价值取向的国际趋向，为界定我国反不正当竞争法价值取向提供参照。

本书以我国反不正当竞争法价值取向为研究的重心。对于我国反不正当竞争法价值取向进行了更为全面的归纳，将其归结为自由、效率与公平，并对其深刻内涵及三位一体的内在联系进行分析。本书认为以制度设计为支撑的价值取向是制度运行的灵魂，必须体现于和贯彻于制度之中。因此，就体现和贯彻价值取向的支柱性制度进行了逐一探讨，着重从价值取向的角度解释和修改相关制度。价值取向与支撑性制度，构成了我国反不正当竞争法的价值取向体系。

总之，本书以价值取向为主线，分别从国内与国外、理论与实践、历史与现实以及"道"与"术"的多重角度，进行了系统研讨。

（二）研究方法

本书紧扣反不正当竞争法价值取向这一主题，采取了多种研究方法。本书主要采用了实证研究与比较研究相结合的方法。

（1）实证研究方法

一般而言，实证研究在于了解事件状况和成因，强调的是以经验为根据，展示或者描述事实和资料，然后得出某种结论。从使用价值的角度看，运用实证研究的方法是解释客观世界中现象的有利工具。其着眼点在于描述某一客观问题的实然方面，而不在于应然方面。规范分析先基于实证分析，在实证分析的基础上再根据事先确定下来的价值判断，做出"应不应该"的回答，或者规定着人们应当如何行动，而不只是描述人们实际上如何行动。

法学的实证研究从法的实然性出发，以大量的事实根据为基础，首先解决问题的事实在客观上是怎么样的。其研究思路为：先发现客观事实并对其进行描述，然后再解释产生此种状况的原因，接着对此种状况的未来发展进行预判，最后检验其实施效果。而法学的规范分析则从法的应然性出发，探寻为达到某一特定社会目标的法律应当是什么样而进行分析，该过程中既会涉及对法律本身进行的利益权衡和价值判断，也会涉及某一具体制度应当如何平稳落地并有效作用的整个过程，例如应当对现有某一制度提出何种改进方案或者借鉴何种模式更有利于法律的践行。作为法学研究而言，规范分析和实证分析都是必不可少的两种手段，二者可以相互作用，规范分析为实证分析提供制度层面的指引，而实证分析给规范分析指出制度设计运行情况甚至漏洞。毕竟实证分析仅仅体现诸多个体个性化的特征,但暂且并未被抽象概括化,规范分析将其进行归纳总结,很好地诠释了实证分析的规则发现。易言之,实证分析是规范分析的基础,规范分析则是实证分析的发展,二者相辅相成,不可或缺。

本书对于论题首先进行充分的实证研究,在此基础上进行规范研究。本书将重点分析研究我国反不正当竞争法施行以来,尤其是近年来的裁判,对其价值取向、判断范式等进行深入剖析,找出价值取舍、判断标准及法律适用方法上的主要问题,分析其成因,然后就如何重塑价值标准提出观点。

(2)比较研究方法

各国反不正当竞争法差异较大,但在理念和价值层面上仍具有相同类似性。研究国外的相关理论和制度具有借鉴和启发意义。因此,本书对于反不正当竞争法价值取向首先进行了比较法研究,在此基础上进一步研究国内情形。比较法研究结论是本书主题的重要支撑。

就国际趋向而言,世界范围内的反不正当竞争法在公平与效率之间有不同的选择和定位,其中英美法系国家通常是以效率的竞争观为基本取向,大陆法系国家通常是以公平的竞争观为取向。两种不同的竞争观决定了两大法系国家对待反不正当竞争法及竞争行为正当性判定的不同理念和标准。但是,当代大陆法系国家反不正当竞争法逐渐由传统的公平观向现代的市场经济效率观转变,并由此引发和推动了反不正当竞争立法和司法的新变化。两种价值观或者竞争观的差异和取舍,以及大陆法系国家向效率竞争观的转向,均具有较高的研究价值和重要的启发意义,构成了研究我国反不正当竞争法价值取向的比较法制度背景,同时也是构造我国反不正当竞争法理念与制度的国际视野。

第二节 当前研究状况

当前我国学术界对于反不正当竞争法价值取向的直接研究相对薄弱,但有一系列相关研究。为准确把握当前价值取向研究的方位,本节在较大范围内对于与此相关的研究状况加以综述。

一、功能定位

反不正当竞争法价值取向折射了政府对于市场行为的干预范围和力度。例如,效率和自由价值基础上的公平,更多体现市场的主体性和竞争的自由度,即市场问题首先要靠市场自行、自主地解决,而政府只有在"市场失灵"时才对市场行为进行有限的干预,因此,价值取向与反不正当竞争法在整个法体系中的角色相关,直接关涉反不正当竞争法在市场活动和政府管理中的功能和定位。

在现有研究中,一些学者将反不正当竞争法视为"市场管理法"和"市场调控法",认为其属于国家对市场的行政管理法,本质是国家干预,旨在用行政权力、司法权力等公权去"重塑"和"复制"公平的市场交易活动,从而维护交易秩序。[1] 董笃笃从政策导向入手,认为其本质属于政策在调控市场竞争的体现。[2] 秦国荣将反不正

---

[1] 谢晓尧:《竞争秩序的道德解读——反不正当竞争法研究》,法律出版社2005年版,第23页。
[2] 董笃笃:《〈反不正当竞争法〉的定位与功能》,载《法治研究》2016年第4期。

竞争法视为政府干预手段的说法定性为"需要干预说",[①]并通过批判"需要干预说",论证反不正当竞争法的上位概念——经济法的本质及功能定位,他认为包含反不正当竞争法在内的竞争法的法律属性是权利保障与权力控制,即为达到市场公平竞争等目的,需要赋予主管部门监督职责,同时还要采用法律手段将公权力严格限定在法律授权及法定程序范围内,以避免权力滥用[②]。基于反不正当竞争法最核心要素"竞争"的属性所展开的研究分析呈现出不同多元的观点,王先林将竞争法定位为市场规制法的龙头和核心。[③]谢晓尧以市场为本位,研究竞争秩序,他认为在逻辑起点上市场优先于政府,政府干预在"市场失灵后"才出现。[④]他指出市场存在失灵,同时有自我修复能力,反不正当竞争法通过一般条款间接作用于市场行为,维持自身的独立性。孔祥俊从竞争法特质上对反不正当竞争法进行定位,他认为反不正当竞争法所调整的竞争行为需从市场经济的基本机制进行理解,市场机制是竞争机制,是以竞争为基础有效配置资源[⑤]。反不正当竞争法应当重视和贯彻有限干预和市场效率观念。[⑥]

---

① 秦国荣:《维权与控权:经济法的本质及功能定位》,载《中国法学》2006年第2期。"需要干预说"即主张经济法源于政府干预的学说,认为由于自由竞争必然会导致市场机制"失灵",因而需要政府主动"干预经济",发挥政府"有形之手"的功能以弥补市场"无形之手"之不足,经济法即是需要政府干预经济运行之法。

② 秦国荣:《维权与控权:经济法的本质及功能定位》,载《中国法学》2006年第2期。

③ 王先林:《竞争法学》,中国人民大学出版社2015年版,第29页。

④ 谢晓尧:《竞争秩序的道德解读——反不正当竞争法研究》,法律出版社2005年版,第9页。

⑤ 孔祥俊:《论反不正当竞争法的新定位》,载《中外法学》2017年第3期。

⑥ 孔祥俊:《论反不正当竞争法修订的若干问题》,载《东方法学》2017年第3期。

二、规制范围

反不正当竞争法规制范围是其功能定位的外化形态与具体表现,相对于公平竞争观而言,效率竞争观更加强调反不正当竞争法在规制内容上的谦抑性,体现为一种有限和适度调整,反不正当竞争法不规制的内容交由市场发展,按照市场自身和内在的机制进行调整,此时反不正当竞争法处于谦抑状态。在反不正当竞争法所调整的客体上,竞争关系、竞争者和竞争行为分别对应公平的竞争观和效率竞争观的逻辑考量。在现有研究中,在反不正当竞争法的规制范围与内容认定上,河山和肖水认为反不正当竞争法是"不管法",即认为别的法管的那些问题,它涉及其中别的法不管的,它往往也要管。① 如许多学者坚持认为反不正当竞争法的作用在于为著作权法、专利法、商标法等特别法进行兜底保护,并将两者比喻为"冰山海水"的关系,此即所谓"补充说"或"兜底说"。② 吴汉东认为反不正当竞争法具有对知识产权提供保护的补充功能,因此建议扩大反不正当竞争法的适用主体范围,③ 王先林持"有限兜底"的观点,他认为在专门法虽有规定但不充分或不周延时,反不正当竞争法发挥其兜底功能。④ 持"独立说"的学者则认为二者虽紧密联系,但两

---

① 河山、肖水:《反不正当竞争法概要》,首都师范大学出版社1993年版,第4页。
② 持此种观点的学者较多,参见郑成思:《反不正当竞争——知识产权的附加保护》,载《知识产权》2003年第5期;王先林:《竞争法视野的知识产权问题论纲》,载《中国法学》2009年第4期;杨明:《试论反不正当竞争法对知识产权的兜底保护》,载《法商研究》2003年第3期。
③ 吴汉东《论反不正当竞争中的知识产权问题》,载《现代法学》2013年第1期。
④ 王先林:《竞争法学》,中国人民大学出版社2015年版,第39页。

者不能融为一体,如刘丽娟认为二者并非简单的特别法与一般法的关系。[①] 孔祥俊提出"有限补充说",认为知识产权法与反不正当竞争法虽存在交集,反不正当竞争法的部分内容具有补充和衔接知识产权的功能,但两者在保护范式和调整方法上有重大区别,[②] 反不正当竞争法的补充作用有限,在规制内容选择上,应当遵循市场优位即效率优先的原则,自由的市场具有很强的自我调整和自我发展的能力,无需过多的外部干涉便可以实现市场平衡,反不正当竞争法规制的行为属于市场难以解决而需通过法律予以校正的情形。[③]

在反不正当竞争法调整的客体即其所规制的社会关系方面,早前有学者主张经营者才是其调整的对象,[④] 因而规制的是具有竞争关系的经营者,反不正当竞争法赋予经营者等同的竞争权利,[⑤] 或者认为我国的反不正当竞争法保护的是竞争者而非竞争机制。[⑥] 而罗吉尔(Rogier)认为反不正当竞争法所规制的行为不应是竞争关系,而是调整竞争者之间的行为,遏制工商业活动中不诚实或欺诈性的竞争行为。[⑦] 谢晓尧认为反不正当竞争法的价值取向已经从保护竞

[①] 刘丽娟:《论知识产权法与反不正当竞争法的适用关系》,载《知识产权》2012年第1期。

[②] 孔祥俊:《论反不正当竞争法的现代化》,载《比较法研究》2017年第3期。

[③] 孔祥俊:《论反不正当竞争法修订的若干问题》,载《东方法学》2017年第3期。

[④] 河山、肖水:《反不正当竞争法概要》,首都师范大学出版社1993年版,第11页。

[⑤] 吴炯主编:《反不正当竞争法答问》,中国经济出版社1994年版,第20页。

[⑥] Yuankuo Wang, Mark J Davison, The Law of Unfair Competition in China: An Approach to Competition of a Transitional Economy, *Trade Practice Law Journal*, Volume 5.

[⑦] Rogier W. de Vrey, *Towards a European Unfair Competition Law: A Clash between Legal Families*, Martinus Nijhoff Publishers (2006), pp.2-3.

争者转移到保护竞争。① 钟明钊等指出反不正当竞争法是从市场主体行为规则的角度进行法律调整。② 孔祥俊则认为反不正当竞争法已由市场竞争法逐渐过渡到市场行为法,竞争行为正当性取决于竞争和竞争法的特质,而竞争的特质则是通过自由和有效的竞争以实现资源的最大化利用。③

三、竞争属性

动态性竞争和静态性竞争反映出不同的竞争观,动态竞争强调市场竞争本身的自主性和变动性,强调市场处于变动不居的状态,市场效率是动态竞争观所要求的。而静态的竞争观则强调竞争的稳定性和相安性。关于反不正当竞争法所强调的竞争属性的研究主要体现在以下几个方面。

关于动态的竞争观观点,经济学家熊彼特在提出创新理论的时候便对动态竞争进行过阐述。此后的芝加哥学派的经济理论也并不将竞争看作是一成不变的,而是随时跟随市场发生变化的,④ 且认为反垄断法的目标是经济效率。⑤ 因此,关于动态竞争理论的研究都将关注焦点聚集反垄断法领域。⑥ 如盛杰民等就以动态竞争为基

---

① 谢晓尧:《竞争秩序的道德解读——反不正当竞争法研究》,法律出版社2005年版,第65—68页。
② 钟明钊:《竞争法》,法律出版社2008年版,第102页。
③ 孔祥俊:《论反不正当竞争法的新定位》,载《中外法学》2017年第3期。
④ 吴小丁:《现代竞争理论的发展与流派》,载《吉林大学社会科学学报》2001年第2期。
⑤ 于立、吴绪亮:《产业组织与反垄断法》,东北财经大学出版社2008年版,第23页。
⑥ 胡小红:《两种不同的竞争观与我国反垄断法的政策取向》,载《中国工商管理

础,对我国竞争立法路向、法律制度的设计方面进行分析探讨,提出"可竞争理论"。[①]在鲜有的关于反不正当竞争法领域的动/静竞争观的早期表述中,王先林认为反不正当竞争法侧重微观的竞争秩序,追求局部和个案的公正,保证静态的财产权和人身权。[②]蒋悟真则阐述了竞争与公平间的关系,即公平的实现有赖于竞争进行。[③]孔祥俊则从效率竞争观的角度分析反不正当竞争法的竞争属性,即市场竞争都是动态的竞争,而非静态的竞争,由其衍生出的效率的竞争观更是为促进发展和刺激创新提供了坚实的基础。[④]

四、价值取向

此部分的现有研究直接与本书所要讨论的公平竞争观和效率竞争观两种价值取向直接相关。一直以来反垄断法和反不正当竞争法的立法目的有较明显的区隔,前者重在防止市场主体失衡或者权利被滥用;而后者意在保护市场中的有序竞争秩序,[⑤]作为其核心的效率原则和公平原则的现有研究主要表现出以下几个层面。

1. 传统研究认为反不正当竞争法与效率原则绝缘。效率竞争原则或自由竞争原则一般体现在反垄断法的理论研究和表述之中。

研究》2005年第4期;卢文涛:《动态竞争视野下的反垄断相关市场界定》,载《中国版权》2014年第3期。

[①] 盛杰民、袁祝杰:《动态竞争观与我国竞争立法的路向》,载《中国法学》2002年第2期。
[②] 王先林:《竞争法学》,中国人民大学出版社2015年版,第38页。
[③] 蒋悟真:《论竞争法的基本精神》,上海三联书店2008年版,第155—156页。
[④] 孔祥俊:《论反不正当竞争法的新定位》,载《中外法学》2017年第3期。
[⑤] 孔祥俊:《反不正当竞争法的司法创新和发展》,载《知识产权》2013年第11期。

绝大多数学者强调反不正当竞争法维护"公平竞争"的功能，如在关于竞争原则的表述上，许多学者主要的措词和着力点是自愿、公平、平等、诚实信用、遵守商业道德等原则，强调公平原则是核心原则之一，而不溯及竞争行为效率属性的表述。[1] 在适用反不正当竞争法时，判断标准局限于竞争行为是否"公平"的衡量上，如吴炯等就认为反不正当竞争法不允许以任何歧视性条件排斥竞争。[2] 此种做法类似于有些学者认为的欧陆国家传统反不正当竞争法只维护竞争秩序而从不考虑竞争效率的好坏。[3]

2. 将效率提升作为违法阻却事由。按照传统的研究思路，效率并不是反不正当竞争法所予以考虑的因素。与之区别的是，中国台湾学者赖源河认为，在中国台湾地区"公平交易法"不正当竞争部分，应该先以营业之善良风俗作为出发点，而以明显的效率提升或消费者利益作为阻却违法的事由。[4]

3. 反不正当竞争法的公平竞争建立于效率基础之上，孔祥俊另辟蹊径，从竞争行为的本质属性出发，系统性地论证了反不正当竞争法的效率属性，[5] 即法律保护的是基于效率基础之上的公平，绝对

---

[1] 倪振峰、汤玉枢主编：《经济法学》，复旦大学出版社2014年版，第124—125页；倪振峰：《〈反不正当竞争法〉理解适用与修改完善》，复旦大学出版社2013年版，第18—19页；王名湖主编：《反不正当竞争法概论》，中国检察出版社1994版，第106—142页等。

[2] 吴炯主编：《反不正当竞争法答问》，中国经济出版社1994年版，第20页。

[3] 〔比〕保罗·纽尔：《竞争与法律：权力机构、企业和消费者所处的地位》，刘利译，法律出版社2004年版，第4—5页。

[4] 赖源河：《公平交易法新论》，中国政法大学出版社、元照出版社2002年版，第35页。

[5] 孔祥俊：《论反不正当竞争的基本范式》，载《法学家》2018年第1期。

的公平并非其所追求之目标。① 他指出反不正当竞争法不是追求一般社会意义上的公平,而是兼顾效率存在的、综合意义上的公平。② 在我国现有法律体系中,反不正当竞争法素来也奉行对市场进行有限干预的基本原则,这也正是从效率角度出发作出的思考。③ 与之相呼应的是国外学者认为反不正当竞争法现代化转变的一个重要标志,是由传统的"诚实的商业习惯做法"转向"功能性的市场取向方法",始终让效率成为市场竞争的主基调。④

综上,在反不正当竞争法领域,学者对该法的定位和功能的认识,逐渐从政府掌握为主、市场作为被管制对象的"市场调控法"转变为以市场为主体,政府进行有限干预的"市场规制法"。在反不正当竞争法调整的内容问题上,不同学者之间虽然对反不正当竞争法是否属于知识产权法的"兜底法"还存在争议,但文献中反映了反不正当竞争法虚置竞争关系而强调竞争行为的趋势,体现其所规制的客体逐渐向市场本位的转变。在动态或静态竞争观的研究中,学者对于动态竞争的研究视角主要集中在反垄断法领域,而反不正当竞争法领域关于动态竞争的研究鲜见。在反不正当竞争法竞争原则与价值取向的研究上,绝大多数学者着力于对竞争公平性的浅层表述,但未予深入研究,对于效率竞争除见诸反垄断法等研究视域外,传统研究中很少有学者将其放置于反不正当竞争法领域进行

---

① 孔祥俊:《论反不正当竞争法的现代化》,载《比较法研究》2017年第3期。
② 孔祥俊:《论反不正当竞争法的竞争法取向》,载《法学评论》2017年第5期。
③ 孔祥俊:《论新修订〈反不正当竞争法〉的时代精神》,载《东方法学》2018年第1期。
④ Reto M. Hilty Frauke Henning-Bodewig, *Law Against Unfair Competition, Towards a New Paradigm in Europe?* Springer, (2007) p.55.

考察，除孔祥俊率先提出与国际贸易规则接轨的反不正当竞争法领域的效率竞争观外，其他学者少有论及，因此，在反不正当竞争法领域，研究公平竞争观到效率竞争观的转变以及对效率竞争观展开深入的分析具有极高的理论意义和实践价值。

第一章　反不正当竞争法价值取向的问题

第一节　价值取向的地位

一、价值观

从哲学的角度上看,价值取向(Value Orientation)是某一主体在面对特定情况(诸如纠纷、变革、冲突等)时,根据自身的价值观和认知体系,对其作出的反应。广义上理解,价值取向是主体通过自身的实践和积累,对众多价值进行选择和判断,并吸收其中特定价值从而形成或者修正自身现有价值体系的过程。该过程系在动态中发生,行为主体在形成趋向性价值的同时也会逐渐影响其对具体事物和特定行为的判断和评价。如管理心理学将价值取向解释为"在复杂多变的情景下对行为主体的判断和选择作出影响的信念"。

价值观则是价值取向的基础和指引,是行为主体根据外部事物的变化,结合自身的认知,对外部客观世界中的人或事物作出的一种评价机制。价值观对于人们的作用主要体现为如下两方面:其一，价值观可以激发行为主体的动机。每个人在作出选择时，一定与其自身的价值观密不可分。因为每个人的成长和生活环境不尽相同，这就导致即便面对同样的情形，不同的主体也依然会作出不同，甚至截然相反的选择。因而从另一个角度上讲，人们作出不同选择的深层原因在于其拥有不同的价值观，价值观在背后默默影响，甚至激发了行为人实施某种行为的动机。其二，价值观直接反映不同主体的客观认知层级。正所谓"站得高，看得远"，身处不同的认知格局的主体，自然拥有不同的价值观。此种反应可能在生活、工作、交往等多个方面得到体现，是一种价值观的外在体现。

二、价值取向

价值观不仅局限于人，法律亦有其价值观。例如民法的价值观在于平等，刑法的价值观在于惩罚和保障，反不正当竞争法亦不例外。法律的价值取向是其价值观的反映和体现，也是价值观的实现路径。反不正当竞争法的价值取向反映和体现的是竞争观，它具有价值取向的共性，更有其特殊性。

反不正当竞争法的价值取向是决定其调整定位、调整范围以及辨别是非标准的基本价值立场和价值态度。它是确定反不正当竞争法调整定位的基石，是统一竞争行为正当性判断标准的关键，是实践活动一致性的根本保障。本书研究的就是反不正当竞争法自由、公平与效率之类的基本价值取向。

价值取向是反不正当竞争法的元命题，是贯穿于反不正当竞争立法、司法和理论研究的灵魂，是反不正当竞争法的最基本、最根本和最重要的问题，是构建反不正当竞争法理念、原则和规则的根基。但是，越是元问题，越可能为研究者忽视，越可能充满争议，越可能存在较多似是而非。在元问题上正本清源，对于一部法律和一个法律部门或者法律领域而言，具有纲举目张、举足轻重的意义。

第二节 价值词源内涵

一、公平价值的由来

"不正当竞争"最主要的英文对应词是"unfair competition"，[①]直译为"不公平竞争"。如果顾名思义的话，反不正当竞争法是以反对不公平竞争以及维护公平竞争为目标。所谓"正当"就是"公平"。

按照习惯说法，19世纪初叶自由放任的市场运动导致了无拘无束和经常不公平的竞争。为了防止不诚实或者欺骗性的市场竞争，确保市场竞争的平等和公平，许多国家开始通过立法对于市场竞争活动加以限制。[②]因此，自其诞生之时起，反不正当竞争法的价值便在于公平。

[①] 《保护工业产权巴黎公约》第10条之2使用了"unfair competition"和"against unfair competition"（反不正当竞争）称谓，而世界知识产权组织（WIPO）《反不正当竞争示范法》使用的是"Model Provision On Protection Against Unfair Competition"。

[②] Rogier W. de Vrey, *Towards a European Unfair Competition Law:A Clash between Legal Families*, Martinus Nijhoff Publishers (2006), pp.2-3. 安斯加尔·奥利：" 德国反不正当竞争法——导读"，转引自范长军：《德国反不正当竞争法研究》，法律出版社2010年版，第1页。

同时，专门调整市场竞争关系的竞争法还有反垄断法。按照通常的说法，公平与自由是两者之间的基本分界线，即反不正当竞争法旨在维护市场竞争的公平，反垄断法则意在保障市场竞争的自由。[①] 因此，公平与自由分别界定着反不正当竞争法与反垄断法的基本价值差异，是两者价值取向的对称。

二、深层考量的疑问

问题并没有表面上看起来这么简单，公平虽然是反不正当竞争法的基本价值、基本定位和重要目标，但如何界定公平的具体内涵和认定标准，仍非易事。而且，涉及如何妥善界定与自由、效率之间的关系。如果不能在公平、自由与效率的三个目标之间进行恰当的界定，公平也就无从恰当地进行定位。例如，当今反不正当竞争法的目标更侧重于效率，或者说乃是基于效率的或者维护效率基础上的公平。效率是限定或者设定"不公平"或者"不正当"的范围和标准的基本依据。效率又是与自由密不可分，过多限制自由的市场

[①] 典型的说法如："反不正当竞争规范与反限制性商业行为规范（反托拉斯法）相互关联：两者均旨在确保市场经济有效率的运行。但是，它们采用的方式不同：反托拉斯法关注的是维护竞争自由，即其遏制贸易限制和滥用经济势力；反不正当竞争法则关注确保竞争的公平，即其强迫所有参与者按照同样的规则行事。""但是，两者同等重要，尽管涉及的情况不同；且相互补充。确立市场经济制度的国家需要反托拉斯法，但并不能仅靠反托拉斯法遏制竞争的副作用而确保竞争的公平性：这只能通过不同的反不正当竞争规则实现这种公平。" WIPO, *Protection Against Unfair Competition*, Presented by the International Bureau of WIPO(1994), p.12. 也有人指出，反限制竞争法与反不正当竞争法具有相同的目标，即保护竞争不受扭曲，并进而保障以竞争为基础的市场经济正常发挥功能。其区别是，反限制竞争法服务于市场结构控制，在宏观层面保护自由竞争不受限制；反不正当竞争法服务于市场行为控制，在微观层面规制现存市场中单个竞争者的行为。

竞争是缺乏效率的。而且，如何对待自由与效率在市场竞争和不正当竞争界定中的地位，也直接决定着采取什么样的公平观。因此，公平、自由与效率构成了反不正当竞争法价值取向的三个维度。

而且，从反不正当竞争国际实践来看，虽然可以笼统地认为，各国反不正当竞争法都是以维护公平竞争为目标，但是，实际上又在此基础上进行了较大的区分。例如，有些国家（如英美国家）是以比较严格的效率标准限定和衡量公平，更为追求自由和效率之上的公平，从而对于市场竞争更为宽容和更少干预，不正当竞争行为的构成更为严格，范围更为狭窄。有些国家（如欧洲大陆国家）对于市场竞争附加了更多的经济因素之外的社会价值，尤其是以效率之外的伦理标准认定竞争公平。前者体现为增进效率的公平或者商业道德标准；后者则推崇社会和谐意义上的公平或者商业道德。

当然，这些差异可能是在反不正当竞争法维护公平的基础上，对于目标取向进行的细分或者派生分类，但有时对于反不正当竞争法的价值、理念和标准影响很大。如何处理自由、公平与效率的价值取向关系，必然影响反不正当竞争法对于市场干预的范围和强度。例如，更多强调效率之外的公平，必然对市场竞争干预范围广和强度大，留给市场调节和竞争自由的空间相对小，对竞争行为有更少的宽容；更多强调效率基础上的公平，必然使其对市场的干预范围相对较小和强度相对较弱，留给市场或者竞争自由的空间相对大，对竞争行为有更大的宽容。这些差异最终决定了对于竞争的不公平或者不正当标准的不同界定。

综上，反不正当竞争法中的公平具有丰富的价值内涵，且需要以自由和效率的价值进行限定和界定。脱离自由与效率，就无法界定公平。因此，仅仅从公平的角度定位反不正当竞争法的价值取向是不够的，需要对于自由、公平与效率进行总体上的把握，才能形成一个完整的反不正当竞争法价值取向链条。

第三节　价值取向的误读

通常认为，公平是反不正当竞争法的基本价值取向。问题在于，是否还存在与公平相当的其他基本价值？而且，公平的界定异常复杂，容易产生争议。在当前我国反不正当竞争法价值取向的认识和界定中，存在如下突出问题。

一、价值取向聚焦于公平

我国理论与实践通常是在将反垄断法与反不正当竞争法的不同价值取向进行对比的基础上，将前者的价值取向定位于维护竞争自由，而将后者的价值取向定位于公平。例如，据1993年《反不正当竞争法》起草者的解释，对不正当竞争的理解应当从广义与狭义出发：从广义上说，不正当竞争包括垄断和限制竞争以及不正当竞争行为；从狭义上说，则仅指不正当竞争行为。对于垄断、限制竞争和不正当竞争的区别，以通俗的比喻说，市场竞争犹如一个赛场，"搞垄断的经营者就是不让或者排斥他的竞争对手上场，他就稳操胜券，这就压根儿谈不上竞争了。限制竞争就是两个以上的经营者联手上场，以几个对一个限制竞争对手竞争从而获胜，也就谈不上什么公平竞争了。不正当竞争行为是说，虽然各个经营者都上场了，但有的在场上搞犯规动作，企图以此取胜，当然也是不公平竞争"[1]。其中,不正当竞争乃是不守规矩(犯规)的竞争,而据以决定是否犯规的标准,可以按照商业伦理和市场要求确定,也可以按照此外的社会道德或者世俗标准确定。判断标准的不同,决定了反不正当竞争价值取向的差异。所谓不守规矩或者不正当的竞争,就是不公平的竞争,也即不正当即不公平,公平是反不正当竞争法的基本价值。例如,1993年《反不正当竞争法》起草机关曾经指出:"反不正当竞争法以强劲手段,保护公平竞争,制止不正当竞争行为,维护社会经济秩序,保障市场经济的正常运行。"[2]

通常,人们将反不正当竞争法的价值取向定位于公平,习惯上忽视自由和效率。尽管《反不正当竞争法》(1993年制定、2017年修订)第2条将自由、平等、公平并列规定为基本原则,但在反不正当竞争法价值取向和基本判断标准的一般论述中,只是公平价值受到了关注,公平成为标志性的基本价值取向。尤其是,《反不正当竞争法》第1条将"鼓励和保护公平竞争"定位于立法目的的位置,更使公平被立法定位于基本价值的地位。这种地位更是超越于基本原则的规定之上。

在反不正当竞争法中,公平被定位于超然的基本价值,且表面上经常被作为唯一价值,但实际上自由、效率在反不正当竞争法中仍具有大体相当的基本价值地位。至少在法理上,自由和效率的价值不能忽视,忽视自由和效率,就不能对公平作出准确而完整的界定。正是由于对自由和效率价值的忽视,致使实践中对于公平价

---

[1] 全国人大常委会法制工作委员会民法室编著:《〈中华人民共和国反不正当竞争法〉讲话》,法律出版社1994年版,第38页。

[2] 同上书,第32页。

值和标准的把握经常出现偏差。以下就是这些偏差和误区的主要表现。

二、判断标准泛道德化

在将不正当竞争等同于不公平竞争的情况下,是否公平成为判断竞争行为正当性的基本标准。尤其是在公平与商业道德、诚实信用结合起来之时,公平的判断具有浓厚的道德色彩,社会道德与商业道德的划分成为判断中的突出问题。实践中的不正当竞争类案件,常常被司法者扩大法律及客体的调整范围,以泛道德化的方式进行判断屡见不鲜,泛道德化标准成为扩张反不正当竞争法适用的重要路径,由此导致对于市场竞争的过多干预。

例如,在"山东食品与马达庆案"[①]中,一审判决更倾向于依据世俗道德观解读诚实信用原则,依据《反不正当竞争法》第 2 条认定构成不正当竞争。二审判决及驳回再审申请裁定倾向于商业伦理,更多强调竞争自由,因而未认定构成不正当竞争。最高人民法院驳回再审申请裁定指出:判断竞争行为尤其是不属于《反不正当竞争法》第二章列举规定的行为的正当性与否时,不能擅自扩张第 2 条的适用范围,而应当以诚信原则为基础和依据。在以诚信原则为基本理念规范的竞争市场环境中,公认的商业道德则是该原则最直接的表现。应当以理性的经济人标准来判断商业道德,即对其行

---

① 即山东省食品进出口公司、山东山孚集团有限公司、山东山孚日水有限公司与青岛圣克达诚贸易有限公司、马达庆不正当竞争纠纷案,见山东省青岛市中级人民法院 (2007) 青民三初字第 136 号民事判决书;山东省高级人民法院 (2008) 鲁民三终字第 83 号民事判决书;最高人民法院 (2009) 民申字第 1065 号民事裁定书。

为的评价不宜掺入道德或伦理标准。因为竞争本就是损人利己，甚至是"你死我活"的，不能因为竞争一方受损而直接认定另一方违背商业道德。[1]

最高人民法院在本案中特别指出：商业道德是经济人的伦理标准，它既不同于个人品德，不一定合于个人品德的高尚标准；也不能等同于一般的社会公德。[2]之所以如此强调，就在于实践中经常有泛道德化问题，即对于商业道德作宽泛的理解，甚至扩展到个人品德或者社会公德，致使不正当竞争行为的认定扩大化。正是因为现实中存在着自觉不自觉的泛道德化现象，才特别提出来生活伦理、商业道德与个人品德和其他社会道德的区分，但实际把握起来殊为不易，且极易不自觉地滑向泛道德化路径。

在认定不正当竞争行为时加重日常伦理意义上的公平价值的分量，必然强调反不正当竞争的表象而忽视了本质，必然出现观念上和行动上的偏差，曲解竞争行为正当性的认定标准，而不适当扩张不正当竞争行为的范围，使法律适用的着力点、判断依据和考量因素产生较大的误区。归根结底，这种观念和标准是背离该法的基本价值的。

三、一般条款过宽适用

《反不正当竞争法》第 2 条也被称为一般条款，其在确保法律适用与时俱进、及时有效解决新情况新问题等方面，具有重要功能。

---

[1] 最高人民法院（2009）民申字第 1065 号民事裁定书
[2] 同上。

尤其是在互联网等新技术、新产业和新商业模式云集的领域，反不正当竞争法一般条款对于维护竞争秩序发挥突出作用。但是，由于一般条款构成要件标准模糊，给予裁判者很大的自由裁量空间，因而在司法审判中也被广泛适用，甚至被滥用，导致法律指引功能的淡化甚至缺失。既不利于一般市场主体预测自己行为，也为司法不适当挤占公有领域留下空当。

北京市海淀区法院在一份"关于网络不正当竞争纠纷案件的调研报告"中指出，该领域存在"过度适用一般条款"的问题。例如，互联网技术系近年来迅猛崛起的技术，其所带来的很多新的问题固然是1993年制定反不正当竞争法时的立法者所未曾预料到的。因此在前些年司法实践中，许多法院笼统适用第2条来调整互联网上发生的不正当竞争类纠纷案件，导致了一般条款被滥用。根据调查显示，约有八成以上的受访者认为由于立法的缺失，导致了其只能适用第2条之规定。[①]

实际上，反不正当竞争法一般条款的过宽适用问题已受到较多关注，最高人民法院有关司法政策已限制一般条款的适用条件。近年来一些裁判也在宣示慎重适用一般条款的司法态度。例如，在北京市海淀区启航考试培训学校诉北京中创东方教育科技有限公司不正当竞争案中，北京知识产权法院二审判决认为，"由于第2条是概括性条款，因而裁判适用时应持十分慎重的态度，以防止因不适当扩大不正当竞争范围而妨碍自由、公平竞争。法律未规定的新类

[①] 海淀法院课题组：《北京市海淀区人民法院关于网络不正当竞争纠纷案件的调研报告》，载北京审判 https://mp.weixin.qq.com/s?src=11&timestamp,2016年8月16日访问。

型案件,应当依据诚实信用原则的标准加以判断,只有有悖于平等、公平、诚实信用的原则和公认的商业道德时,才有必要适用该原则性规定进行调整"。[1] 这种限制和慎重适用的态度是积极的,但仍需要通过操作性方法,尽可能将这种态度落到实处。

司法政策和司法裁判强调一般条款的限制适用和慎重适用,恰恰反衬出实践中存在的过宽适用问题。该问题的存在,在很大程度上源于对反不正当竞争法价值取向的认识是否充分和重视。尤其是,一般条款适用的宽严,直接关乎公平、自由与效率之间的价值取向关系,需要从价值取向的角度进行把握和定位。

四、与专门法的关系

如何妥善处理与知识产权专门法的关系,是反不正当竞争法定位和适用的重要问题。但是,无论是理论还是实务,对于两者之间的关系存在习惯性的误读和认识上的混乱。

首先,简单地把反不正当竞争法定位于"兜底法"或者"不管法"。例如,曾有将反不正当竞争法称为"不管法"的说法,即无论其他专门性法律调整与否,反不正当竞争法都可以适用。[2] 而反不正当竞争法与知识产权法间的关系则更为明显,其素来被称为是知识产权法的"兜底法"。[3] 所谓"不管法"的说法对于反不正当竞争法的适用似乎并无太大的影响,但"兜底法"的说法却深深地影响

---

[1] 北京知识产权法院(2016)京73民终1104号民事判决书
[2] 全国人大常委会法制工作委员会民法室编著:《〈中华人民共和国反不正当竞争法〉讲话》,法律出版社1994年版,第32—33页。
[3] 同上书,第33页。

了法律适用，直接导致一般条款适用的扩大化，以及变相设定或者拓展专有权的保护等。

其次，以反不正当竞争法解决本属专门法调整和解决的问题。由于对反不正当竞争法的功能定位存在误解，司法实践中常常将本该由具体的专门法调整的问题，或者在具体的专门法之间存在争议的问题，统统交给反不正当竞争法解决。前者的错误之处在于偏离法律的固有职责，适用错误的请求权基础，有悖于具体法律的立法初衷；后者的错误之处在于模糊反不正当竞争法与专门性法律间的区别，即到底二者间的界限在何处？如果前者可以统领管辖所有行为，那么势必会架空此类专门法，使之沦为一纸具文，那便失去了立法的意义。例如，个别法院一面认定盗链行为不侵犯权利人信息网络传播权，但另一方面却又通过反不正当竞争法对其管制。其实质便是以反不正当竞争法保护之名，行保护著作权之实。

五、动态抑或静态的竞争观

竞争观是价值取向的根基和指引，最为典型的是静态竞争观与动态竞争观。静态竞争观倾向于保护静态利益或者既得利益，采取稳定或者静止的方式看问题，更多将竞争看作是一种静态的过程。动态的竞争观倾向于保护动态机制，更多将竞争看作是一种动态的机制和过程，以动态的和发展的视角评价市场竞争的是非及竞争行为的正当性。尤其是，动态竞争看重市场竞争的颠覆性和创新性，注重保护市场竞争价值。

司法实践中对于两种竞争观不断发生争论。例如，互联网领域的竞争行为正当性判断中，北京相关法院曾经提出"非公益不干扰"

原则。[1] 该原则曾经引起较大争议,[2] 争议的本质是应采取静态的还是动态的竞争观。

价值观的不同归根结底反映了如何认识反不正当竞争法的价值取向。如果脱离价值取向谈竞争观,竞争观只能是空中楼阁。

在我国反不正当竞争法的理论和实务中,经常存在对于反不正当竞争法价值取向进行表面化理解的现象。特别是,鉴于不正当竞争惯于被理解为不公平的竞争,对于作为竞争行为正当性判断标准的公平作泛道德化的理解,尤其是以市场考量之外的社会公平或者世俗道德衡量是否公平,使不正当竞争行为的认定偏离了市场取向的方向,并且不适当扩展了不正当竞争行为的范围,尤其是过多过滥适用一般条款认定不正当竞争行为,过多地干预了市场自由竞争,或者变相地扩张了专有权保护,不适当地打破了知识产权专门法与反不正当竞争法的关系,等等。在观念和行动上根本解决这些问题,价值取向问题是关键,首先需要厘清反不正当竞争法的价值取向,以收纲举目张之效。

---

[1] 北京市高级人民法院(2013)高民终字第2352号民事判决书
[2] 薛军:《质疑"非公益必要不干扰原则"》,载《电子知识产权》2015年第5期。

第二章 反不正当竞争法价值取向比较

第一节 概述

从历史演变和现实情况看,国际范围内的反不正当竞争法价值取向离不开公平、自由与效率三要素,价值取向的选择归根结底是如何处理三者之间的关系。

一、价值取向一体两翼

国际范围内的反不正当竞争法价值取向都是以公平与自由和效率为一体两翼,即以公平为"体",以自由和效率为"翼"。大体上说,竞争自由是反不正当竞争法的逻辑起点,如果缺乏竞争自由或者没有维护竞争自由的需求,竞争公平就无从产生;市场效率是目标追求,如果没有效率取向,竞争公平就缺乏根本目标和终极衡量标准;公平竞争是立身之本,如果缺乏竞争公平,反不正当竞争法即没有存在的必要。但是,各个国家对于三者之间的权重存在各有不同的秉承,由此产生不尽相同的竞争法景象,衍生出不尽相同的竞争观,导致其调整理念、范围和标准的重大差异。

任何发达的市场经济无一不是建立在自由竞争的基础之上,缺乏自由的竞争环境将会导致市场毫无生机,相反地,坚持自由的竞争市场将会生机盎然。在竞争自由的基本前提之下,反不正当竞争法目标取向的关键是如何处理维护公平与维护效率的关系。这是一个涉及基本目标定位、法律调整范围和行为是非判断标准的基本问题,涉及反不正当竞争法的基本目标导向和价值取向,也决定着法律规制市场的基本态度。

尽管习惯上将反不正当竞争法中的公平作为自由的对称,但反不正当竞争法首先不是对于竞争自由或者自由竞争的否定和反对,而是一种更深层次上的维护。反不正当竞争法虽然是因竞争自由过度而产生,貌似为了限制竞争自由,实则是为了更好地维护社会共同自由市场制度和竞争自由机制。

二、价值取向各有侧重

公平、自由与效率既相互关联,又可以各有侧重。侧重和选择的基点不同,直接关乎对于市场干预的范围和理念的差异,各国对此确实采取不尽相同的态度。有些国家倾向于更多地维护社会和谐,或者追求经济目标以外的和谐目标,对于市场活动和竞争自由的干预较多;有些国家更倾向于竞争自由和市场效率,尽可能减少对于竞争自由的干预,尽可能追求效率最大化。在法律传统和观念上,确有以欧洲大陆法(民法)国家传统为代表的公平导向与以英美法(普通法)国家为代表的效率导向的大体区分,且存在当代大陆法由公平取向到效率取向的现代转变。而且,确实存在反不正当竞争法通过维护公平竞争而确保市场经济的有效率运行的说法。①

整体上说,公平无疑是反不正当竞争法的基本定位和重要目标,但当今反不正当竞争法的价值取向更侧重于是基于效率的或者在维护效率基础上的公平。效率是限定或者设定不公平或者不正当的范围和标准的基本依据。或者说,其指向的行为貌似不公平竞争行为,但背后的实质和依据是效率问题。因此,尽管各国反不正当竞争法都是以维护公平为目标,但可以在此基础上进行区分,即那种以更为严格的效率标准限定和衡量公平的竞争观,可以称其为效率的竞争观;那种还以效率之外的依据伦理标准认定公平的竞争观,可以称其为公平的竞争观。前者限制效率之外的公平或者商业道德标准;后者则推崇效率之外的公平或者商业道德。

当然,所称公平的竞争观与效率的竞争观,都是在反不正当竞争法维护公平的基础上的目标取向细分或者派生出的分类。具体而言,反不正当竞争法制止不公平(不正当)的竞争行为,这些竞争行为通常并不限制竞争自由,但因其竞争过度而扭曲了竞争。公平与效率的目标取向只是影响干预的范围和强度,即公平观对市场竞争干预范围广和强度大,留给市场调节和竞争自由的空间相对小,对竞争行为有更少的宽容;而效率观则干预范围小和强度弱,留给市场或者竞争自由的空间大,对竞争行为有更大的宽容。由此也决

---

① 例如,"反不正当竞争与反限制商业行为(反托拉斯法)规则是相互关联的:两者均旨在确保市场经济的有效率运行。但是,它是有不同的实现路径:反托拉斯法通过反贸易限制和滥用经济势力而维护竞争自由;反不正当竞争法通过使所有市场参与者遵循相同规则而确保竞争公平。两者尽管有所不同,但同等重要,且相互补充。确立市场经济制度的国家需要反托拉斯法,但仅仅依据反托拉斯法不足以确保竞争公平:这只能通过另有不同的反不正当竞争规则加以实现。"WIPO: *Protection Against Unfair Competition*, p.12.

定了对于竞争的不公平或者不正当标准的不同界定。

而且,英美法系国家是效率竞争观的传统堡垒,而近几十年来欧陆国家发生了反不正当竞争法由公平到效率的重要目标转向,并在理念和制度层面对于法律产生了直接影响。我国学界和实务界更多从维护商业道德意义上阐释反不正当竞争法,尤其是在一般条款的适用上更多具有商业道德色彩,缺乏效率意义上的理性和深层次的衡量,因而更接近于公平的竞争观。但是,无论是从现行法律的基本架构还是从现实需求来看,我们都应该倾向于效率的竞争观,并以此塑造理念和标准。

第二节 词源考量与价值取向模式

一、词源差异

在1958年里斯本修正文本之前,《保护工业产权巴黎公约》(以下简称《巴黎公约》)只有法文文本。里斯本修正文本首次规定由保护工业产权联盟国际局进行包括英文在内的其他文本的官方翻译。斯德哥尔摩修正文本将这些官方翻译文本提升为官方文本的地位,同时规定文本解释歧义时,以法文文本作准。[①] 自1900年布鲁塞尔修正文本引进反不正当竞争的规定之后,《巴黎公约》第10条之2规定的"不正当竞争"法文词一直用"concurrence

---

① 不仅文本如此,有关《巴黎公约》的会议记录及准备文件都是以法文文本正式发表,起草风格和立法技术都留有法国式的痕迹。

deloyale"。

就其渊源而言，法国最早确立了后来被称为反不正当竞争法的法律制度，且在19世纪末之前，法国即以该词语作为此类法律制度的正式称谓。①1900年《巴黎公约》修正文本引进制止不正当竞争的规定，就是以法国术语为蓝本。当时英国法律制度之中并无针对性的相应术语，但英国法律著作以及极少数的案件中曾提及"unfair competition"一词，在《巴黎公约》的英译中就以该术语对应于上述法文术语。但是，这种对应实质上是不确切的。

正如克里斯托弗·沃德洛所说，"以'unfair'（可译为'不正当'或者'不公平'）对译法文'deloyale'并不适当，因为后者蕴含了更为严格的伦理内涵而不只是不公平问题。确切的翻译应当表达出其所包含的'不诚实'（dishonest）、'不道德'（unethical）甚至'欺诈'（fraudulent）之类的涵义。就何为商业道德而言，法文和英文概念常常相去甚远"。②当然，由于《巴黎公约》第10条之2将不正当竞争具体地界定为"违反诚实商业做法"的行为，该实质性界定弥补了英文和法文在概念上的差异。该界定显然体现了伦理内涵。这种文本和术语的差异也反映和承载了不同的竞争观念。③

---

① "1850年前后，不正当竞争法的概念最先产生于法国。尽管当时对于不诚实商业行为并无特别的禁止，法国法院根据《法国民法典》第1382条有关非法行为负有损害赔偿之责的一般条款，发展出一系列有效的不正当竞争法律制度。就竞争者的保护而言，法院判决形成了原则。"

② Christopher Wadlow, *The Law of Passing-off: Unfair Competition by Misrepresentation*, Sweet & Maxwell(2011), p.56.

③ "当你从用一种语言转为用另一种语言思考时，视角就会随之作出微妙调整。不同语言文字之间并不是逐一对应的，有一些意思在翻译中可能不知不觉地被改变了。即使某个句子被一字不落地转换过来，其隐含的意义也可能发生变化。"〔英〕丹尼尔·汉南：《自由的基因：我们现代世界的由来》，徐爽译，广西师范大学出版社2006年版，第29页。

现在看来,"不正当竞争"一词在不同语言的翻译中也多少存在转换的问题,也导致在不同国家多少有些不同的弦外之音。

二、两种不同的价值取向

尽管反不正当竞争法在 20 世纪初期被纳入《巴黎公约》,[①] 该公约陆续规定了不正当竞争行为的定义和三类基本行为类型,形成了基本的国际共识,但实际上各国立法差异很大,无论是在目标定位还是在具体制度设计上,都有很大的不同。

民法法系国家和普通法系国家在竞争观念和价值取向上具有基本的差异。如玛丽·拉弗朗斯所说,"民法法系国家将公平目标置于竞争目标之上,因而又被批评是反竞争的";"普通法系倾向于将竞争作为主要目标,只是在竞争行为特别极端时才考虑公平问题"。[②] 例如,竞争者的行为在商品来源或者属性上可能误导或者混淆消费者时,可以认定其构成这种极端情形。[③] 简言之,就最

[①] 尽管《巴黎公约》和《世界知识产权组织公约》均将反不正当竞争纳入知识产权保护范围,但在国内法上通常都是将反不正当竞争法作为与反垄断法、知识产权法等法律关系密切,但又相互独立的法律部门。如在德国,"反不正当竞争法来源于侵权行为法。但是,引入消费者利益、广泛的诉讼权利以及法理上的其他特征,最终使其成为一个具有自身规则和原则的独立的法律领域"。*International Handbook on Unfair Competition*, edited by Frauke Henning-Bodewig, C.H.Beck·Hart·Nomos(2013), p.237.

[②] *Intellectual Property in Common Law and Civil Law*, edited by Toshiko Takenaka, Edward Elgar(2013), pp.195-196.

[③] 当然,这只是一般性概括,各国的具体情形还有差异。*Intellectual Property in Common Law and Civil Law*, edited by Toshiko Takenaka, Edward Elgar(2013), pp.195-196.

基本的竞争观而言，有公平的竞争观和效率的竞争观两种不同的基本目标取向。从历史传统看，欧陆国家倾向于前者，而英美国家倾向于后者。这种竞争观的差异，导致其对反不正当竞争法的基本定位、调整范围的确定以及行为是非判断标准的重大差异。

第三节　INS 案与两种价值取向

一、INS 案的裁判

即便在同一个国家，其竞争观也可能很有争议。20 世纪初（1918 年）美国最高法院在 INS 案中的不同观点，体现了两种不同典型的竞争观，并由此拉开了价值取向上的持续争议。以该案裁判观点的分歧说明竞争观念的差异，极具直观性和代表性。美国最高法院国际新闻社诉美联社案（International News v Associated Press，简称 INS 案）判决反映了商业行为的伦理准则，其核心是交易上的公平与不公平如何认识和判断问题。卡尔曼认为该案判决基于不当得利原则，在法律中引入了道德性的商业行为观念。[①] 但是，正是由于这种道德判断所具有的固有模糊性，使其受到了抵制。该案中的多数与少数意见恰恰反映了两种截然相反的竞争观念和价值取向。

该案的情况是，国际新闻社是一家美国西海岸的新闻机构，美

[①] Callmann, He Who Reaps Where He Has Not Sown: Unjust Enrichment in the Law of Unfair Competition, 55 *Har.L.R.* 595, at 597(1942).

联社是另外一家东海岸的新闻机构，两家为竞争对手，均雇用记者收集并报道世界新闻。"一战"期间，美联社因时差原因可以早几个小时报道战区新闻，国际新闻社则因被怀疑同情德国而被禁止获取战区新闻，遂利用美联社的员工获取该社采编的新闻，经过整理改编之后在西海岸发布。该行为并不构成侵犯版权。而且，确实有一些原来订阅美联社的订户转向了国际新闻社，也即国际新闻社确实夺取了美联社的一些商业机会。①

美国最高法院多数意见判决（由皮特尼法官撰写）认为，美联社对其收集的新闻具有一种准财产权，国际新闻社通过"不播种而收获"的方式，侵占该财产。该判决认为："（被告在将原告收集的新闻重新撰写并以自己的名义发布这些新闻时）通过其行为表明，它使用了原告通过整合和付出劳动、技术和金钱而获取并可以出售的材料，被告将其作为自己的东西加以利用并销售，是在进行不播种而收获，且将其发送给与原告成员相竞争的报纸，乃是收获他人播种的成果。透过现象看本质，该过程相当于擅自干涉原告收获利润的正常合法经营，以分走原告成员相当部分的利润；被告因为没有负担收集资料所付出的任何成本，它就获得了特别的竞争优势。该交易本身就说明了问题，衡平法院应当无需犹豫地将其认定为商

---

① 美联社的诉请涉及三种请求行为：（1）国际新闻社为获取新闻而贿赂美联社成员报社的雇员；（2）引诱美联社成员违反美联社的规章，允许国际新闻社获取美联社的新闻。联邦地区法院禁令予以制止，此后不再是本案争点。本案争点是第三种行为，即从美联社公告板及其成员报纸早期编辑中复制新闻信息，原样或者改写后发给其客户的行为。国际新闻社客户由此能够几乎与美联社成员同时报道此类新闻。由于这些新闻不受版权保护，美联社没有寻求版权保护，而且依据不正当竞争提出诉求。上诉法院对初步禁令给予支持，禁止"任何原样获取原告新闻的文字或者内容，直至其不再具有商业价值为止"。最高法院对此予以维持。

业中的不正当竞争。"①

二、未成主流的 INS 案裁判规则

罗吉尔等对于该案判决背后的法理进行了多种多样的分析和归纳，如：不当得利；盗窃财产，尤其是侵占无体商业价值；可责的（不公平的）行为，但无关任何财产权；不要求混淆或欺骗的仿冒行为。②

但是，布兰代斯大法官在该案的异议中指出，并不存在融贯的财产原则，而只有特定的利益，这些利益要么为制定法所保护，要么由普通法或者衡平法基于政策原因给予保护。独占原则与不受限制的竞争原则之间的固有紧张关系意味着，"财产权的扩张与……知识和思想的自由利用的相应减少"，已置于公共利益领域，因而只能由立法进行处置③。他指出，"仅仅因为知识产品的生产者投入了人力或物力成本尚不足以使得该产品具备财产的一般属性。

---

① 最高法院多数意见提出了三个问题：(1)新闻中是否存在任何财产；(2)如果为报道新闻而收集的新闻是一种财产，在新闻收集者交付发布的首份报纸发布之时，它是否还是一种财产；(3)被告从公告板或者早期编辑中为商业目的获取新闻的行为，是否构成不正当竞争。之所以首先要确定新闻是否构成财产，是因为按照衡平法传统，禁令只能为保护财产权而发出。最高法院无意认为美联社或者其他人对于已公开新闻具有绝对的财产权，而是认为其为"准财产"。对于当事人与公众而言，已公开的新闻不能是财产；对于作为竞争对手的当事人而言，新闻系"为经营之需，通过经营、组织、技术、劳动力和金钱的付出而获得，向那些支付费用的客户发布和出售，就像其他商品一样"。248 US 215,239-40(1918).

② Rogier W.de Vrey, *Towards a European Unfair Competition Law: A Clash between Legal Families*, Martinus Nijhoff Publishers(2006), p.51.

③ 独占原则是指特定利益归属于特别主体专属排他的享有，但独占排他的状态是排斥竞争的，独占范围的扩展意味着竞争范围的缩减，所以就出现了独占与竞争相对立的紧张关系。

因为根据生活经验,一旦个体将知识、思想等自愿传播给他人,就像空气一样可以自由使用。只有出于公共政策的需要,在特殊情况下继续赋予这些无体产品财产属性。"他还对于干预自由竞争的危害提出了如下警告:"即使以竞争对手的付出为代价,也不能仅因所获得的利润是不劳而获,而认为竞争构成了法律意义上的不正当,此种情形……在许多判例中都有体现。跟随先行者进入新市场的人,或者制造他人新引进的产品的人,主要是从先行者付出劳动和费用的基础上营利;但是法律确实鼓励这样做。"[1] 他还认为:"未经补偿甚至未予声明,为营利目的而取得和使用他人产出的知识和思想,可能与正常的财产感不一致。但是,只在少数例外情形(即版权和专利保护的情形)下,法律才会制裁这种行为。因此……人们通常可以以任何形式制造和销售任何东西,可以精确复制他人的产品,或者使用他人的思想,而无须经其同意和支付任何补偿,这并不构成非法侵害。"该观点提出了法官能否在诉争知识产权争议中决断政策问题,以及法院自身应否授予知识产权,还是将此交由立法机关决定。而且,模仿不仅不受反对,恰恰还是"竞争经济的生命线"[2] 通过模仿的竞争可以拉低价格。由于消费者"需要能够得到的最好交易",有活力的竞争符合其最佳利益,至少在没有欺骗

---

[1] 霍姆斯大法官和布兰代斯大法官在该案中均提出异议。霍姆斯大法官的异议认为,美联社的诉请理由只能是虚假表示,即国际新闻社的行为是将本来来源于美联社的新闻故事,默示地表示为来源于自己。这就是今天所说的"反向假冒"(reverse passing off) 或者"虚假广告"(false advertising)。布兰代斯大法官则直接对多数意见的侵占理论提出了异议。INS v. Associated Press,248 US 215 at 225,246,263-67(1918). Anselm Kamperman Sanders, *Unfair Competition Law:The Protection of Intellectual and Industrial Creativity,* Clarendon Press(1997), pp.14-15.

[2] US Supreme Court, BonitoBoats, Inc. v. Thunder Craft Boats, Inc.,489 US 141,146(1989).

的情况下如此。① 正是由于这种原因，INS 案的原则，即不当得利的侵占原则在知识产权领域从未得到广泛适用。②

如后来的判例所言，"INS 案判决意见非常宽泛，多年来法院力图界定该原则的边界"。③ 事实上，自从 INS 案之后，在美国法上出现了两种不协调的处理方法，一种是像布兰代斯异议中所说的那样限制侵占原则的适用范围，另一种是像多数意见那样扩展其范围。这就形成了一种高度非规则和不可预见的法律体。④ 如论者所说，"在普通法法域，INS 案的多数意见并未被普遍遵从。它被称为一座孤岛而不是里程碑。⑤ 当然，当今大多数普通法律师更可能认可布兰代斯大法官铿锵有力的异议。"⑥ 这种竞争观显然立足于竞争自由，对于限制竞争自由持严格和谨慎的态度，体现的是效率观念和取向。

例如，在切尼兄弟与朵莉丝丝绸公司案中，⑦ 原告系丝织品的制

---

① Annette Kur Vytautas Mizaras, *The Structure of Intellectual Property Law:Can One Size Fit All*, Edward Elgar(2011), p.99.

② Anselm Kamperman Sanders, *Unfair Competition Law:The Protection of Intellectual and Industrial Creativity*, Clarendon Press(1997), p.15.

③ United States Golf Ass'n v. St. Andrews Systems data-Max, Inc., 749 F.2d 1028, 1035-36(3d Cir.1984). See Donald S.Chisum, Tyler T. Ochoa, Shubha Ghosh, Mary LaFrance, *Understanding Intellectual Property Law*, LexisNexis(2011), p.743.

④ Rogier W.de Vrey, *Towards a European Unfair Competition Law:A Clash between Legal Families*, Martinus Nijhoff Publishers(2006), p.51.

⑤ High Court of Austialian, Moorgate Tobacco v. Philip Morris (1985) RPC 219,231-8 per Deane J, Quoting Morison, W.L., *Unfair Competition at Common Law*, University of Western Australia Law Review 34,37. See *The Structure of Intellectual Property Law:Can One Size Fit All*, edited by Annette Kur Vytautas Mizaras, Edward Elgar (2011), p.99.

⑥ *The Structure of Intellectual Property Law:Can One Size Fit All*, edited by Annette Kur Vytautas Mizaras, Edward Elgar(2011), p.99.

⑦ Cheney Brothers v. Doris Silk Corp.35 F.2d279 (1929).

造商，每个季节都推出新式样。因其产品的存在周期短，原告没有寻求外观设计专利保护途径，其许多设计也不符合可专利性要求。版权局认为服装设计不属于可版权的客体。勒恩德·汉德法官主笔撰写的第二巡回上诉法院判决认为，尽管原告请求短时间内的保护，但并不存在普通法救济基础。该判决认为："由于这些外观设计都是暂时的，原告仅请求季节性保护，而没有更多。……一个人的设计能够在二年或五年获得收益，与仅在一年内即可获得收益的权利在表面上并无不同。我们也不限于外观设计，对于方法、机器和秘密均可以如此请求。其结果必然是，只要设计出这些东西，即可禁止他人模仿。但这不是法律。在缺乏某种普通法承认或者制定法规定的权利时——本案原告未提出此类主张——一个人的财产仅限于体现了这种创造的实物。其他人可以随意模仿。"原告确实依据 INS 案判决提出主张，但法院仅将该判决的原则适用于该案涉及的事实情形，即仅适用于用于报道的新闻；如果将 INS 案判决原则适用于本案事实，就意味着为了正义而创设了普通法专利或者版权，但这与国会限定专利和版权保护范围的立法意图相抵触。[①]

第四节　侧重于自由和效率的价值取向

一、贸易自由、竞争自由与公平竞争

西方国家总体上重视贸易自由和竞争自由，但仍有具体的差

[①] Donald S.Chisum,Tyler T. Ochoa,Shubha Ghosh,Mary LaFrance,*Understanding Intellectual Property Law* ,LexisNexis(2011),pp.743-744.

别。这种差别也体现在反不正当竞争法的理念和制度上，即大体上说，英美国家对于自由和效率的重视程度高，大陆法系国家相对重视程度低，但各个国家的情况又有差异。

贸易自由是市场经济的基本原则，也是市场竞争和反不正当竞争的基本出发点。该原则在法国革命之时被确立，并相继被许多国家所采用。法国革命及随后确立的自由贸易原则，终结了基尔特制度。政府管制和基尔特行为规范都被废除，每个个人都有自行经营的自由。但是，经营者之间缺乏竞争行为的界限，导致过度行为。为制止此类过度竞争的不公平贸易行为，反不正当竞争法应运而生。

根据贸易自由原则，在市场上竞争应当是自由和不受限制的。与竞争对手展开竞争并因此从竞争对手的成果中受益，原则上都是允许的。但是，在特殊情况下会允许特定的独占，这是例外的情形，对智力成果进行独占保护的知识产权便是此种例外情形。如防止从他人成果中获益的竞争法保护，在一定程度上可能导致消除竞争。这就产生了自由贸易原则与反不正当竞争法的一种悖论。

倾向于自由和效率的竞争观或者价值取向，其总体态度是限制对于市场行为的干预，尽可能给市场留空间，让自由竞争发挥更大的作用。英美法国家大体上奉行这种竞争观。这些国家甚至不愿意在诉讼制度中承认"不正当竞争"这样的词语。如论者所说，"特别是在普通法国家，法官们传统上一直不愿意对于市场行为作出决定。在法院看来，此类决定依赖的是政策考量，而这正是议会的特权"。[①] 法官们不愿意管制不公平贸易行为，不愿意参与经济政

---

① "当然，对于不正当竞争的一般诉因的呼声似乎越来越受关注。" Anselm

策的塑造。①英国担心在普通法侵权行为中引入"模糊而宽泛的概念",会导致对于自由市场的不适当干预。不公平概念是采纳反不正当竞争一般原则的主要障碍,即特定行为是否构成不正当竞争,取决于何为"不公平"的个人观念,该标准会导致不确定性。这与英国普通法传统不合。②当然,在英国法中相当于不正当竞争的仿冒行为有扩张的趋势,但底色仍然是减少对市场的干预。

二、慎重干预市场竞争的法律实践

英国一直不愿接受不正当竞争法,因而拒绝一般性的不正当竞争诉讼。自由竞争的观念深深地根植于普通法之中,或者说,"模仿是竞争的命脉"。③在英国普通法上,所谓的不正当竞争大体上是与仿冒对应的。英国法官罗宾·雅各布(Robin Jacob)有如下被广泛引用的归纳:"复制不构成侵权。夺取他人的市场或者客户亦

Kamperman Sanders, *Unfair Competition Law:The Protection of Intellectual and Industrial Creativity*, Clarendon Press(1997), p.2.

① 如戴维(Davey)勋爵所说[(1902)AC 484, p.500],"对于法律判决而言,公共政策总是一个不安全和暗藏危险的理由。"See Rogier W.de Vrey, *Towards a European Unfair Competition Law: A Clash between Legal Families*, Martinus Nijhoff Publishers (2006) p.205.

② 当然,英国不承认"不正当竞争"的一般原则还有其他原因,如其传统上不愿意使权的范围被一般化,承认"不正当竞争"之类的宽泛原则与其谨慎的传统格格不入;英国法院高层级的法官数量很少,这种特殊的法院结构使其因担心案件多而不愿意承认不正当竞争之类的一般诉因。See Rogier W.de Vrey, *Towards a European Unfair Competition Law:A Clash between Legal Families*, Martinus Nijhoff Publishers(2006), p.205, p.307.

③ Kaufmann,*Passing Off and Misappropriation—An Economic and Legal Anylysis of the Law of Unfair Competition in the United States and Continental Europe*, Diss.,VCH Verlag,Weinheim,(1986), p.5.

不构成侵权。因为被控侵权的内容并非当事双方中任何一方所独自享有的资源,因而对其的利用并不构成侵权。不存在竞争侵权行为……。仿冒的核心是欺骗或者欺骗的可能性,特别是欺骗最终消费者。""仿冒行为的核心是欺骗或者欺骗的可能性,特别是对最终消费者的欺骗。……从来没有扩展到欺骗之外的任何趋向。如果将欺骗之外的行为宣布非法,那会进入诚实竞争的领域。但是,我想象不出应当如此做的任何理由。那只会窒息竞争"。[①] 显然这是认为扩张欺骗行为的范围会构成遏制竞争。

在另一个案件中,雅克布法官指出:"霍奇金森和科尔比有限公司诉沃德流动服务有限公司案[②] 说明了不正当竞争一般法所可能涉及的问题。被告复制了为不能活动的用户预防疼痛的一种特殊软护垫。它不涉及版权、注册设计或者专利。该复制被说成是不公平的。该请求被驳回,因为不构成虚假表示。""被拒绝的请求恰恰说明了不正当竞争法如何会或者可能会是反竞争的。对于同样的事实,一个人可能认为构成不公平,而另一个人认为公平。这涉及经营者、他们的竞争对手和消费者的利益。它们的目标并不相同。一个已有的经营者可能希望法律阻止它的所有竞争对手,并且最大限度地这样做。他希望阻止对其产品的任何复制,且尽可能最大限度地这样做。他希望他的商标与他人商标之间的空间尽可能宽。他反对任何形式的广告比较。一个新进入的经营者希望能够复制,以及改进。他希望适当地进行比较广告。消费者也希望能够得到

[①] Hodgkinson Corby Ltd v. Wards Mobility Services Ltd(1995)F.S.R.169.See Christopher Wadlow, *The Law of Passing-off:Unfair Competition by Misrepresentation*, Sweet & Maxwell(2011),pp.5-6.

[②] Hodgkinson Corby v. Wards Mobility Services.

最好的交易。""因此，我认为一旦超出欺骗的要求之外，在公平与不公平之间很难形成一种清晰合理的界限。""而且，基本的经济法则是，竞争不但是合法的，且是经济的主导。立法者承认存在例外。它为此确定了如下规则：专利法、商标法、版权法和设计法均是为此目的而设。它们各自有自己的存在规则，且(除商标外)确定了存在的期限。它们各自有自己的存在理由，法官不能在此之外创设新的知识产权种类。如果法官这样做，他们会进入完全不确定的领域。""因此，我拒绝卡尔(Carr)关于创设一种不正当竞争侵权行为的请求，即使好像我们能够这样做，但我并不如此认为。"[1]

英国学者和学术著作对于不正当竞争进行了较多的讨论，也有些学者积极推动这方面的法律，但英国法并未承认不正当竞争概念。而且，在英国对于不正当竞争问题也有不同的解读。有人认为它是仿冒的同义语，[2] 有人认为它是保护经营者之间关系的一些共性侵权行为的概括，或者说是多个相关侵权行为的共同标签。[3] 就司法实践而言，由于不存在统一的不正当竞争条款和概念，对于市场上明显不当的行为，法官都是以具体的、狭窄界定的侵权行为界定该特定的不公平贸易行为。其结果是，经营者遇到不正当竞争

---

[1] L'Oreal v. Bellure,(2007)EWCA Civ 968 at [138];(2008)R.P.C.8,CA.See Christopher Wadlow, *The Law of Passing-off:Unfair Competition by Misrepresentation*, Sweet & Maxwell(2011),p.6.

[2] 如在 Arsenal Football Club plc v. Reed(No.2)(2003)EWCA Civ 696;(2003) 2 CMLR 25,CA 案中，奥尔德斯(Aldous)法官指出："传统上成为 passing-off 的诉由，也许最好称为不正当竞争。"在美国法中，"不正当竞争"(unfair competition)的典型用法是作为 passing off 的同义语。See *Intellectual Property in Common Law and Civil Law*,edited by Toshiko Takenaka,Edward Elgar(2013),p.195.

[3] Rogier W. de Vrey, *Towards a European Unfair Competition Law:A Clash between Legal Families*, Martinus Nijhoff Publishers (2006), pp.279-280.

时，有多种侵权行为可资适用，但不具有单一的"高位阶"不正当竞争标准，作为使其成为单独行为的理论根基。相比之下，欧陆国家反不正当竞争法则是以"不正当"、"不道德"或者"不法"为基础，为制止不正当竞争提供坚实的理论基础。[1]

例如，迪恩（Deane）法官在穆尔盖特烟草公司诉菲利普·莫里斯公司案[2]中，对于判决和著述中使用的"不正当竞争"一词划分了三种情形，即从如下三种不同方式上使用该词语：(1)仿冒的同义语；(2)保护经营者不受竞争者非法贸易活动损害的法律和衡平诉因的通称；(3)表达被称为一种新的一般性诉因，即一般性保护经营者不受"不正当竞争"的损害，或者更为特殊的是，侵占拥有"准财产"权利的知识或者信息的诉因。[3]问题的实质是普通法是否采纳一种新的一般性不正当竞争诉由，使其能够涵盖和其他经济侵权之外的相关行为。 迪恩法官在该案中认为，"不正当竞争一般诉由无非承认，此种诉由与经营者就其竞争对手造成的损害或者威胁能够诉求的已有传统和制定法诉由所确定的界限并不一致。这些界限是用于界定法定的或衡平的限制和保护区域与不受妨碍的竞争区域之间的边界，越来越多地反映了负责任的国会所确定的竞争诉求与政策之间的适当平衡。"这些普通法法官坚守已划定的法律界限，强烈反对这种诉由。[4]

---

[1]　Rogier W. de Vrey, *Towards a European Unfair Competition Law:A Clash between Legal Families*, Martinus Nijhoff Publishers (2006),pp.280-281.
[2]　Moorgate Tobacco Co. v. Philip Morris(1985) RPC 219.
[3]　*Intellectual Property in the New Millennium,edited by David Vaver and Lionel Bently*,Cambridge University Press(2004),p.177.
[4]　Ibid.

再如，就《巴黎公约》第 10 条之 2 所列举的三类不正当竞争行为而言，前两类是引起市场混淆和欺骗的虚假表示，第三类是商业诋毁行为。这实质上显然只是两大类行为。大陆法国家对这些行为通常都有明文规定，而普通法国家则是通过仿冒、有害的谎言和其他概称为经济侵权的行为进行规范。两大法系的重大差异是对于侵占行为，尤其是混淆欺骗之外的"侵占行为"，是否纳入不正当竞争行为。[①] 这种情形涉及的行为类型未必很多，但对此存在的不同态度典型地反映了不同的竞争观。在普通法法官看来，确保竞争者之间你死我活的竞争自由是公共利益所需，不正当竞争界定问题不能损害这种公共利益。如哈曼（Harman）法官所说："一个经营者对他人营业造成损害，乃是竞争的必然结果。一个人制造一种更好的捕鼠夹，致使购买者门庭若市，这不可避免地损害不好捕鼠夹的在先生产者的业务。他们甚至会破产倒闭，除非获得新生；但这是竞争使然；这也是资本主义世界成功的动力。……在我看来，不正当竞争不是为法律所知道的侵权行为说法。导致某种损失的竞争也是不正当的，因为侵害了现有法律权利，但有效的竞争不能因此而不正当。"

在英国及其他普通法国家，仿冒覆盖了大多数相当于不正当竞争的行为，且其适用范围不断扩展。例如，混淆是仿冒构成要件之一，[②] 普通法法院通过不断扩展其范围和含义，而使仿冒的适用范围

[①] 在大陆法国家，"不正当竞争"通常指的是一种广义的民法原则，即使在没有消费者混淆时也限制竞争性活动。*Intellectual Property in Common Law and Civil Law*, edited by Toshiko Takenaka, Edward Elgar(2013), p.195.

[②] 另外两个要件为商誉和损害（损害或者损害的可能性）。商誉与损害含义的不断扩展，也是 passing off 扩张适用的构成部分。

不断扩张。混淆的最初含义是商品来源混淆,后来不断扩展到初始关注混淆、售后混淆以及反向混淆等。仿冒的扩张适用使法院能够处理新类型不正当竞争。即便如此,普通法法院无意将其适用范围扩展到不要求混淆之类要件的侵占行为,也即无意在欺骗或者虚假表示之外扩展其范围。不予扩展的主要原因有两个,即一是存在不确定性和不可预见性,即由立法而不是法院限定管制与允许的自由竞争范围,会更为适当;二是承认一般性的此类诉由会损害由知识产权独占和准独占所精心设置的政策根本,这是一个更为实质性的理由。任何独占或者准独占权利都被视为憎恶独占与拥护自由竞争的一般原则的例外。知识产权专门法已经形成了相当精确的行为规范,且经过了立法确认。如狄克逊(Dixon)法官在维多利亚公园赛马公司诉泰勒案中所说:"英国衡平法院不能对所有无体价值元素均给予禁令保护,而这些价值元素即交换的价值,不论是来自个人组织营业或企业中的力量或者资源,还是来自才能、知识、技能或者劳动的运用。版权法的历史及英国法赋予的发明、商标、外观设计、商号和声誉的专有权,都有其受保护利益的特殊名目,而不是基于一般性诉由,这就是其佐证。"[1]

前述美国 INS 案更是一个典型的明显事例。尽管多数意见判决采纳了侵占理论,但这种观点在后来没有成为主流,反而被忽视了。只是在极为特殊的情况下,美国法院才会适用侵占理论。例如,在美国国家篮球协会诉运动队分析和跟踪系统公司[2]中,第三

---

[1] Victoria Park v. Taylor(1937)58 C.L.R.479(High Court of Australia,Full Court 1937).

[2] National Basketball Association v. Sports Team Analysis and Tracking Sys. Inc.105 F.3d 841 (2d Cir.1997).

巡回上诉法院在严格的条件下适用侵占理论，对于"热点新闻"被侵占的原告给予保护。该案将"热点新闻"原则的适用条件限定为：(1)原告通过付出成本或者费用而产生或者收集了信息；(2)信息价值具有高度的时效性；(3)被告的使用构成对于原告付出的搭便车；(4)被告的使用与原告的产品或者服务有直接的竞争；(5)被告或者其他人搭便车的能力会极大程度地减少原告收集信息激励，以至于会使继续进行信息收集受到"实质性威胁"。"热点新闻"原则与驰名商标反淡化保护，实际上构成美国适用侵占原理的仅有情形，也即构成其适用上的边界。[①]

澳大利亚对于不正当竞争能否作为一般的普通法侵权行为持否定态度。在其早期的维多利亚公园赛马公司诉泰勒案[②]中，原告是悉尼附近的一家跑马场的所有人，被告泰勒(Taylor)在跑马场的旁边有块地，允许一家电台（第二被告）在其土地上建一个能够观看跑马场的塔。他们通过这种方式实况广播赛马情况，原告赛马场的观众因此减少。澳大利亚高等法院以三比二的票决驳回了原告的诉请。由迪克逊法官撰写的判决采纳了布兰代斯大法官在美国最高法院 INS 案中的异议意见，即：

"事实是，原告请求的实质是，即它不是干预原告土地的享有，而是干预其从事的营利活动。如果英国法遵循最近在美国发生的进展（即上述美国最高法院裁判的 INS 案件），赛马比赛的'广播权'就可以作为'准财产'而受到保护，因为这是原告组织了赛马活动，

---

① *Intellectual Property in the New Millennium*, edited by David Vaver and Lionel Bently, Cambridge University Press(2004), pp.182-183.

② Victoria Park v. Taylor(1937)58 C.L.R.479(High Court of Australia, Full Court).

付出了人力和物力上的劳动。但是，英国的衡平法院不曾采取对所有的无形价值都给予禁令保护的态度，这些价值可能是个人付出财力、智力、知识、技术或劳动的结果。版权法历史以及发明、商标、设计、商号和商誉的专有权在英国法上都是类型化的受保护利益，而不是一般性地给予保护。这就是上述态度的证明。""美国最高法院的判决基于衡平考虑，将一家新闻机构收集的新闻视为准财产，给予禁止作为竞争对手的另一家新闻机构使用的保护，布兰代斯大法官在异议中提出的理由实质上表达了英国法的态度，他援引英国的传统观点支持其主张。……他的观点是，一个人能够获得权利不是基于其努力，其通过努力获取的价值不是由此而受到法律保护，并取得专有财产权，而是因为他所主张的无体权利落入了法律或者衡平所保护的范围。"

有人曾批评迪克逊法官的该判决过于保守，但该案中持异议的少数意见也不赞同承认一种一般性的不正当竞争侵权行为，也不承认原告在这样的经营活动中存在任何新型的无体财产权。

1984年澳大利亚高等法院对于穆尔盖特烟草公司诉菲利普·莫里斯公司[①]的判决，又回到维多利亚公园赛马公司诉泰勒案的观点和价值中来，不承认澳大利亚法中存在不正当竞争的任何一般侵权行为。该判决指出："否认不正当竞争的一般诉讼无非是承认该事实，即此类诉讼的存在与传统的和制定法规定的经营者可以就竞争对手造成的损害或者损害之虞提起的诉因的已有界限相冲突。这些界定了法律或者衡平所限制和保护的领域与不受限

---

① Moorgate Tobacco v. Philip Morris (1984)56 C.L.R.414;59 A.L.J.R.77;56A. L.R193;3I.P.R.545;(1985)R.P.C.219(High Court of Australia,Full Court).

制的竞争的领域的边界，其日益反映了国会或者议员决定在竞争的诉求与政策之间的适当的平衡。无论是法律原则还是社会效用，都不要求或者授权通过引入其主要原因具有高度的一般性而其范围由司法根据其偏好决定何为市场上的公平的一般诉因，来模糊其边界。"[1] 在正常的竞争中一方损害甚至消灭了其他各方竞争者，这是市场竞争的自然生存法则，法律并不会对此作出干预，否则便违背了市场的正常秩序。如在塔特尔诉巴克案[2]案中法院便指出，通过降价方式争抢客源属于正当的竞争方式，只有那种损人又不利己，单纯仅仅为了赶走竞争对手的竞争策略才应当被法律所调整。

同样地，美国先前制定的竞争法所调整的范围狭窄，限于两种不正当竞争方式，即商品来源或者性质的欺骗，以及以违反信任和不正当手段获取有用的竞争性信息。前者被称为"仿冒行为"，是现代商标法的基础；后者是现代商业秘密法律的基础。欺骗类不正当竞争法后来扩展到虚假广告和标识领域，即有关自己商品的性质和质量的虚假表示。美国最高法院1918年INS判决引发了不正当竞争法能否扩张范围，涵盖欺骗以外的侵占行为，即竞争者未经授权获取他人花费时间和精力形成的已公开信息，而减弱或者消除他人继续形成新的信息的激励。INS案判决多数意见肯定了这种侵占行为，但此后对于侵占原则的认识并未统一。美国最高法院在1938年伊利湖案[3]中指出，并不存在一般性的联邦普通法，因而侵占原则是否存在及其范围如何，均成为州法律的问题。根据一些州

---

[1] Tuttle v. Buckee Christopher Wadlow, *The Law of Passing-off:Unfair Competition by Misrepresentation*, Sweet & Maxwell(2011),pp.9-10.

[2] 107 Minn.145,150,119 N.W.946,948(1909).

[3] Erie R.R. v. Tompkins,304 U.S.64(1938).

（尤其是纽约州）的判决，在没有其他理论充分支持不正当复制时，依据侵占原则给予救济。有些州则将 INS 案的原则限于其特定的事实，或者认为联邦专利和版权政策排斥该原则。有些近期的判决并未拒绝该原则，但对其适用进行了限制，即限于被指控的侵占者使用信息是为了与信息制造者的主要用途进行直接竞争，且允许该使用明显会减弱制造者制造信息的激励。①

1914 年制定的美国《联邦贸易委员会法》第 5 条便是禁止采取不正当竞争手法从事商业活动，也被认为是美国竞争法中的一般条款，是联邦托拉斯法和竞争法共同的法源依据。其主要作用被概括为：保护竞争者、保护消费者以及保护竞争秩序。此规定只是一条具有高度概括性的规定，被认为是授权联邦贸易委员会界定并规制那些传统反垄断法无法规制的不正当竞争行为。

然而，由于该款规定并未明确反垄断法与反不正当竞争法间的界限，因而使得百余年来的美国立法机构、司法审判机关以及学者一直在其中探寻，并力图寻找其界限。最终联邦贸易委员会在 2015 年发布的《关于〈联邦贸易委员会法〉第 5 条的执法原则声明》时强调，在之后进行反垄断执法时将消费者福利纳入，作为考量指标，尽量避免在任何情况下都援用第 5 条的情形。这就明确了该条规定的执法边界，对两部法律具体适用范围起到了明确的指导作用，结束了长久以来的纷争。其产生的影响在于：首先将反垄断法应当包涵对"不正当"的考察，否则会造成其他经营者或消费者的损害；

---

① National Basketball Ass'n v. Motorola,Inc.,105 F.3d 841,852(2d Cir.1997). Donald S.Chisum,Tyler T. Ochoa,Shubha Ghosh,Mary LaFrance, *Understanding Intellectual Property Law*,LexisNexis(2011),pp.739-740.

其次，区别了两部法律的调整范围，将那些虽然不违背反垄断法但仍然有违市场自由竞争的行为归入反不正当竞争法管辖。最后，将两部法律的基本原则和立法宗旨相结合，确保分析具体案件时的前后一致，注重运用竞争损害评估并结合相应的商业抗辩共同进行执法。[1] 鉴于美国反垄断分析采取效率原则，[2] 这意味着反不正当竞争法亦是如此。

以上事例说明，效率从来都是与竞争自由和减少市场干预紧密联系在一起的。普通法系国家以效率为主导，从更深层次看是与所谓的"盎格鲁-萨克逊"文明体根深蒂固和深入骨髓的个人自由、自由市场和小政府信仰密切相关，效率的竞争观是这种信仰的必然体现。

例如，所谓的"盎格鲁-萨克逊"文明体或者"盎格鲁圈"是由英国、美国、加拿大、澳大利亚和新西兰等国家为主体的英语国家

---

[1] 乔舒亚·D. 赖特（Joashua D. Wright）:《反垄断与反不正当竞争的关系》，载《竞争政策研究》2016年第3期。

[2] 1970年代美国反托拉斯法引入法经济学分析，导致了反托拉斯法律体系的根本性变革。其中，最为突出的是接受了基于新古典经济学思想的芝加哥学派的直接影响，以至于重塑了反托拉斯法目标和内容的基本思考方法。该经济学派有一个强有力的假定，即市场是充满活力的，有能力"自我纠正"，支配市场的地位是不能长久的，因此，政府的干预可能产生更多的损害而不是益处。这是一种基于效率的竞争观。它以惊人的速度征服了美国联邦法院和联邦反托拉斯界。参见〔美〕戴维·格伯尔:《全球竞争:法律、市场和全球化》，陈若鸿译，中国法制出版社2012年版，第152—167页。美国反托拉斯法在经济政策上以"自由竞争"为基础，在社会政策上以保护小企业主、中产阶级和消费者为基础，而对竞争本身的相应理论基础却缺少探究。随着时间的推移，尤其是在"哈佛法学派"和"芝加哥学派"争论的影响下，美国反托拉斯政策的目标得到了新定义，慢慢开始转向强调经济政策意义上的对竞争效率的保护，但社会政策上的动机（通过制约权力保护自由）仍构成典型的美国反托拉斯法的思维原点和归宿。〔瑞士〕安德烈亚斯·凯勒哈斯:《从华盛顿、布鲁塞尔、伯尔尼到北京——竞争法规范和功能比较》，杨华隆、武欣译，中国政法大学出版社2013年版，第6—7页。

集团。按照其传统的自由价值观，它们信奉自由市场制度，反对事无巨细地管制和干预。这与其他欧陆国家截然有别。例如，盎格鲁圈信奉国家不对个人的自由进行干涉的信条，其之后也被认为是盎格鲁圈的标志。"在欧洲大陆，'尚未规制'和'非法'这两个词的含义比在使用英语立法的地区更为接近。"同样，自由是深深贯穿于美国法律文化中的一套理念。詹姆斯·卡特所说："法律和立法惟一共有的功能，就是确保每个人都能得到最大的自由，同时其他人也可以享有同样的自由。自由，是对人最高的祝福，也是每个人灵魂的渴望，它本身就是最高的目的。任何对自由的限制都必须要有一个理由，而惟一合适的理由就是保护自由的需要。任何对自由的保护都是正确的，而反之则是错误的。让每个人自己自由地面对幸福和痛苦，承担其自己行为的结果，是人类行为的最佳方式。"[①] 罗斯科·庞德曾将卡特的这段话称为"美国当代思潮的权威阐释"。[②] 这种自由观念渗透于社会制度的方方面面，竞争和竞争法也不例外。

总之，普通法国家更倾向于保留更多的自由竞争空间，限制制止不正当竞争的范围。由于受欧美政策的影响，英国国内虽然有抛弃以欺骗为基础的仿冒观念，而支持更广泛不正当竞争范围的压力，但法院对于全盘接受欧陆国家不正当竞争法观念有强烈的抵

[①] James C. Carter, *Law, Its Origin, Growth and Function* (New York: Putnam 1907)337. 转引自〔美〕布赖恩·Z. 塔玛纳哈：《法律工具主义：对法治的危害》，陈虎、杨洁译，北京大学出版社2016年版，第59页。

[②] Roscoe Pound, Law in Books and Law in Action, 44 *American L.Rev.* 12,28(1910). 转引自〔美〕布赖恩·Z. 塔玛纳哈：《法律工具主义：对法治的危害》，陈虎、杨洁译，北京大学出版社2016年版，第59页。

制。尤其是，他们担心不公平的判断标准具有损害竞争目标的危险。而且，这种担心可能还会影响欧洲其他国家。美国不存在遵从欧美政策的压力，美国继续畅行自由竞争，而不支持高度管制的市场、抽象的公平和"搭便车"观念，因而更可能继续奉行仿冒制度。但是，即便在美国，商标所有人主动发起的诉讼，已经导致仿冒原则在注册商标和未注册商标保护上的相当程度的扩展。澳大利亚也有如此倾向。普通法国家也存在日益使仿冒脱离原来的欺骗法初衷的倾向。那些牢固坚持活力竞争的国家，已在很大程度上获得了抵制这种倾向的效果。[①]

第五节 社会和谐的公平价值取向

一、社会和谐的要义

侧重于自由和效率的价值取向是以经济因素和市场标准为着眼点，是一种纯粹基于市场需求和特性的价值标准。社会和谐的价值取向则可以超越市场标准之外，以市场需求之外的社会和谐观念衡量市场竞争行为的正当性，干预和限制市场竞争行为。

基于社会和谐的公平竞争观念主张对于市场有更多的干预，即使干预的目标不是为了追求市场效率，但只要符合社会和谐价值即可。这种价值取向也使得反不正当竞争法成为达成社会和谐目标

[①] *Intellectual Property in Common Law and Civil Law*, edited by Toshiko Takenaka, Edward Elgar(2013), pp.221-223.

的工具,并且将市场竞争秩序视为社会和谐秩序的一部分,将更为广泛的社会和谐观念贯彻其中。

欧陆国家传统反不正当竞争法具有社会和谐的价值取向,将社会和谐的理念贯穿于衡量竞争行为正当性的标准之中。

二、实证分析

在欧洲大陆,许多法院和法学家认可社会和谐意义上的价值取向。例如,在美国最高法院作出 INS 案判决的前一年,德国法官和学者阿道夫·洛(Adolf Lobe)就认为,"用他人的牛耕地"是不正当的。[1] 尤其是在法国法院,仍在很大程度上奉行这种竞争观。法国法院对于寄生竞争给予宽泛的保护,这种态度的信仰基础就是"从他人投资中获得竞争优势是不正当的"。其他一些国家也是基于不正当竞争制止"逼真模仿"或者侵占行为。[2] 显然,这种竞争观立足于社会和谐意义上的道德与公平,对于竞争自由进行了更多的伦理限制。

《巴黎公约》第 10 条之 2 列举的市场混淆、商业诋毁和虚假宣传等三类不正当竞争行为,都涉及欺诈问题。[3] 显然这些行为是两大法系国家都可以接受的,是达成共识的结果,既符合以欺骗为基

---

[1] Lobe,A.,Der Hinweis auf fremde gewerbliche Leistung als Mittel zur Reklame,MuW XVI(1916-17),129.See *The Structure of Intellectual Property Law:Can One Size Fit All*, edited by Annette Kur Vytautas Mizaras,Edward Elgar(2011),p.98.

[2] *The Structure of Intellectual Property Law:Can One Size Fit All*,edited by Annette Kur Vytautas Mizaras,Edward Elgar(2011),pp.98-99.

[3] *Intellectual Property in Common Law and Civil Law*, Edward Elgar(2013), p.202.

础的普通法系仿冒行为的法理，也为民法法系国家的反不正当竞争法理念所接受。但是，民法法系国家的不正当竞争不限于这些欺骗类行为，还存在其他欺骗之外的不正当竞争行为。[1] 换言之，制止欺骗类行为更多体现的是效率的竞争观，或者说融入商业道德之中或者由商业道德所体现的效率的竞争观；有些欺骗之外的不正当竞争行为，则可能更多由伦理道德的标准来衡量，尤其是在有些大陆法系国家，它们更多地偏重于伦理考量。就不正当竞争行为而言，普通法国家主要限于这些欺骗性行为，而大多数大陆法国家则在此之外扩展了不涉及欺骗的多种不正当行为范式。

例如"搭便车"、"寄生行为"等词语经常被那些秉承大陆法系基因的国家用来描述不以欺骗为手段的不当竞争行为。[2] 原因在于国家的价值引导，若以效率为导向，则对此种行为并不会多加干涉；但若以公平为导向，则势必会持相反的观点。民法法系国家经常以"搭便车"之类的词语表述非欺骗性的不正当竞争行为。[3] 世界知识产权组织将该类行为界定为，"竞争者或者其他市场参与者以直接从他人工商业成就中为自己的经营而获利，而并非实质性分走被利用成就的任何行为"。[4] 显然，此时行为的评价依据仅仅是道德标准，许多大陆法系国家并不以欺诈等要素作为判断行为正当与否的要件。一些民法法系国家将商品特征的逼真模仿作为可诉的不

---

[1] *Intellectual Property in Common Law and Civil Law*, Edward Elgar(2013), p.202.

[2] Ibid.

[3] Ibid.

[4] WIPO, *Protection Against Unfair Competition*, 55 (1994)(WIPO Pub. No.725(E)).

正当竞争行为,而不管这些特征是否受知识产权法保护,或者该模仿行为是否导致市场混淆。禁止此类行为的观念是模仿者不适当地占有(通常付出很小的代价)他人创造性投入的成果。[1] 这种对待不需要考虑混淆和欺骗的行为的态度,体现了道德考量意义上的公平竞争观。

法国是道德考量性竞争观的典型代表。法国对于市场的干预基于伦理意义上的商业行为标准。法国反不正当竞争法是从《法国民法典》第1382条侵权行为一般条款发展而来,其不正当竞争行为划分为两类:一类是竞争,[2] 这具体是指一种干涉竞争的行为;[3] 另一类是寄生竞争,[4] 这指的是一种搭便车的行为。干涉竞争行为一般要求产生混淆,但并不要求存在竞争。搭便车行为并不要求混淆,这类行为更多是基于效率以外的伦理标准。体现这种理念的最为典型且经常被引用的案例是法国兴业银行诉兴业爱琴海贸易公司案。[5] 在该案中,一家公司复制另一家公司营销理念即巧克力棒包装外形理念的行为被认定为寄生行为而被禁止。具体情况是,原告方是一家占有42%的市场份额的糖果生产商采用由三包合成一捆而构成的300克包装,被告因模仿其此种包装而认定构成不正当竞争行为。巴黎上诉法院并未认定两者之间的品牌名称或者商业外观是否构成混淆性近似,而以被告从原告的"成功中不公平获利"

---

[1] *Intellectual Property in Common Law and Civil Law*, Edward Elgar(2013), p.204.

[2] Concurrence deloyale.

[3] Interference with competition.

[4] Concurrence parasitaire.

[5] Societe Mars Alimentaire v. Societe Aegean Trade CT and Istanbul Gida Dis Ticaret AS (1993) PIBD n 550 III-522, (1993) 12 E.I.P.R.D-282(CD Paris).

为由，以遏制寄生行为的方式认定其构成非法。[①]

相反，英国就会将此类道德考量排除于普通法责任之外。如霍奇金森和科尔比有限公司诉沃德流动服务有限公司案，[②]该案案情是罗霍是一家美国企业，生产一种治疗褥疮的坐垫，其产品使用"ROHO"商标。雷马尔是其在英国的独家分销商，该坐垫在英国未曾取得专利权。阿斯克尔是罗霍法国分销商，生产一种非常近似罗霍坐垫的褥疮座垫。英国公司沃德在英国销售多种残障人士设备，包括以"FLO'TAIR"商标销售阿斯克尔生产的坐垫。罗霍对沃德提起仿冒诉讼。该案裁判理由表述为："有人认为复制是不道德的；有人则不这么认为。今天的复制者经常成为明天的革新者。复制被有些人说成是竞争的生命线，是打破事实上的市场垄断的手段，并使不受诸如专利或者注册设计之类的特殊垄断保护的商品保持低价格。有人则说复制者是创新者的寄生虫。这些并不重要。法律当然并没有规定复制行为本身违法；普通法（我恰恰关心的是普通法）倾向于反对垄断。（本案原告）诉诸于（被告）'搭罗霍的便车'或者'抢夺罗霍的市场'之类的观念。事实上，（原告）提交的证据试图表明沃德销售人员曾表示沃德为提高自身的坐垫销售业绩，一直在搭雷马尔的便车，……但这并不重要。即便他确实这么说了，这也不构成任何相关的事实。搭竞争对手便车的方法，既可以是欺

---

① *Intellectual Property in Common Law and Civil Law*, Edward Elgar(2013), p.203; Anselm Kamperman Sanders,*Unfair Competition and Ethics*,See *Intellectual Property and Ethics*, edited by Lionel Bently and Spyros Maniatis, volume 4,Sweet & Maxwell,p.230.

② Hodgkinson & Corby Ltd and Another v.Wards Mobility Services Ltd Shows (1995)F.S.R.169,Per Jacob J.

诈客户也可以是诚实竞争。一种做法非法，另一种做法合法。"[1] 这种态度与法国上述法院的做法形成了鲜明的对比。

通过这两个类似事例中的不同司法态度的比较，可以明显地看到欧洲大陆各自国家公平竞争观的特色。

第六节　两种价值取向模式评析

侧重自由和效率的竞争观（简称效率的竞争观）强调充分发挥竞争的自由属性，避免政府对于市场过多的干涉，让市场自我调节，以竞争的方式最大限度地实现价格的降低、可供商品的增多和资源的最优化配置。其在制度设计上体现的是限制不正当竞争行为的范围和严格其构成标准。侧重社会和谐的竞争观（简称公平的竞争观）强调团结和睦以及尽可能避免社会分化，强调效率之外的市场道德，强调对于市场的管制。其在制度设计上体现不正当竞争行为的范围相对宽泛和标准相对宽松。

一、观念上的差异

公平与效率的两种竞争观既有一般观念上的差异，又落实在具体情形之中。一些学者就此进行了分析。例如，有的论者将调整竞争的法律目标划分为"促进正当的市场竞争"与"提高经营活动的

---

[1] Anselm Kamperman Sanders,*Unfair Competition and Ethics*,See *Intellectual Property and Ethics*, edited by Lionel Bently and Spyros Maniatis, volume 4,Sweet & Maxwell,pp.230-231.

效率"两种情形,分别相当于公平的和效率的竞争观。前者"采取的态度是为了避免过度竞争对一个社会可能产生的负面效应(紧张或暴力)"。欧洲许多国家因为自身民族意识的原因,也秉持此种以凝聚力为基础的理念。其中的凝聚力既需要平衡竞争者间的关系,又需要保护消费者的合法权益。后者"不再特别寻求对消费者的保护。因为消费者被认为是可以根据具体情况,合理分析并作出理性选择的群体";"对于竞争者也没必要给予更多保护。按照这种新观念,不能满足需求的竞争者被淘汰掉是合情合理的。在这方面适用的是优胜劣汰法则。这个法则也许是有缺陷的,但是它对于经济竞争的支持者来说体现了极大的优点:选择能使有成效的经营者脱颖而出。只要能用其产品或服务的优势赢得消费者,他们就能获得成功"。[①]

　　两种竞争观的具体差别在于:(1)起源和思想基础不同。前者源于欧洲大陆法国的思想,后者基本上是从英国、美国发展起来的。(2)追求的目标不同。前者首先是为了保证和维护社会凝聚力,维护"和谐";后者则是以效率取代了"和谐",看重更为激烈的竞争。(3)干预竞争的态度的不同。前者有相对更多的权力干预;后者则是在增强竞争的同时减少权力机构的干预。"原则上,行为者了解其利益所在,并且会按照合乎其利益的方式行为。禁止可以产生一种能让各方都满意的均衡。当然,也不排除政府会在市场自我调节失灵的情况下施以管制,以期使其恢复到正常的秩序中[②]。"强调效率的竞争观更注重让市场和自由竞争发挥作用,而强调公平的竞争

[①] 〔比〕保罗·纽尔:《竞争与法律》,刘利译,法律出版社2004年版,第2—4页。
[②] 同上。

观更多地相信权力的管制和干预。例如,"欧洲人对立法和国家管制比对竞争实力有更大的信任"。①

比利时学者保罗·纽尔所说,"在正当竞争的观念(即相当于本书所说的公平)里,监管者可能会因担心竞争威胁到凝聚力的缘故,对竞争采取谨慎而保守的态度……对抗会引起各种形式的激烈冲突,这样的结果不是人们所希望看到的。为了避免这些,权力机构系统整理了那些被认可的行为——这些就是所谓的'正当'的行为。""在经济观念(相当于效率)中对团结并非完全不关心。在这种观念里,凝聚力同样也具有某种程度的重要性。但是对于那些产生凝聚力的因素,则采用了不同的分析方法。在经济观念中,权利机构将会把主要精力放在寻求更多的物资基础上,因其认为只要能使每个人拥有的物资充沛,那么其便不会威胁到整个群体的凝聚力"。②

在伊芙·罗歇(Yves Rocher)案③中,涉及德国一项禁止以引人注目的方式标明降价的法令。法国公司伊芙·罗歇为在德国出售商品,在德国发放的商品目录中包含一个比较价格的广告,该广告恰恰违反了德国该禁令。于是该公司被起诉,最后官司打到欧共体法院。该公司对该德国法令提出质疑,认为其阻碍在德国的销售活动,且其有损于欧洲的一体化和竞争。德国政府以正当竞争为由进行辩护,认为正当竞争要求对消费者和竞争者提供保护,该禁令是为了保护竞争者不受含有价格比较而通常导致误解的广告所造

---

① 〔德〕森图姆:《看不见的手——经济思想古今谈》,冯炳昆译,商务印书馆2016年版,第24页。
② 〔比〕保罗·纽尔:《竞争与法律》,刘利译,法律出版社2004年版,第5—6页。
③ 参见1993年5月18日欧共体法院判决,载《判决汇编》第I-2390页。

成的特别诱惑之害,同时还为了保护购买者。因为欺骗消费者很容易,消费者不能检验所标示的价格比较的真实性,特别是无法了解旧价格是否真正实行过;价格比较还会造成新价格特别优惠的错误印象;一个带有特别报价的常规广告也可能对商品组合提供一个总体优惠价格,而不确认每一种商品的价格,报价者常常有意对消费者不确知其平均价的商品实行更高的价格,以此补偿那部分降价;这种广告的通常特征是选取那些以特别报价方式出售的商品,这会使消费者对有关产品的正常价格失去概念。欧共体法院认为,根据当时在欧洲竞争领域居统治地位的观念,这些理由具有说服力,但还是不能接受。欧共体法院就是采用了上述经济(效率)观念,即消费者不需要被特别保护,他们本身拥有自我保护的办法。因为,假如提供的商品或者服务不能令人满意,因有竞争者的存在而可以转向其他竞争者。一般消费者可以防备价格比较的固有危险性,只要更加谨慎,多搜集些信息,就够了。欧共体法院没有支持德国的主张,认为法国公司是正当竞争。[①]

二、行动上的差异

效率与公平的两种竞争观不仅是一般观念上的差异,更主要的是具体态度和行动上的实践差异,两者差异有很多具体体现。首要的是涉及与知识产权保护的关系上的不同态度。

在欧洲大陆国家,在知识产权案件审理中经常援引不正当竞争法。例如,对于德国和荷兰律师而言,他们对于产品模仿行为提起

[①] 〔比〕保罗·纽尔:《竞争与法律》,刘利译,法律出版社2004年版,第6—8页。

诉讼时，除依据商标法或者外观设计法外，还基于不公平复制或者逼真模仿的原则。对于奢侈品牌被其他经营者利用的行为，法国律师通常同时依据商标法和不正当竞争中法的寄生竞争原则提起诉讼。但是，普通法国家的律师通常认为，知识产权保护的界限不能被不正当竞争法的适用所损害。[①]

欧盟因有 2005 年《不公平贸易行为指令》以及欧盟法院对该指令的解释，欧盟范围内对于贸易行为的公平与不公平有了一些统一的标准。而且，尽管欧盟没有专门的不正当竞争指令，但欧盟法院对于欧盟关于比较广告的法律条款解释得非常宽泛，使其在保护商誉中发挥重要作用。从欧盟法的角度而言，其在对待模仿自由与遏制侵占行为的关系上划定了三个界限，或者说在三种典型的情形下限制复制行为，即欺骗消费者、利用或者贬损他人商业形象，以及相同或者逼真复制。

（一）关于欺骗消费者问题

无论国家法律背景如何，欺骗消费者这是一种公认的不正当行为。对于模仿产品的销售达到致使消费者对于商品来源发生误解的程度，该行为即被禁止。禁止此类欺骗行为显然是基于经济原因，即保障市场透明，减少消费者搜寻成本，同时使经营者有动力在其产品质量和形象上进行投入。此类行为有三个方面的限制。第一，因利益平衡所进行的限制。根据商标法和不正当竞争法普遍确立的功能性原则，技术性的产品特征应当允许自由利用，即使消费者将这些特征与特定的制造商联系起来。第二，因知识产权保

[①] *The Structure of Intellectual Property Law:Can One Size Fit All*,edited by Annette Kur Vytautas Mizaras,Edward Elgar(2011),p.103.

护、国家垄断或者市场结构导致的独占使用,可能导致商标与特定制造商联系起来。在国家解除对邮件递送市场的管制之后,竞争者开始提供邮政服务时(即打出邮政的名义提供服务),消费者往往会将这些服务与此前的国家垄断经营者联系起来。一家竞争者率先采用以可挤压的柠檬形状容器销售柠檬汁的想法时,消费者很可能误认为所有使用这种形状的容器的产品均来自于同一家公司。欧盟法院在将形状注册为商标的情形下并不承认反垄断抗辩,[①]但对于基于反混淆的规则永久性地维持独占持谨慎态度。第三,法院有时将逼真模仿的情形视为默示混淆的倾向。例如,德国联邦最高法院将精确的或者几乎精确的复制推断为导致消费者混淆。[②]如在2005年判决的牛仔裤案[③]中,被告销售与原告G-明星的埃尔伍德几乎相同样式的牛仔裤,该案牛仔裤样式并不受特定知识产权保护,上诉法院依据不正当竞争法作出判决,德国联邦最高法院维持上诉法院判决,即认为该牛仔裤具有显著性,因被告进行了几乎相同的复制,因而消费者很可能被误导。另外该法院还指出,尽管根据欧盟外观设计法的政策,未注册的外观设计权利只保护三年,但不正当竞争法保护与此并不冲突,因为防止混淆不是外观设计法的目标。[④]当然,尽管德国最高法院通过引入混淆(模式混淆)概念解决法律保护之间的不一致,但这种主张的问题仍在于,以将相同复

[①] EJC,case C-299/99,(2002)ECR I-05475,Philips v. Remington,p.65.

[②] BGH GRUR 1999,751,753-Gullepumpen;BGH GRUR 2004,941,943-Metallbett;BGH GRUR 2007,984,p.36-Gartenliege.

[③] G-Star's Elwood, NGH GRUR 2006,79-Jeans I.

[④] *The Structure of Intellectual Property Law:Can One Size Fit All*,edited by Annette Kur Vytautas Mizaras,Edward Elgar(2011),p.106.

制视为默示混淆的方式，实际上为外观设计保护开了后门，即便外观设计权已经过期，也可以据此寻求保护。因此，有人指出，为避免该问题，应当认真对待欧盟法的两项原则。其一，混淆可能性应当根据掌握合理信息的消费者的认识进行判断。其二，根据欧盟商标法，如果消费者通常不将商品形状当成来源标识，该形状即缺乏显著性。因而消费者通常赋予商品标签特别重要的意义。几个国家的法院已经在有关乐高玩具砖销售的案件中接受了该观点，即如果玩具砖的形状相同，销售时附加的适当标签通常可以避免混淆。[①]同样在牛仔裤案中亦是如此，谨慎判断商标与消费者的密切程度，以此判断是否受欺骗。即年轻的时装购买者都是极端偏好品牌，他们不可能在购买时不首先看商标。[②]

（二）关于利用或者贬损产品形象问题

对于复制奢侈品但并未导致消费者混淆、只是模仿者搭他人商誉的便车的行为是否构成不正当竞争，存在较大的争议。欧盟成员国对此态度不尽相同。英国法院对于没有虚假表示的侵占行为不考量禁止。法国法院通常依据"寄生竞争"原则，对于不构成混淆的模仿奢侈品行为认定为不正当竞争。法院不仅禁止销售无名的"相似"产品，而且禁止其他奢侈品制造商模仿知名商品形状。如

---

① 例如，在德国有 KlemmbausteineIII 案，BGH GRU 2005,349,352；意大利的案件如 Corte di Cassazione,28 February 2008,No.5437；加拿大的案例如 Kirkbi v. Ritvik Holdings,(2005)3 SCR 302,2005 SCC 65,para.61. See *The Structure of Intellectual Property Law:Can One Size Fit All*,edited by Annette Kur Vytautas Mizaras,Edward Elgar(2011),pp.106-107.

② *The Structure of Intellectual Property Law:Can One Size Fit All*,edited by Annette Kur Vytautas Mizaras,Edward Elgar(2011),p.107.

在卡地亚矩形腕表案中,[①] 一家享有极高声誉的奢侈表生产商雷蒙德·威尔生产了一款方形表,模仿了卡地亚表的经典款式矩形腕表。巴黎上诉法院认为,尽管被告自身享有较高声誉,但该行为构成寄生竞争。以上英法两国的态度代表了两个极端,而大多数欧洲国家采取了介于两者之间的态度。德国反不正当竞争法禁止不适当利用或者损害被模仿品声誉的产品模仿。后来德国最高法院在判决中对于该规定进行了严格解释。在一个涉及廉价的爱马仕手提包仿制品的案件中,德国最高法院认为昂贵的真品包与廉价的仿制品差别明显,不会有消费者会将奢侈品的形象转移到廉价品之上。该法院认为,反不正当竞争法不禁止与奢侈品产生联想。[②] 在乐高案[③]中,德国最高法院允许销售与乐高砖兼容的玩具砖。在一个制造商长期主导市场的情况下,消费者自然会在其在先产品与后来者产品之间产生联系。如果新来者通过显著标签避免与在先产品之间的混淆,其进入在先者先前独占的市场并不构成不正当竞争,即使新来者从在先者累积的声誉中获益。西班牙《反不正当竞争法》第11条第(2)项规定,模仿其他经营者的产品如果产生联系或者不正当占有他人商誉,则构成不正当竞争。但是,如果这些情形不可避免,则排除其不正当性。意大利法院以侵占为由禁止提供模仿品,但最高法院在判例中允许销售很像乐高砖的模仿品。[④]

尽管欧洲国家传统上的差异,但欧盟法律对于纯粹侵占行为的

---

① Cour d'appel de Paris,14 June 2006,Propr.Industr.2006,Comm.81 with Casenote Gasnier-Cartier v. Rawmond Weil.

② GRUR2005,349-Klemmbausteine III.

③ GRUR 2007,795-Handtaschen.

④ *The Structure of Intellectual Property Law:Can One Size Fit All*,edited by Annette Kur Vytautas Mizaras,Edward Elgar(2011),p.108.

保护水平高。驰名商标所有人可以禁止他人使用相同或者近似标志，如果这种使用行为不正当利用或者损害该商标的显著性或者声誉。就此而言，欧洲法律比美国法律走得远，后者只保护驰名商标不受模糊或者贬损的淡化损害。[1] 误导性和比较广告的指令的保护主义倾向更加明显。欧盟《不公平贸易行为指令》第4条规定，符合本条规定的条件时允许比较广告。条件之一是比较广告不能不适当利用竞争对手的商标、商号或者其他识别标志，以及竞争产品的原产地标志。而且，还规定广告不能展示对于含有受保护的商标或者商号的商品或者服务进行复制模仿的商品或者服务。

有学者认为，尽管保护商标不受贬损和模糊的淡化或许有合理理由，但欧盟商标法和其《关于误导性广告和比较广告指令》对反侵占行为进行宽泛保护，则难以证明其正当性。[2] 尽管广泛接受的观念认为，不播种而收获或者用他人的牛耕种是不当行为，但这更多是一种直觉，合理性很不足。在保护消费者权益时也不能援为依据，因为除非存在某种欺骗因素，消费者利益受到影响。相反，制止"廉价仿制品"的法律恰恰减少了消费者选择。也没有理由认为，不制止侵占行为生产商就不会再在创造产品形象上进行投入。只要有效遏制商品来源混淆行为，消费者就可以区分开真品与廉价仿品。由于美国法律仅进行反淡化保护，美国经验是减少了如果不宽

---

[1] *The Structure of Intellectual Property Law:Can One Size Fit All*,edited by Annette Kur Vytautas Mizaras,Edward Elgar(2011),p.109.

[2] Lemley,M.,The Modern Lanham Act and Death of Common Sense,108,*Yale Law Review*,1687,1705(1999). 他指出，"当然可以理解为什么商标所有人需要这些东西，但在决定商标所有人应否得到这些东西时，我们必须考虑公共利益而不是私人利益。"

泛地制止侵占行为，不太担心奢侈品市场就会崩溃。①

（三）关于逼真模仿

给予制止逼真模仿或者依样模仿的法律保护具有与知识产权同样的效果，也即就像版权和外观设计权一样，它赋予原始产品的生产者阻止其他经营者复制其产品外观的排他权。如果制止虚假表示的规定允许具有竞争关系的经营者在可以避免混淆的情况下销售模仿的产品，那么制止"逼真模仿"的规定就禁止销售依样画葫芦的精确模仿行为。反不正当竞争法对此种保护并未提供独立的正当依据。如果模仿者既未造成混淆也未侵占或者损害他人声誉，除仅仅复制外就不再有额外的不正当因素。

在理论上，大多数欧洲国家认可自由模仿原则。但是，正如戈登（Gordon）所说，"人们应当获得其劳动的果实的观念似乎如此明显的正确，如此明显地符合矫正正义和司法角色的传统观念，以至于保护智力产品似乎不需要特别的正当理由。"② 因此，实践中法院通常想方设法制止其认定为不正当的各种模仿行为。例如，前述德国最高法院在相同复制时推定产生混淆。荷兰最高法院在强调模仿自由原则的同时，一直乐于保护劳动成果不被复制，给予产品相当于知识产权的保护。在没有"不正当复制"规定的国家，有时运用版权去保护技术和劳动成果。瑞士反不正当竞争法明文规定禁止逼真模仿，且其规定的字面含义很宽泛，只是法院在适用时才进行严格解释。

---

① *The Structure of Intellectual Property Law:Can One Size Fit All* ,edited by Annette Kur Vytautas Mizaras,Edward Elgar(2011),p.110.

② Gordon,W.,On Owning Information:Intellectual Property and the Restitutionary Impus,78 *Virginia Law Review*,277(1992).

总体上说，欧洲国家对于逼真模仿的态度差异很大，因此在欧盟层面未能实现统一。[①]

以著名的乐高砖系列案为例，乐高公司在几乎全球范围内提起的制止模仿其乐高砖的诉讼，在不同国家获得了有胜有负而不尽相同的判决结果。随着乐高砖相关知识产权尤其是专利保护期满，以及依据商标法保护存在困难，乐高公司更多主张未注册的权利，尤其主张反不正当竞争保护。有的国家的法院判决其败诉。例如，德国最高法院认为，由于被告的砖包装具有明显的区别性，被告销售模仿乐高砖的砖之时不会产生混淆，因而不构成违反反不正当竞争法。最高法院特别强调，模仿者清楚地区分了其产品的外包装。至于是否产生售后混淆的可能性，因其不属于反不正当竞争法保护范围而不在考虑之列。荷兰有的地方法院以售后混淆为由支持乐高公司请求，但荷兰最高法院对此问题并不支持。也有的国家的法院支持了乐高公司的主张。例如，1998年3月9日意大利最高法院的一个判决认为模仿乐高的砖构成售后混淆，违反了反不正当竞争法。这种裁判态度为一些地方法院所接受。如2003年米兰上诉法院在一个判决中认为，即使乐高砖的外观设计和专利权过期，竞争对手生产销售的产品与他人标准组建的系统完美兼容的产品，属于一种侵占他人商誉的行为，违反公平交易做法，构成不正当竞争。判决胜诉的做法被称为保护主义的反竞争的方法。[②]

---

① *The Structure of Intellectual Property Law:Can One Size Fit All*,edited by Annette Kur Vytautas Mizaras,Edward Elgar(2011),pp.114-115.

② Rogier W.de Vrey, *Towards a European Unfair Competition Law:A Clash between Legal Families*, Martinus Nijhoff Publishers (2006),pp.293-296.

第七节　社会和谐向自由效率转变

从世界范围来看，公平与效率的竞争观有其深厚的历史和思想的来源和基础。例如，在西方思想观念传统中，向来有"义"与"利"两种观念的交织和冲突，而市场竞争中的公平与效率可以看成是义利关系的一个侧面，而随着时代的发展，"义"在很大程度上逐渐让位于"利"。再如，公平与效率的关系涉及对于自由与管制的态度，[①]英美国家有根深蒂固的自由传统，而法国等欧陆国家有深刻的管制思想。竞争法以效率主导，受英美自由思想的深刻影响。当前竞争法目标由公平到效率的转变，其背后都有深刻的思想观念和经济实践的根源。

一、转变的过程及其表现

反不正当竞争法最初的功能是辅佐新出现的专利法和商标法，即填补那些在以上两法中并未明确规定但又明显具备违法性和可责性的市场行为。例如，如果引入反不正当竞争法保护，专利所有人不仅可以制止复制其产品的技术特征，而且可以制止模仿其独特外形（仿冒行为）；商标所有人可以阻止竞争对手诋毁性地指称其品

[①] 竞争和管制是逐渐成为对立面的。例如，"由来已久的假设是，政府的管制对于'国民财富'是必不可少的，因为这种管制协调经济活动，确保其指向有益的目的。但是斯密反驳说，这种管制功能不是获得国民福利的手段，而是阻碍着国民福利的获得。竞争和管制逐渐被视为对立面。"〔美〕戴维·J. 格伯尔：《二十世纪欧洲的法律与竞争》，冯克利、魏志海译，中国社会科学出版社 2004 年版，第 22—23 页。

牌商品（诽谤商品），以及阻止其不适当利用商标声誉获利。后来，不正当竞争法逐渐扩展到无关知识产权的行为，如挖走雇员、工业间谍等。

在反不正当竞争法制定之初，其具有很强的社团主义倾向，如不区分原因地将所有挖其他公司员工的做法一律认定违法。归根结底，此种调整方法的思想基础是，商誉"归属于"创造它的企业，并被作为准财产（甚至有时"准"字都不要了）。应当讲，此时该部法律的目标在于公平而非效率。换言之，此种不以行为自身是否具备可责性的"唯行为后果论"的认定方式，具有很强的财产保护的倾向。

至少在1938年前后英国率先逐步抛弃这种社团主义方法。美国法院几乎不支持这种侵占原则，拒绝将财产权性保护扩展到法律确立的知识产权之外，在此之外仅限于市场上的欺骗行为被认定为非法，也即无虚假表示就无侵占行为。该种说法则正是坚守了效率主导的价值理念。诚如英国法官罗宾·雅各布（Robin Jacob）所言：因为被控侵权的内容并非当事双方中任何一方所独自享有的资源，因而对其的利用并不构成侵权。[①]

之后，大陆法系的诸多国家开始缓慢地转变观念，且这种转变还是"二战"之后出现的，由两项基本原则驱动的资本主义新视野所产生的副产品，即一是遵循由敌对的韧性所展示的自由竞争原则；二是承认对丁这种自由的限制并不针对最强有力的竞争者诉求和如何诉求利益，而是与社会福利冲突的私人商业行为——包括消

[①] Gustavo Ghidini,*Intellectual Property and Competition Law:The Innovation Nexus*,Edward Elgar(2006),pp.112-113.

费者的集体利益和竞争性市场的一般利益。这些原则实际上具有宪法位阶的地位，其影响了包括反不正当竞争法在内的调整经济关系的法律。因此，包括不正当观念在内的指导原则逐渐摆脱其最初的团体性商业标准，以及不再服从表达商业成果利益的价值。这种由社会市场方法的经济政策导致的文化革命，逐渐引导了实质性抛弃传统的以视商誉为准财产为标志的财产权性/保护主义偏见。

就其与知识产权尤其是诸如专利工业设计或者半导体"拓扑图"之类的权利的关系而言，这一革命性的方法使反不正当竞争法保护有别于知识产权范式的独立的和不同的竞争利益，即无论是在期限还是范围上，反不正当竞争法都不再强化知识产权的排他性权利。例如，注册的外观设计期满以后，权利人的独占权丧失，他人可以自由使用而致使市场混淆（仿冒）。为防止消费者误认，需要在市场上进行区分。如果按照财产权保护主义方法，在期满以后转换成以其具有显著性为由继续进行保护，允许原权利人排他性使用。这种反仿冒规则客观上成为知识产权的替身。但是，现代的竞争方法同样担心权利期满之后的混淆问题，但让权利人承担产品附加区别性标志的负担，而不是继续享有排他权。再如，竞争者复制不受权利人专利覆盖的新机器的内部架构，根据在以前主导一些国家的方法，擅自复制该架构属于侵占行为。由于反不正当竞争法在保护上没有期限，就出现了自相矛盾的结果，即不受专利保护的部分可以享受更长时间的制止模仿的保护。但是，按照新的方法，这种内部结构不属于保护范围之内。根据现代的促进竞争的方法，反不正当竞争法衔接但不扩展知识产权保护。特别是，它通过制止虚假表示、欺骗、联合抵制等不当行为而保护知识产权所有人的竞争利益，但不再被当作用于扩展知识产权范围的工具，更不能在知识产权期限届满以后使其专有权复活。[1]

欧洲有些国家通过使反不正当竞争法更加自由化等,对于反不正当竞争法进行现代改造,被称为反不正当竞争法的自由化或者现代化变革。反不正当竞争法的自由化是其向效率取向转变的重要标志。例如,德国反不正当竞争法历来重视国家干预和管制竞争行为的思想,1994 年之前的历次法律修订无不体现国家干预市场竞争、强化管制竞争者行为的精神,新增的条款大多属于限制竞争者的竞争自由禁止性规定。如为了避免 20 世纪初的经济大危机中小企业免受大企业的损害,国家通过《附赠法》和《折扣法》对经营者的具体经营行为进行了限制。为保护中小商业企业的竞争权益,保护其免受大型商业企业实施的新型营销策略的损害,同时保护消费者,1969 年修订的法律规定中,特别增加了两项规定,即第 6a 条原则上禁止制造商或批发商在向最终消费者销售商品时说明自己的身份,第 6b 条则禁止经营者向最终消费者发行采购商品的权利证书、凭证或其他证明,禁止经营者向最终消费者出示此类证明为条件销售商品。1986 年的法律修订禁止经营者在广告宣传中声称限量向最终消费者供应特定商品,或声称仅向最终消费者供应这些商品,而不向转卖人供应;禁止经营者在广告宣传中对新旧价格进行对比。[2] 德国自 1990 年代开始反不正当竞争法的"自由化"浪潮,至 2001 年废除《折扣法》和《附赠法》而达到顶峰。1994 年修订反不正当竞争法是一个重要转折点,自此以前的"管制性"修订转变

---

[1] Gustavo Ghidini,*Intellectual Property and Competition Law:The Innovation Nexus*,Edward Elgar(2006),pp.113-114.

[2] 邵建东:《德国反不正当竞争法研究》,中国人民大学出版社 2001 年版,第 12—13 页。

为反不正当竞争法的"解除管制"或者"自由化",即放松对竞争者行为的限制,将竞争者以前所享有的竞争自由重新返还,如此次修订删除了1986年修订增加的第6a条和第6b条规定。[①] 2004年德国颁布全面修改的反不正当竞争法,该法因其对1909年法律进行修订的全面性,而被称为"反不正当竞争法的变革"。该法的重要意图是巩固自由化目标和进一步推进自由化运动。该法对以前法律的修改也体现了尽量放宽对竞争行为进行管制的理念。例如,该法废除之前禁止破产商品销售中的误导的规定、禁止制造商或批发商说明自己身份的规定、禁止购物凭证的规定及其他行为,对这些竞争方式由"原则上禁止、例外允许",转变为"原则上允许,例外禁止"。[②]

德国1909年制定反不正当竞争法,一直未做大修改。2004年法律修改才进行了重大变革。该修改和改革的核心是使竞争政策自由化,并引入消费者保护。该法由此转变为现代的反不正当竞争法,且其有意图促进欧盟内法律一体化并作为示范。其主要修改有以下方面。其一,第1条明确地保护竞争者、消费者和其他市场参与者的利益,也即将消费者利益明确地纳入保护目标。其二,该法第2条将"竞争行为"界定为"为自己或者当事人获益而旨在增加商品或者服务的销售或者供应的任何行为"。它并不要求经营者之间有直接的关系,因而其保护不以当事人具有竞争关系为必要,不同行业的经营者之间可以构成不正当竞争。其三,该法第3条一般条款规定,"禁止实质性影响竞争而竞争者、消费者或者其他市场

[①] 邵建东:《德国反不正当竞争法研究》,中国人民大学出版社2001年版,第13—14页。

[②] 参见范长军:《德国反不正当竞争法研究》,法律出版社2010年版,第13页。

参与者的不正当竞争行为"。只有在该法列举的不正当竞争行为不能包含，且具体列举的行为留下了以一般条款另行予以保护的适用空间时，才能够适用一般条款。换言之，该一般条款不是宽泛的兜底保护条款，而只是具有狭窄的适用范围，适用于法律列举规定之外而仍有保护价值的情形。而且，该一般条款的适用具有"最低"门槛，即使某种行为被认为"不公平"，如果其并未实质性影响竞争，仍不构成不正当竞争行为（该责任门槛同样适用于该法列举的不正当竞争行为）。并不曲解竞争的轻微损害行为，在该法上并不具有可诉性。除限制一般条款的适用外，还取消了对于一些特殊营销活动的限制。其四，1909年反不正当竞争法依据"违背善良风俗"判断不正当竞争行为，而2004年反不正当竞争法考虑行为是否公平。在一般条款中引入公平性标准是为了使该法与欧盟法律相一致。这些体现贸易自由的所谓现代化因素，主要是限制该法的适用范围和提升其适用标准，由此为竞争自由留出更宽阔的空间。[1]

二、转变的原因

（一）竞争社会

如有的学者所说，欧陆国家传统竞争观所倡导的反不正当竞争法公平理念，源自于其国家治理的经验总结，[2]但自1980年代开始

---

[1] Rogier W.de Vrey,*Towards a European Unfair Competition Law:A Clash between Legal Families*, Martinus Nijhoff Publishers(2006) ,pp.150-157.Also See *International Handbook on Unfair Competition*,edited by Frauke Henning-Bodewig,C.H.Beck · Hart · Nomos(2013), pp.234-237.

[2] 在19世纪70年代以前的欧洲国家，"无节制的竞争"或者完全由"看不见的手"引导的市场经济带来了各种伤害和弊病，于是此后日益关切经济进步的社会后果

（实际的转变过程更早），英美法的观念逐渐被借鉴过来，维护市场正当竞争秩序，促进激发市场效率的理念逐渐兴起，即监管者更加关注市场的自由竞争，不再特别增设规定保护经营者或者消费者的特别权利，为市场竞争营造良好的氛围。[①]

　　反不正当竞争法在大陆法系国家中的目标由重公平到重效率的转变，实际上是其整个价值体系变化的一个侧面的反映。以德国为主要代表的大陆法系国家，逐渐接受了美国信奉的竞争社会理念，将竞争视为一项中性的市场活动。在不违背法律和基本道德的前提之下，竞争的行为本身并无过错可言，造成其他竞争者的损害同样如此。此种向"竞争型社会"转型的趋势也表明了多数欧洲国家认知理念的跃迁。[②]

和强调"作为一个共同体的社会"。"自由主义把社会当作各自追求私利的个人的集合，这种观点逐渐失去号召力，而以共同体和社会团结为基础的社会观受到青睐。这种经常同民族主义倾向结合在一起的观点，在中欧比在传统的自由主义堡垒法国和英国更有影响，但是它的力量在整个欧洲都有所增长。""德国社会学家菲迪南·滕尼斯区分出'共同体'（Gemeinschaft）和'社会'（Gesellschaft），最生动地表达了这一变化。他说，在'社会'中，人们由法律这种形式化的纽带联系在一起，只有在面对外来威胁时才相互依靠；社会单位是达到个人目标的工具。相反'共同体'是个有机体，个人属于一个整体，作为整合的整体之一部分发挥作用。在滕尼斯看来，19世纪的社会和经济变化导致了'共同体'向'社会'转化，社会主义是返回另一个方向的唯一可能的手段。""这些正在出现的社群主义的理想都反对自由主义的竞争观。在自由主义看来，竞争是改善社会和个人福利的手段，但是从共同体的视角看，竞争更像是敌人。共同体要求合作，把个人利益融入共同利益；相反，竞争要求个人首先关心的自己的利益。此外，'共同体'保护它的弱势成员，而'社会'要求他们努力干活。"〔美〕戴维·J.格伯尔：《二十世纪欧洲的法律与竞争》，冯克利、魏志梅译，中国社会科学出版社2004年版，第38—39页。

①　"近些年来，有关'正当'竞争的法规逐渐让步于另一种观念，这种新观念的基础更倾向于经济观点。"参见〔比〕保罗·纽尔：《竞争与法律》，刘利译，法律出版社2004年版，第4—5页。

②　罗尔夫·施蒂尔纳：《德国民法学及方法论——对中国法学的一剂良药》，黎立译，载《中德法学论坛》2015年。

当下多数国家的反不正当竞争法,都采取此种鼓励效率的理念,其标志如由财产权性和社团性保护观念转到自由竞争的观念;它缩小以公平或者保护财产性权利(准财产),限缩了竞争法的保护范围,使其与其他专门立法之间划清了界限。当然,一行为若不受相关知识产权特别法的保护,并不必然导致竞争法的适用。

(二)政府干预的变化

竞争观转变的一个突出体现是政府干预方式的变化。"在正当竞争时代,权力机构的干预是经常性的。那时,不管行为是涉及竞争者还是消费者,只要威胁到团结就会被禁止。""在经济竞争时代就不同了。在经济竞争中,行为主要由行为者自己来负责。比如说,消费者被认为是按照自己的利益行事,不会由于比较广告而进行不合时宜的购买。对竞争者来说,原则上他们应该调整自己提供的信息以使消费者信服。"政府权力只是在必要的时候才进行干预,"在各种不同的情况下,市场的约束有可能造成一些不希望发生的结果或者无力改变那些无法接受的事实。看起来这时干预就是必要的了。于是,权力机构就采取一些法规以调正经济活动的方向"。[1]

例如,以搭售为例,经营者出售商品时搭售另外的商品或者服务。从传统公平竞争的角度上看,搭售行为应当被禁止。因为从保护消费者角度讲,其损害了消费者自主选择的权利,并打破了市场正常的供给关系。而从竞争效率的角度上看,并非得出绝对应当禁止的观点。其一,如果市场的竞争是充分的,那么消费者可以自己选择和那些不强制要求搭售的商家交易,搭售者应当为自己的行为

---

[1] 〔比〕保罗·纽尔:《竞争与法律》,刘利译,法律出版社2004年版,第8—10页。

承担风险。其二,只有当市场的竞争并不充分,或者存在其他有碍市场正当秩序的情形出现时,才应对售卖者的行为进行管制。[①] 公平观念之下的竞争就是增加正面干预,让市场按照预定的公平设想去运作。而效率的观念则是放开市场,让其通过"看不见的手"自己去调整,监管者适度干预即可。

(三)公平与效率并非对立

公平与效率两种竞争观既有对立的一面,又有统一和交叉的另一面,不能简单地将其理解为对立的竞争观。例如,对于造成市场混淆、虚假宣传和商业诋毁等不正当竞争行为的制止,往往同时体现了公平与效率的要求。亦如保罗·纽尔所说,"正义与效率之间不是排斥的关系,同样,与竞争相关的两种观念也不是相互排斥的。事实上,这两种观念是由于社会上对应当促进何种关系有着不同理解。在'正当竞争'的观念里,权力机构以怀疑的眼光看待竞争,它觉得竞争的对抗可能会威胁群体的凝聚力。我们来研究一下某种职业或者某个行业的经营者可能采取的态度。如果对抗是群体中的突出关系,则集体团结就会被破坏。它会引起各种形式的激烈冲突,这样的结果不是人们所希望的。为了避免这些,权力机构系统整理了那些被认可的行为——这些就是所谓'正当'的行为。""在经济观念中对团结并非不关心。在这种观念里,凝聚力同样也具有某种程度的重要性。但是对于那些产生凝聚力的途径更多是通过可用物资。权力机构认为,只要生产了足够的物资就可以有令人满意的凝聚力。如果有充足的财富可以使用,就可以将它分配给每一

[①] 〔比〕保罗·纽尔:《竞争与法律》,刘利译,法律出版社2004年版,第10—12页。

个人，使他们过上体面的生活，也就不会威胁集体的团结了"。[①]

三、价值取向与义利观

公平与效率的不同竞争观与义利观有深刻的观念渊源。欧洲国家向来有"义"与"利"对立的思想观念传统。公平与效率在很大程度上分别对应着"义"和"利"。

（一）"义"与社会和谐

"义"反映的是对于商业和营利的轻蔑。在传统的古典希腊和基督教描绘的美满社会形象中，没有或者很少有商业和物质追求的位置，这一传统一直影响到18世纪及以后一段时间。例如，在古典希腊城邦国家，美德意味着为了城市利益而做出奉献。亚里士多德认为富裕是件好事，但是通过做生意来追逐财富在道德上是危险的。那些以做生意谋生的人是不可以在出色的政权里占统治地位的，而应由最佳市民和与之相称的美德来管理。"在管理最佳的城市里，市民们不应粗俗地或像商人一样生活，因为这样的生活方式是不高贵的，并且与美德相悖"。[②] 希腊人允许商业的存在，但害怕它，怀疑商业带来的专业分工将导致兴趣的变异，并摧毁共同的价值观和城邦所赖以生存的牺牲奉献意愿。在雅典有商人、银行家和专事借款放贷的人，但被作为外来人，不允许其获得市民地位。大多数古典作家并不认为商人因从事买卖商品的角色而获取利润的做法具有经济方面的合理解释。因为人类的物质财富被认为是多

---

① 〔比〕保罗·纽尔：《竞争与法律》，刘利译，法律出版社2004年版，第5—6页。
② 〔美〕杰瑞·穆勒：《市场与大师——西方思想如何看待资本主义》，余晓成、芦画泽译，社会科学文献出版社2016年版，第12—26页。

多少少固定不变的,某些人的获利意味着其他人的损失。因此,贸易产生的利润被认为在道德上是不相容的。如果说古典的希腊思想对于贸易和商人持有怀疑态度的话,基督教福音书和早期教堂的神父们则是积极和强烈地敌视它们。神父们遵循古典假设,即因为人类的物质财富大致是一成不变的,所以某些人的获利就意味着他人的损失。例如,圣热罗尼莫(St.Jerome)认为,福音中将财富描绘成"不义之财"是有道理的,因为它除了来源于人类的非正义之外不可能有其他的来源,并且除了来源于他人的损失之外是别无他法的。奥古斯丁认为:"如果一人不失去,另一个人就不会获得。"[1] 因此,按照这种主流观点的主张,财富是不义的。

中世纪晚期以后,随着欧洲商业经济的萌芽、城市的兴起和金融工具的产生,经院神学家们逐渐减缓了对于商业的敌视,将合法的销售利润或者通过雇佣劳工产生的利润与臭名昭著的高利贷区别对待。例如,托马斯·阿奎那认为私有财产是社会发展所必需。阿奎那及其继承者们对于商业生活提出了更加友善的宗教观点,将不诚实和欺诈的邪恶与商业本身相区别。当然,仍然认为追逐利润的商业通常被贬低为不适合追求高尚道德生活的人。人们认为只有对公共利益有共同的追求,社会才能团结在一起。集体存在的目的是人的政治本质的发展。[2]

(二)"利"与市场自由和效率

"利"的观念乃是保护财产、发展商业和追求物质利益的市场

---

[1] 〔美〕杰瑞·穆勒:《市场与大师——西方思想如何看待资本主义》,余晓成、芦画泽译,社会科学文献出版社2016年版,第12—26页。
[2] 同上。

经济观念。这种观念西方肇始于罗马和罗马民法。"源于帝国内部的罗马民法，其重点在于保护财产，成为有利于保护和积累财富的重要保障。现代社会早期的标志性宗教战争，既有意识形态之争，也有兵戎相见，是这些传统观念的转折点。因为当人们认识到统一观念的成本过于昂贵时，就越来越像罗马人那样，更加专注于给每个人自己想要的，而不会将大家不再共同信仰的观念强加于每个人。"①起始于罗马的民法传统"与基督教传统、公民传统同时出现，有时又与它们相互交织"。"财产自由和法治是这种传统的特征，保护财产、避免政府的随意征收是自由的核心。""它重视从政府中解放有法律保障的自由。它的重心不在于美德（无论是基督教公正意义上还是公众利益意义上的美德），而在于权利，意在保护对象不受政治权力所有者的压迫，并捍卫他的财产不被征收。"罗马民法后来成为欧洲大陆民法的基础。"民法传统在欧洲学术界所产生的作用与基督教或者公民共和传统不一样。基督教神学和公民传统提供了一个神圣、有道德的标准理想生活，而民法却提供了一个追求个人所得的实际框架，而不是提供一个政权总体目标的远景。民法中关注主体和他们的财产，它是潜在的个人主义。""现代早期的历史剧变使民法传统的价值观念挑战了基督教和公民共和传统。西方基督教国家的整体在16世纪中期被打破，开创了一个由宗教推动国际国内战争的时代，这种情况一直持续了一个世纪。"②

对市场经济的基本机制的思考是欧洲国家的理论家的集体成

---

① 〔美〕杰瑞·穆勒：《市场与大师——西方思想如何看待资本主义》，余晓成、芦画泽译，社会科学文献出版社2016年版，第13页。

② 同上书，第12—26页。

果。西方自从重新研究古希腊文本,也即自教皇革命时期起,开始了对市场经济的思考。圣·托马斯首先托词从教义上论证对天主教会有息借贷的指责,而开始使市场经济合法化。同样,他也质疑亚里士多德关于自然价格的定义并认为价格可以随着供求变化,这种变化不是因为商人们的某种恶习造成的。经院哲学家们继续这一思考,随着16—17世纪西班牙拉曼卡学派的新托马斯主义继续发展,然后由意大利人、法国人、荷兰人、英国人尤其是加尔文教派与冉森教派教徒等欧洲人持续对市场经济进行研究。法国学派——布阿吉尔贝尔、凡尚·德·古尔奈、杜尔哥、重农主义者和萨伊,以及扎根于萨拉曼卡学派理论研究的奥地利学派,对于近代经济学的诞生与英国古典派——亚当·斯密、李嘉图或马尔萨斯起着同等重要的作用。这些理论家逐渐发现"国家财富"取决于自由贸易、自由企业、自由商业和资本自由流通的发展。尤其是伟大思想家杜尔哥认为,除了工作能力和不变的自然资源外,社会内部蕴藏着潜在的、沉睡的财富宝藏。如果能够额外投入 n 数量的资本,我们就能够获得几乎等于 n 倍的财富。但是这意味着收入的各种不同形式,即企业主的利润、地主的地租或放款人的利息,被承认为合法收入,而且另一方面,这些收入易于相互转换。因此,这意味着经济的自由化。他提出了具有预言性的工业主义概念。通过从零开始创造财富,不仅改善了所有人的生活,而且会取消或削弱内部和外部最严重的政治斗争。因为,社会斗争如同战争,除了各自不同的意识形态缘由外,还有深刻的客观原因,如灾荒、饥饿以及其他的物质匮乏等人类苦难。经济发展结束了贫困,力求消除社会的这种暴力现象。因此,市场经济基本上合乎道德。

实际上市场经济的合道德性一直是困扰思想家的一个难题,即存在自由经济的"公益"的市场经济建立在"自私"地追逐利润的"个人恶习"之上。起初这些思想家因为无法绕出这个悖论而对市场经济望而却步。有些开始进行探索，如法国的冉森教派教徒皮埃尔·尼科尔已经模糊地看到解决办法，即商品交换"在公共慈善事业力有未逮之处，以一种并不十分令人欣赏的方式满足了人类的需求"。即使这些经济代理人有着并非受慈善鼓舞的嫌疑，假使前者做得比后者更好，那么他们就不应受到基督教徒的谴责，那些身为教皇革命和宗教改革继承人不应受到下决心以人类智慧服务于伦理道德的基督徒的谴责。应该承认，贫困将被丰富多彩的市场经济击败，而不是被宗教或世俗信徒们徒劳诅咒所制服。这些直觉性认识得到19—20世纪不同国籍的社会思想家们的进一步明确，他们说明了自由远非制造混乱，而是如何产生一种比传统秩序或者管理秩序更复杂、更高效的经济秩序。即使当这些代理人居住地分散、相互之间具有极其遥远的距离，阻碍他们直接会谈时，他们的行为却仍然协调一致。这种协调性是通过一个双重的联络系统实现的。法律明确限定了私有财产的边界，它是一个"消极"的向导，告诉人们如果不想因为侵犯他人领域而与其挑起冲突或者争端的话，明确哪些是不应该做的事情。价格是一种"积极"的向导，告诉人们应该做的事情，如果人们希望自己正好有能力满足自己的需求和愿望。事实上，价格指明什么是昂贵而需求很大的商品。需求最大化利润的经济代理人千方百计地以便宜的生产要素来生产贵的商品，即用量多丰富的材料，来生产市场上缺少的商品。资源的分配得到优化。另一方面，在一个大的市场里，价格是一个经济代理人必须接受的外在的已知条件，利的驱动力是明确的。

这种由"义"到"利"的关系及其相应的历史转变，实质上与反不正当竞争价值取向上的公平与效率问题，具有深层次的思想观念的渊源。反不正当竞争法以符合市场经济要求的追名逐利，塑造"义"与"利"，其价值取向应当按照市场经济道德的义利观进行定位和塑造。

第三章　我国反不正当竞争法的价值取向

第一节　自由、公平与效率的三元价值取向

一、一元价值取向的问题

（一）一元价值取向

当前我国学界和实务界一般将反不正当竞争法价值取向定位于公平，即竞争的公平。究其原因，这既直接源于立法，又源于理论观念。

从立法上看，《反不正当竞争法》第1条将"鼓励和保护公平竞争"规定于立法目的条款。① 公平竞争或者竞争公平自然成为法律确认的唯一价值意义上的取向。

将公平作为反不正当竞争法的唯一基本价值，是我国理论上的通常认识。而且，这种认识经常与将反不正当竞争法与反垄断法调整目标的对比相关。在反垄断与反不正当竞争法的关系中，学界一

---

① 《反不正当竞争法》第1条规定："为了促进社会主义市场经济健康发展，鼓励和保护公平竞争，制止不正当竞争行为，保护经营者和消费者的合法权益，制定本法。"

般将前者定位为维护竞争自由,而将后者定位为维护竞争公平。这种认识影响了立法者。例如,《反不正当竞争法》的起草者人大法工委认为,由于两部法律同属竞争法律,都旨在维护竞争秩序。同时,两法的侧重点有所区别:《反垄断法》重在保护竞争自由,反对排除、限制竞争,解决的是市场中有没有竞争的问题;《反不正当竞争法》重在保护竞争公平,反对不正当竞争,解决的是市场中的竞争是否公平有序的问题。[①] 这种认识实际上反映的是经济社会法律的普遍认识。

(二)忽视其他价值取向之不足

公平的一元价值取向,就其调整对象和目标而言,竞争公平是最为直接的目标取向,也是反不正当竞争法最基本的立足点。反不正当竞争法出于举重明轻或者简明扼要的需要,在立法目的中仅列举公平竞争,无可厚非。但是,如果仅仅据此而将其作为反不正当竞争法唯一的价值取向,则是不完整和有偏颇的,事实上也会影响法律的准确适用。

就竞争的特点和规律以及反不正当竞争法的目标而言,公平固然是其基本的价值取向,但自由和效率仍是其基本价值。公平、自由与效率构成反不正当竞争法的完整价值取向。其中,公平是本位性价值,若非为了追求公平,反不正当竞争法即无产生和存在的必要。反不正当竞争法的具体制度也都是围绕公平而设计的。

[①] 全国人大常委会法制工作委员会民法室编著:《〈中华人民共和国反不正当竞争法〉释义》,法律出版社 1994 年版,第 3 页。另如:"与反不正当竞争法相比,反垄断法的目的是维护市场竞争机制而不是直接地保护特定的竞争者。它通过禁止经营者实施排除、限制竞争的行为,以维护市场的竞争格局,解决市场中没有竞争的问题。而反不正当竞争法则主要解决不当竞争的问题。"全国人大常委会法制工作委员会编、安建主编:《中华人民共和国反垄断法释义》,法律出版社 2007 年版,第 12 页。

自由是反不正当竞争法的限定性价值，即反不正当竞争法是为了适当限制竞争自由而生，是对于竞争自由的直接限制，但对于竞争自由的限制仍然是有限度和限制的，限制不正当竞争范围的基准恰是竞争自由，即出于最大限度地维护竞争自由的需要，不允许将太多的竞争行为纳入不正当竞争的考虑范畴，即竞争自由、不正当竞争属于一般与特殊的关系。

效率是反不正当竞争法的实际目标价值，即之所以干预不当竞争，最终是为了更好地实现市场效率。公平、自由与效率从不同的侧面，构成了反不正当竞争法完整的价值体系。忽视自由和效率，竞争公平即无法实现，不仅公平竞争丧失参照物和逻辑前提，而且缺失根本性衡量标准。

就市场竞争而言，自由是基础，没有自由就没有效率；自由又必须有限度，过度自由或者滥用自由，或者滥用自由达到危害正常自由程度的，则可能构成不正当竞争。或者说，滥用竞争自由达到不公平程度的，即构成不正当竞争。反不正当竞争法本身是以维护竞争公平为本体，但必须以自由和效率为约束，防止以公平的名义过于宽泛地干预竞争自由。因此，仅仅局限于公平的价值取向是不足的，应当从公平、自由和效率三个维度上界定反不正当竞争法的价值取向。

二、公平价值的本位性

反不正当竞争法是以维护市场竞争的公平为本位，公平是其本体性的价值取向和直接目标，即反不正当竞争法是以维护公平竞争（或者正当竞争）为出发点，制止一些竞争行为，因而直接表现为限制竞争自由。那些被列举的类型化不正当竞争行为都被打上了不公平竞争的标签,换言之,其具体制度是围绕公平竞争进行设计的。

反不正当竞争法意义上的公平可以从两种意义上理解,即一种是效率基础上的公平,或者说能够实现效率就是达到了公平;另一种是效率之外的纯粹伦理意义或者社会和谐意义上的公平。前者效率是反不正当竞争法基本的公平目标,也体现了公平与效率的一体两面式的有机结合。例如,行为人的劳动成果受法律保护,这既是公平的要求,更是一种符合效率的激励机制。[①] 后者效率或许是反不正当竞争法必要的或者是社会价值取向的,但不应该是其主流,尤其是各国对此态度不尽相同。

如前文所述,英美国家以及《巴黎公约》中所描述的不正当竞争行为,所体现的都是效率基础上的公平竞争观;欧陆国家为追求和谐社会目标而扩张的不正当竞争行为,所体现的多是纯粹的公平竞争观。最能体现两大法系价值观念分歧的便是在于其对待仿冒行为的态度。大陆法系国家以公平的理念,将许多不构成混淆的仿冒也认定为侵权,即为"搭便车"和"寄生行为"等。[②] 这种不考虑混淆和欺骗的态度,体现了道德考量意义上的公平竞争观。而英美法系国家则限缩了认定的标准,仅对可能导致混淆的仿冒行为加以

[①] 例如,"公平还指行为者可以为他们的产出得到收益。这个约束是源于尊重所有权的意愿。行为者拥有资源,于是他们可以创造出收益,这些收益作为附加物,被包含在所有权里。除了所有权,权力机构还要尊重行为者的自由。一些行为者在经济活动中投入大量精力,这是源于他们自己的选择。他们享有自己的劳动成果也是合法的,因为正是由于他们的努力,别的社会成员才不必也把这么大的精力投入到社会财富上去。"〔比〕保罗·纽尔:《竞争与法律》,刘利译,法律出版社2004年版,第130页。

[②] *Intellectual Property in Common Law and Civil Law*, Edward Elgar(2013), p.202.

调整。二者间差异的本质在于观念上的分歧。

我国最高人民法院在"山东食品与马达庆案"曾指出,公平竞争和自由竞争是市场经济的两项基本原则,公平竞争保障了市场中的各参与主体的合法权益,而自由竞争则通过放开对市场的管制,激发市场的活力。在不违背法律和基本公共道德的基础上,自由的市场竞争是市场经济所应当引导的。[①] 无论是基于效率意义上的公平,还是社会和谐意义上的公平,如果违背了公平要求就需要依法予以校正。

从我国《反不正当竞争法》的制度架构目标来看,其目标应当解读为效率取向的公平,所采取的应当是效率的竞争观。例如,我国法律并未对于逼真模仿等寄生行为进行一般性禁止,也即并未简单地奉行限制不劳而获等公平观念,而仍立足于规制欺诈、误导等效率因素。这也可以看作是我国与法国等欧陆国家竞争观念上的重要差异。实践中或许有学者简单地认为反不正当竞争法未规范此类行为属于法律漏洞等,但实际上这涉及法律价值取向定位的差异,不宜如此简单地认识问题。或者说,如果从价值取向的定位上进行考量,必然有不同的结论。

如果从法律体系而言,宪法确认的公民权利,自由权、获酬权,均基于公民个体意志自主上的选择,以诚实信用为原则,以劳动为权利基点。因此,不能单纯以立法文本没有效率、没有自由的文词,就简单认为《反不正当竞争法》排除了效率与自由。立法篇幅文字有限,自由效率的价值,是宪法价值、公法价值,本身所在,位于《反不正当竞争法》之上位。

---

① 最高人民法院(2009)民申字第 1065 号民事裁定书

三、自由价值的基础性

竞争自由是反不正当竞争法的逻辑前提,是出发点,也是归宿。竞争自由是不正当竞争得以产生的土壤和基础,但反不正当竞争法通过遏制不正当竞争行为,最终仍回归到竞争自由。竞争自由的存在,构成对于反不正当竞争法调整范围和干预程度的约束。据此,不能认为由于反不正当竞争法以维护竞争公平为本体,就与竞争自由水火不容,竞争自由仍是其基本价值追求,是一种原价值。

(一)竞争自由的基本定位

在反垄断与反不正当竞争法的关系上,学界通常将前者定位为维护竞争自由,而将后者定位为维护竞争公平。这种认识除了自由与公平对立之嫌外,实质上还涉及对于反不正当竞争法深层目标取向的误解,只看到了问题的表象而忽视了本质。反不正当竞争法与反垄断法在价值与目标上是互补的。① 实际上,反不正当竞争法是以维护市场的自由竞争秩序为首要目的和理论基础的。② 竞争自由

---

① "竞争法规与不正当竞争法,有时易于混淆,且在表面上处于对立之地位,实则二者之间乃互为补充,相辅相成,相得益彰。盖前者之目的,在于确保自由竞争,然则,竞争若不公正或不诚实,则难臻理想。故各国立法例或判例,对于不正当竞争之行为,莫不加以制裁。惟限制竞争之法规或条约,通常为经济学家所草拟,而不正当竞争之立法的起草者,则往往为法学家。此亦表明二者之立场有所不同,然却不能否认其具有密切之关系。"曾陈明汝:《商标法原理》,中国人民大学出版社 2003 年版,第 150 页。"竞争法"习惯上专指反垄断法(反托拉斯法等),但后来出现将竞争法纳入反垄断法的趋向,且在立法上也出现二者合一的立法例。

② 例如,"竞争被证明是确保自由的手段,但只能是有效的竞争才能保证自由,而且保证的是相对的自由。自由反过来又是市场经济竞争的出发点,并且最终从制度上来保证竞争。""经济学目前正处于进退两难的境地,因为对什么是竞争的本质或者什么是正确的竞争政策和理论,人们一直没有达成共识。不过,人们一致认同,竞争是

是公平竞争的基本依托,缺乏自由的公平是无源之水、无本之木。

例如,亚当·斯密(Adam Smith,1723—1790)"看不见的手"学说写于1776年。保罗·萨缪尔森(Paul A. Samuelson,1915—2009)所说:斯密倡导的革命将工业的力量充分解放出来,呈现出了惊人的结果。此种方式正是市场自发的行为,任何外部管制都是多余的。① 这足以说明竞争自由在市场经济中的突出地位。

近代发展而来的市场经济是在破除行会管制的基础上产生的。"竞争和管制逐渐被视为对立面,对于许多人来说,这种区分仍然具有深刻的力量。""行会受到的法律保护即或没有全部丧失,也已失去大半。通过的工商业保障法案也为每个个体从事工作活动提供了保障。成立商业法人需经政府许可这类限制也被取消了。到了19世纪70年代中期,经济自由主义的许多目标都已得到实现"。② "在19世纪初期和中叶,许多欧洲国家颁布法律,取消或减少了政府和行会对经济活动限制。这些法律是中产阶级获得经济机会的重要手段,因此关心他们的不仅有法律人士和官僚,实际上是所有重要的政治和经济参与者。一位历史学家说,争取工商业经营自由的斗争是19世纪前70年的主题"。③ 但是,不受限制的竞

达到某些基本价值,如自由、富庶和公正的手段。对于自由来说,竞争是一种保障相对自由的制度,因为自由的范围是上述三个价值相互影响作用的结果。这就是说,某一经济主体自由范围的扩大就意味着另一个市场竞争者自由范围的缩小。"竞争法的初衷是保护个体的自由权利,最后才将竞争作为一种制度来保护。"〔德〕乌茨·斯利斯基:《经济公法》,喻文光译,法律出版社2006年版,第166—169页。

① 〔美〕保罗·萨缪尔森、威廉·诺德豪斯:《萨缪尔森谈效率、公平与混合经济》,萧琛主译,商务印书馆2012年版,第76—77页。

② 〔美〕戴维·J.格伯尔:《二十世纪欧洲的法律与竞争》,冯克利、魏志海译,中国社会科学出版社2004年版,第24页。

③ 同上书,第43—44页。

争自由带来了明显的弊端和伤害,因而19世纪末政治、经济和社会因素共同促成了一种观点,即"不应当再让竞争放任自流"。反不正当竞争法和反垄断法大体上都是在这个时期出现的。例如,"自由主义纲领是以这样的主张为前提:经济过程应当至少在形式平等的基础上向所有人开放。竞争是必须按规则进行的游戏,所以必须消除不公正的竞争"。[①] 竞争自由是市场经济的基本价值,竞争自由过火会导致不正当竞争,限制不正当竞争恰恰是为了恢复健康的市场竞争自由。

民法法系和普通法系国家都奉行自由贸易和自由竞争,自由竞争是反不正当竞争法的基础和出发点,都是在特殊情况下为制止不正当竞争而限制竞争自由,这种限制也都是在自由竞争与保护经营者利益之间进行平衡的结果。[②] 只是就传统而言在自由竞争的范围和程度上有所差别,民法法系国家总体上对于竞争自由干预多一些,其通过一般条款和具体规定确定了相对较多的不正当竞争行为;普通法系国家更多地限制市场干预,留给市场竞争的空间更大一些。这是其竞争政策的基本差异。

市场经济是以市场作为资源配置基本方式的经济,竞争是引导和实现市场资源优化配置的基本机制。为达到市场资源优化配置的基本目的,自由竞争是基础和主流,法律对于竞争行为的干预和限制应当是有限制的,应当尽可能留给市场更大的空间和自由度。反不正当竞争法对于竞争自由和公平关系的处理也应当以自由为

[①] 〔美〕戴维·J.格伯尔:《二十世纪欧洲的法律与竞争》,冯克利、魏志海译,中国社会科学出版社2004年版,第45页。

[②] Rogier W.de Vrey,*Towards a European Unfair Competition Law:A Clash between Legal Families*, Martinus Nijhoff Publishers(2006) ,p.281.

基本点，在此基础上遏制不公平竞争和维护公平。反不正当竞争法"旨在保护竞争的公平和确保自由秩序的维持"[①]其中，一个突出的表现是，反不正当竞争法把公有领域问题摆在突出位置，为此应当明确行为不正当判断的标准和边界，尽可能减少和缩小不正当竞争的范围。[②]

在反不正当竞争法的适用中，我国司法已高度重视竞争自由。最高人民法院曾就职工离职的问题在相关文件中指出，职工有择业和离职的权利，在不违反竞业禁止协议或法律的前提下，员工加入其他单位并不必然侵犯原公司权益，不宜简单将其归入不正当竞争行为加以规制。[③] 这里显然是以竞争自由的理念处理所涉竞争问题。如马达庆案二审判决所述，无论经营者抑或消费者均可以自由选择，法律原则上并不对其行为进行干涉。[④]

在法律适用的层面上，需要最大限度地维护竞争自由，在此基础上实现竞争的公平与效率。既然"损人利己"是市场竞争的常态，借他人谋利也就通常为市场竞争所允许，因而一般性的搭便车、模

[①] Anselm Kamperman Sanders, *Unfair Competition Law:The Protection of Intellectual and Industrial Creativity*, Clarendon Press(1997), p.22.

[②] 即便欧陆国家，虽然其不正当竞争范围较英美国家为广，但仍采取限制性态度。例如，法国不正当竞争诉讼是一项概括力和兜底性强的诉讼类型，这就决定其反不正当竞争法是一个重要的法律领域，具有重要而深远的意义，因此，理论界注重确定适当的不正当竞争原理，以窄化其适用，维持其一致性，以此帮助法官做出裁判，增强所有市场主体都需要的法律确定性。See *International Handbook on Unfair Competition*, edited by Frauke Henning-Bodewig, C.H.Beck · Hart · Nomos(2013), p.212.

[③] 《最高人民法院关于充分发挥知识产权审判职能作用推动社会主义文化大发展大繁荣和促进经济自主协调发展若干问题的意见》（2011年12月16日印发，法发〔2011〕18号）。

[④] 山东省高级人民法院（2008）鲁民三终字第83号民事判决书

仿等借他人名声谋利的行为并不构成不正当竞争，或者说不能简单地以此类行为认定其具有不正当性，而需要有更进一步的深层理由。如果一般性地以搭便车等认定构成不正当竞争，会不适当地限制市场竞争的自由。

例如，在上诉人联通青岛公司、奥商网络公司与被上诉人百度公司等不正当竞争纠纷案中，二审判决认为，联通青岛公司利用技术手段在百度搜索结果出来时推送与搜索内容相关的广告，分流了百度的用户群体，影响了用户的选择，违反公认的商业道德，原审法院认定构成不正当行为的做法并无不当。①

就本案而言，如果仅仅是利用百度搜索服务的知名度而做广告，可以构成一般性的搭便车，并不具有不正当性；但是，如果由此构成了误认误导，因此而致百度公司进一步的损害，则据此可以认定构成不正当竞争。换言之，搭便车只能是可能构成不正当竞争的前因，误认误导和由此延伸的损害才是认定构成不正当竞争的实质性根据。例如，该案一审判决认为，虽然互联网经营模式与传统的经营模式有很大差别，但其仍然应当诚信经营，遵循公认的商业道德。未经许可擅自攀附他人的知名度进行的商业行为属于不正当竞争行为。但是该种做法的问题在于，简单地认为利用他人声誉进行经营的行为便应当被禁止，仅据此认定构成不正当竞争，使得认定不正当竞争的标准过于宽松，显然不符合效率的竞争观或者自由竞争原则。

（二）限制与维护自由的悖论

反不正当竞争法直接干预竞争自由，看似与竞争自由的价值取

---

① 参见山东省青岛市中级人民法院（2009）青民三初字第 110 号民事判决书，转引自山东省高级人民法院（2010）鲁民三终字第 5-2 号民事判决书。

向相悖，但这只是表象。公平竞争的本质是通过采取一定限制自由的措施，从而达到实现自由竞争的目的。[1]例如，奉行自由放任的经济自由主义者主张在必要时对于自由结社和自由放任加以限制。前者是指工人有权为了提高他们的工资这个目的而结合起来，后者则是指组织托拉斯、企业组合或其他资本主义式的组织以抬高物价的权利。在这两种情况下，我们可以公平地说，结社的自由或自由放任已经被用于贸易的限制。不论是为了抬高工资的工人组合，或者是为了抬高物价的贸易集团，自由放任的原则这时已很明显被有关之利益集团用来限制劳动力市场或其他商品的市场。……如果按照自律性市场的需要，与自由放任的需要互不兼容时，经济自由主义者就会转而反对自由放任，并且像任何反自由主义者一样，采用管制与约束等所谓集体主义式的手段。工会法与反托拉斯法就是出自这样的心态。由于经济自由主义者本身在工业组织这种关键性的问题上，也经常使用这种反自由主义的方法，这个事实就可以说明何以在现代工业社会里，会无可避免地使用反自由主义或类似集体主义式的对策。反不正当竞争法干预市场竞争，是为了更好发挥竞争机制和实现竞争自由。

反不正当竞争法是以限制竞争自由的方式来维护整体社会竞争自由，即该法所禁止的不正当竞争行为属于违反惯常商业做法的滥用竞争自由行为，是竞争自由的极端形式，而且常常会物极必反地限制他人的竞争自由，禁止不正当竞争就是要回复到竞争自由的本来面目，回复到符合竞争目的时的竞争自由；它不是为了限缩竞争自由的范围，而是以限制的方式实现正当的竞争自由。它归根结

---

[1]〔匈牙利〕卡尔·波兰尼：《巨变：当代政治与经济的起源》，黄树民译，社会科学文献出版社2013年版，第263—264页。

底是为了使竞争自由这种市场竞争的根本机制发挥正常的作用,消除干扰和杂音。因此,反不正当竞争法制止不正当竞争行为最终是为了更好地实现竞争自由。而且,有必要强调要限制对于竞争自由的限制,即制止不正当竞争必须直接以限制特定的竞争自由为手段和方式,如果不正当竞争的认定标准过宽,则会使反不正当竞争扩大化,同样会不适当侵入正当竞争即自由竞争的领域,因而要理顺认定标准和界定好行为类型,划定好各种观念和标准的界限,恰当约束以保护竞争为名、行阻碍竞争之实的行为。

(三)自由竞争是效率的灵魂

强调以效率为基本取向,意味着更多尊重市场调节和认可竞争行为的中性(竞争中性),尽可能减少公权力以认定不公平竞争的方式进行的市场干预;即便是必须贴上不正当竞争标签的行为,除首先根据效率标准认定的行为外,充其量再以公平的名义干预一些明显与社会的公平理念格格不入的行为。这在很大程度上相当于对竞争行为坚持竞争中性认定的推定,而不是动辄拿不公平竞争的标签和有色眼镜审视市场竞争行为,更不能简单地依据竞争损害的存在而推定行为的不正当性。这就如前文比利时学者保罗·纽尔所说,"在'正当竞争'的观念里,权力机构以怀疑的眼光看待竞争。"[①]但在效率的竞争观念中,则对于竞争行为更加宽容,尽可能缩小不正当竞争的范围。在我国特别强调这种理念更为重要,因为我国市场经济体制仍具有很强的转型色彩,由权力主导的经济到市场调节的经济转轨尚未完成,经济运行中权力管制的思维一向严重,执法者经常有管制市场的偏好和惯性,时常自觉不自觉地拿着有色眼镜

---

① 〔比〕保罗·纽尔:《竞争与法律》,刘利译,法律出版社 2004 年版,第 5 页。

看待竞争行为，更有甚者不断拓宽不正当竞争的认定边界，通过该手段控制公有领域，损害市场正常经营秩序。

例如，在上海市第二中级人民法院2004年审理路易威登公司与上海鑫贵房地产公司、社会丽都公司等侵犯商标权案中，原告享有"LV"注册商标专用权，被告在一路口处的大楼上安装了一宣传其房地产的大型户外广告牌，其广告可分为三部分，左侧和右侧主要是其房地产的广告语，广告上的模特手拎标有"LV 花图形"图案的手提包，其中的广告文字为白色，模特和手提包为橙红色。原告起诉被告侵犯"LV"注册商标专有权。法院认为，首先被告使用原告商标的行为具有攀附原告商标和商誉的恶意；其次被告侵占了原告经营的空间并损害其合法权益。最终法院认定被告的行为因为有违正当的商业习惯和商业道德，构成不正当竞争行为。[1]

就该案而言，首先，原告的基础权利是"LV"注册商标专用权，所保护的也是注册商标，在按照商标法有关规定，当在不能认定构成商标侵权的情况下，原则上该行为即不具有违法性，不再按照反不正当竞争法的规定实质上扩张注册商标的保护范围。在商标法已对注册商标专用权的范围作出明文规定的情况下，不构成商标侵权行为的商标使用行为原则上不能再认定侵犯注册商标所有人的合法权益，否则，如果认为利用了注册商标的知名度及其延伸的表彰使用者品味的功能即构成对于商标所有人合法权益的侵犯，无异于扩展了商标权的范围，与商标法界定商标专用权的立法政策相抵触。

其次，被告的利用行为是一种抽象的、含蓄的和暗示意义上的

---

[1] 上海市第二中级人民法院（2004）沪二中民五（知）初字第242号民事判决书

使用,对于普通购买者的选择不会有实质性影响,因而不会带来明显的和直接的竞争优势,而更多地属于广告艺术想象力的范畴。对于这种利己不损人的利用,认定其构成不正当竞争应当慎重。即使对其商誉有所利用,也只属于一般性的"搭便车",达不到构成不正当竞争的程度。而且,被告的使用行为因不存在欺诈误导、淡化和丑化等效果,客观上不会损害原告权利,也不损害公益,只是借其知名度作为宣传,此时可以将该使用看作原告高知名度商标的溢出效应,将其留给公有领域更为妥适,也更符合效率优先的竞争理念。如果将该行为认定为不正当竞争,就是宽泛地采纳了"搭便车"、"不播种而收获"、"用他人的牛耕地"之类的原理,倒是接近法国等有些欧陆国家公平意义上的保护思路,也即将商誉视为"准财产"式的财产性保护主义思路,如前所述,这种思路不利于促进竞争。但是,法国对奢侈品品牌特别保护,乃是奢侈品大国的国情所决定的,我们不需要亦步亦趋和简单盲从。所以,应倾向于采取效率的竞争观思路。特别是,"对于知识产权侵权案件设置更为严肃的证明损害的要求,能够解决很多问题。如果一项侵权行为对侵权人及其客户有益,同时又没有给知识产权人造成损害,它带给社会的是纯收益。""LV"商标被用于楼盘广告,带给社会的是纯收益,没有构成有损害事实的侵权,没必要认定构成侵权和不正当竞争。如果认定构成不正当竞争,则是以不正当竞争法变相地扩张了商标权,实质上侵害了竞争自由。

四、效率价值的经济性

无论是竞争的公平还是竞争的自由,最终都是为了更好地实现市场效率，即实现市场配置资源的最优化。效率无疑是反不正当竞争法的终极目标，因此可以将其称为反不正当竞争法的经济价值。

自由竞争是市场经济的本质特征，反不正当竞争法则以维护竞争自由为基本价值。市场经济通过自由竞争降低成本和市场价格，而使消费者受益。这是效率的体现或者说体现的是效率。效率观念的总体思路是充分发挥市场机制的作用，市场竞争的问题尽可能交给市场机制的内生动力去解决，技术带来的问题尽可能交给技术发展来解决，尽可能减少以不正当竞争名义的权力干预。简言之，那就是市场的归市场，技术的归技术。

市场竞争之所以需要，乃是因为资源具有稀缺性，竞争就是对于稀缺资源争夺或配置。无论是正当竞争还是不正当竞争，都属于争夺稀缺资源的竞争。就社会的管理者而言，他们总希望市场竞争的机制要健全，从而使资源得到最优化的配置。在经济意义上，效率就是能够从稀缺资源中得到最多的东西，是要把"蛋糕"做大。那些干扰或者阻碍市场资源优化配置的竞争，可能被贴上不正当竞争的标签。反不正当竞争法虽然以"公平"或者"正当"为标榜，但效率无疑是公平或者正当的根本衡量标准和根本取向。[①] 当然，它还可能追求效率之外的"公平"目标或者社会目标（如欧洲国家传统上对社会和谐价值的追求），但不可能将效率置于次要地位，否则就会丧失反不正当竞争法的根本价值。

---

① "虽然市场是组织经济活动的一种好方法，但这个规律也有一些重要的例外。政府干预经济的原因有两类：促进效率和促进平等。这就是说，大多数政策的目标不是把经济蛋糕做大，就是改变蛋糕的分割。"见〔美〕曼昆：《经济学原理》上册，梁小民译，三联书店、北京大学出版社1999年版，第10页。制止不正当竞争显然不关乎经济蛋糕的分割，而关注经济蛋糕的做大即经济效率。反不正当竞争法正是为促进效率而对市场行为进行的法律干预。

市场经济并不是完全由市场发挥作用的经济。如经济学家曼昆（N.Gregory Mankiw）所说，"理性的经济人一味追求利润与效用的最大化，实际上难道不成了连最起码的道德标准都达不到——更不用说符合现实——的怪物吗"？[1] 只注重效率而不顾及公平，势必呈现一味追求利润和效用最大化的格局，这并不符合当代市场经济现实。事实是，公平与效率必须结合起来发挥作用，确保市场经济的健康发展。只是效率是必然的动力，公平是必要的保障。反不正当竞争法虽以维护公平为名，实质上仍然是以确保效率为根基。忽视效率而谈公平，无异于不分主次和喧宾夺主，不符合反不正当竞争法调整目标的实际。显然，在反不正当竞争法的目标取向中，公平与效率的权重并不同，应当是效率为主导，兼顾公平。

就效率而言，"如何实现效率是一个复杂的问题"，但"在一个市场社会中，在所有意义上，许多因素和安排都向效率看齐"。"去掉不必要的管制会带来大量的效率收益"。[2] "效率和如何实现效率都是复杂的概念。没有一个单个事物能被称为'效率'。行为、交易和市场同时都具有效率和低效率的属性，每种属性的相对尺度都受到关于市场如何良好运行这一假定的影响。因此，如何实现效率的目标取决于重视和强调什么，以及在所有不同的意义上，什么会导致产生最大化效率"。[3] 调和好自由与公平的关系，是实现最佳效率的有效保障。尤其是，鉴于以前我国理论和实务上更多是从公平的

---

[1] 〔德〕森图姆：《看不见的手——经济思想古今谈》，冯炳昆译，商务印书馆2016年版，第15页。

[2] 〔美〕罗伯特·皮托夫斯基等著：《超越芝加哥学派——保守经济分析对美国反托拉斯的影响》，林平等译校，经济科学出版社2013年版，第71页。

[3] 同上书，第72—73页。

角度强调反不正当竞争法的价值取向，以至于在公平标准的把握上忽视了自由与效率的限定，导致公平标准的过宽适用或者适用偏颇，因此有必要适当着重强调补正反不正当竞争法的自由和效率取向。

第二节 我国立法价值取向定位

就我国反不正当竞争法而言，无论是1993年制定的法律，还是2017年修订的法律，均比较充分地贯彻了公平、自由和效率的价值观。

一、立法与修法的价值取向

在市场经济的发展过程中，市场可以自发地引导资源配置，监管者只有在适时的时候发挥引导作用。因为市场本身便有很强的自由调整和自由修复能力，过多的外部干涉只会破坏市场形成的既有稳态系统，从宏观上讲，外部干涉反倒是增加整体的维护成本。因此，反不正当竞争法是管制者调整市场时常常使用的工具，故而应当具有后置性。[①] 法律予以禁止的不正当竞争的行为，就是市场

---

① 《中共中央关于全面深化改革若干重大问题的决定》(2013年11月12日中国共产党第十八届中央委员会第三次全体会议通过)指出："建设统一开放、竞争有序的市场体系，是使市场在资源配置中起决定性作用的基础。""经济体制改革是全面深化改革的重点，核心问题是处理好政府和市场的关系，使市场在资源配置中起决定性作用和更好发挥政府作用。市场决定资源配置是市场经济的一般规律，健全社会主义市场经济体制必须遵循这条规律，着力解决市场体系不完善、政府干预过多和监管不到位问题。"

难以解决，而需要通过法律予以校正的情形。反不正当竞争的干预是不得已而为之，不是干预越多，管制越多越好。我国1993年制定《反不正当竞争法》及2017年修订该法，虽然所处的市场环境发生了重大变化，但是注重贯彻了有限干预的理念和精神，以此协调公平、自由与效率的价值取向。

(一) 1993年的《反不正当竞争法》

1993年制定《反不正当竞争法》之时，市场发育很不完善，国家干预经济的整体氛围还很浓厚。但是，即便在这种背景下，《反不正当竞争法》罕见地保持国家对市场干预的克制和节制，比较充分和鲜明地贯彻了有限干预的立法精神，主要体现在限定类型化行为的范围。

1993年制定《反不正当竞争法》时仿照国际条约和在国际社会达成的共识，暂时将不正当竞争行为进行了类型化处理。例如商业贿赂行为、仿冒行为、虚假宣传行为、商业诋毁行为、侵犯商业秘密行为以及不正当有奖销售行为。当时的立法者由于无法预计到之后市场经济蓬勃发展的盛况，因此只能暂时对在国际上已被达成普遍共识的行为进行类型化处理。同时，为避免执法机关滥用条款，立法者对于一般条款也持比较保守的态度，立法本意图将反不正当竞争法规制的不正当竞争行为严格限定为该法第二章列明的11种情况。

(二) 2017年修订《反不正当竞争法》

2017年修订《反不正当竞争法》之时，我国经过二十年的社会主义市场经济实践，市场经济牢固确立，市场取向改革目标更加明确，对于市场经济的认识更为深刻和明晰。在2017年《反不正当竞争法》修订过程中，曾经就因增减一些不正当竞争行为产生过较大争论，其中本质上涉及竞争管制与自由的边界和限度，涉及公平、自由与效率的关系问题。

例如，国家工商行政管理总局报送国务院审议的《反不正当竞争法》修订草案送审稿（简称修订草案），曾定有禁止滥用相对优势地位的行为。在国务院法制办主持修订本法期间，该条规定引起了较大争议和普遍反对，最后由国务院报请全国人大常委会审议的修订草案删除了该规定。其根本原因便是在于监管者对市场的管控过于严苛，使得许多本该自由竞争的行业受到管制。如果将滥用相对优势地位的行为笼统地纳入不正当竞争的范围，则市场竞争的自由将会受严重限制。

再如，虽然在报请全国人大常委会审议的反不正当竞争法修订草案第11条中仍然保留了搭售的规定，但是在全国人大常委会审议过程中将搭售删去。原因在于：搭售行为本身系正当的市场行为，并不损害公共利益。如果主体具有市场支配地位，那么反垄断法可对其进行调整。因而该条便丧失了存在的意义。①

新修订法律删除了搭售行为，其核心精神在于维护竞争自由，充分体现了反不正当竞争法的效率取向。从法理上讲，如果在不正当竞争中保留搭售，首先意味着不当扩张了该法的调整范围，其次也会导致法律规范不周延（将这样的规范不周延调整到了此处）。在设立调整搭售行为之初，立法者希望监管的主体并非广义上所有的市场参与主体，仅仅指"在经济和技术等方面的具有优势地位"的主体。② 那么此时正是应当由反垄断法发挥作用的时候，并且《反

---

① 参见"全国人民代表大会法律委员会关于《中华人民共和国反不正当竞争法（修订草案）》修改情况的汇报"（2017年8月28日），第114页。

② 全国人大常委会法制工作委员会民法室编著：《〈中华人民共和国反不正竞

垄断法》第 17 条第 1 款第(5)项还设定有"没有正当理由"的前置条件,[①]足以看出法律仅仅只对部分而非全部的搭售行为进行调整。

其次,如果不删除搭售行为,那么,这会与效率的竞争理念相抵牾。在市场经济的环境中,任何参与的主体都是理性客观的。搭售者虽然在客观层面确实可能会对消费者利益造成损害,但市场绝非是单一静态的。由于采取搭售行为势必会将升高的成本均摊到每个购买者身上,那么市场中就会有新的经营者产生,消费者也会被分流,此种风险是要由搭售者自己承担的。无论其采取何种方式,都是市场自我调节的结果,也是更有利于市场效率发挥最大化的一种客观选择。

最后,我们并不否认必然不会出现那种既不受反垄断法规制,又在客观上损害竞争秩序的搭售行为出现,如技术领域许可的搭售问题。此种情况或情形因不具有普适性,不应被当作一般法规则而得以确立,可以通过政策或者法律解释的方式来解决。

二、2017 年修订法律中价值关系的协调

2017 年修订的《反不正当竞争法》,一改国家政府总是希望管制市场的导向,确立了自由和效率竞争的基本理念。具体表现在如下方面:

争法〉释义》,法律出版社 1994 年版,第 32 页。又如参与立法者所言,"经营者实施搭售行为利用的是其经济技术等优势地位,这种优势地位来源于该经营者提供的商品具有某种特殊的性质,使购买者对其产品有着特殊需求"。见孙琬钟主编:《反不正当竞争法实用全书》,中国法律年鉴 1993 年分册,中国法律年鉴社,第 41 页。

① 该项规定:"禁止具有市场支配地位的经营者从事下列滥用市场支配地位的行为:……没有正当理由搭售商品,或者在交易时附加其他不合理的交易条件。"

(一)限制不正当竞争行为的范围

刚刚启动修改之时,一些人期望此次是法律的大修,期待通过修订大幅增加不正当竞争行为的范围,但新修订法律并未大量增加。而且,进一步明确了一般条款的适用条件和适用范围。例如在1993年《反不正当竞争法》第 2 条:本法所称的不正当竞争,是指经营者违反法律规定,损害其他经营者的合法权益,扰乱社会经济秩序的行为。

2017年修订的《反不正当竞争法》修订草案第 2 条中将"扰乱市场竞争秩序"放在了"损害合法权益"之前,明确了竞争秩序由于私益保护的基本理念。类似的情形还出现在"修订草案"第 15 条曾经赋予行政机关一般执法权条款中。在该修订草案中,规定"对经营者违反本法第二条规定,且本法第二章和有关法律、行政法规未作明确规定,严重破坏竞争秩序、确需查处的市场交易行为,由国务院工商行政管理部门或者国务院工商行政管理部门会同国务院有关部门研究提出应对认定为不正当竞争行为的意见,报国务院决定。在征求意见过程中,有些常委会组成人员和地方、部门、单位企业提出,不正当竞争行为属于民事侵权行为,不宜授权行政机关对本法未明确列举的不正当竞争行为进行认定。法律委员会经研究,建议删除该条,后立法机关采纳了这一建议。

(二)重视实质性维护竞争自由

2017年修订的反不正当竞争法最明显的特点在于明确对实质竞争自由的保护。如第 7 条有关商业贿赂的条款明确了商业贿赂的内涵与外延,"经营者不得采用财物或者其他手段贿赂下列单位或者个人,以谋取交易机会或者竞争优势:(一)交易相对方的工作人员;(二)受交易相对方委托办理相关事务的单位或者个人;(三)利用职权或者影响力影响交易的单位或者个人。经营者在交易活动中，可以以明示方式向交易相对方支付折扣，或者向中间人支付佣金。经营者向交易相对方支付折扣、向中间人支付佣金的，应当如实入账。接受折扣、佣金的经营者也应当如实入账。经营者的工作人员进行贿赂的，应当认定为经营者的行为；但是，经营者有证据证明该工作人员的行为与为经营者谋取交易机会或者竞争优势无关的除外。"

第 8 条和第 10 条分别规定的误导性宣传和不正当有奖销售条款，均旨在增强市场透明度。例如第 8 条规定"经营者不得对其商品的性能、功能、质量、销售状况、用户评价、曾获荣誉等作虚假或者引人误解的商业宣传，欺骗、误导消费者。经营者不得通过组织虚假交易等方式，帮助其他经营者进行虚假或者引人误解的商业宣传。"第 10 条规定"经营者进行有奖销售不得存在下列情形：（一）所设奖的种类、兑奖条件、奖金金额或者奖品等有奖销售信息不明确，影响兑奖；（二）采用谎称有奖或者故意让内定人员中奖的欺骗方式进行有奖销售；（三）抽奖式的有奖销售，最高奖的金额超过五万元。"

（三）重视发挥市场机制的作用

市场竞争和发展应当遵循其自身的规律进行。在没有外部环境干扰的情况下，市场自身几乎可以应对所有的变化。主要的原因在于市场具有自我更新和自我完善的功能。一般的竞争行为必然伴随着相互损害，甚至"你死我活"，但这些都是竞争中的常态。法律只对影响市场发生变化的特殊情形进行调整。此中足以看出，我国立法时已经借鉴和吸收了英美法系国家类似的效率竞争理念。

（四）保持垄断与不正当竞争的各自空间

反垄断与反不正当竞争体现了不同的价值理念，两者虽然在一定程度上存在交叉，但本质上讲却是泾渭分明的。[①] 随着反不正当竞争法的修订和实施，反垄断法和反不正当竞争法实现了形式和实质意义上的分离，为司法实践和学理探究提供了明确的立法指向。这种立法格局较好地调和了市场竞争的公平、自由与效率的关系。

第三节 价值取向的制度构造

一、价值取向的宏观制度

价值取向是通过制度设计落到实处，并通过法律标准与界限加以实现。自由、效率与公平的反不正当竞争价值取向，必须体现于和落实到具体的法律制度之中，通过具体制度付诸实施，因而必须以具体的制度设计为支撑。反之，反不正当竞争制度首先须以能否达到良好的目标为检验器，只有能够使公平与效率各得其所，反不正当竞争法的具体规则才具有妥当性。当然，体现在反不正当竞争法律条文中的制度设计通常是微观的制度，在价值取向与微观制度之间，还存在一些中间层次和承上启下的中观制度，其中包括那些连接目标与具体制度的理念。

反不正当竞争是由价值、理念、原则与规则构成的制度体系。

[①]《全国人民代表大会法律委员会关于〈中华人民共和国反不正当竞争法（修订草案）〉修改情况的汇报》，载中国人大网 http://www.npc.gov.cn/npc/xinwen/2017-11/04/content_2031357.htm，2017年2月21日访问。

在这一制度体系中，价值取向是高位阶的制度元素。高位阶元素可以构成低位阶元素的主导和灵魂，而低位阶元素则是高层元素的体现和落实。特别是，在竞争行为正当性的认定中，尤其是在难以决断具体行为正当性的利益衡量中，价值取向可以担当终极裁判者的角色。如卡多佐所说："碰上更重要的问题时，并非研究基础知识徒劳无益，而是除此之外，几乎并未因此获得任何有益的东西"。[①]

例如，在"山东食品与马达庆案"[②]中，鉴于该案竞争行为正当性的认定较为复杂，山东省高级人民法院二审判决和最高人民法院驳回再审申请裁定均对竞争自由与公平的关系进行了阐述，并将自由与公平作为竞争行为正当性认定的法理基础。这种做法即典型地体现为遇有难题追溯原点的司法方法。在二审判决和驳回再审申请裁定中均分析了自由与公平关系的目的，都是在阐明竞争自由是原则，限制竞争自由和构成不正当竞争需要特别的条件，有明确的被害人，和行为人的主观恶意。该案竞争对手之间争夺的交易机会是竞争性和开放性商业机会，竞争对手又没有不竞争的法定和约定义务，且并未以违反诚实信用和商业道德的方式进行竞争，此时被认为属于竞争自由的范围，不构成不正当竞争。

由此可见，自由、公平和效率的反不正当竞争价值取向，是竞争行为正当性认定的最终标准。

[①]〔美〕本杰明·N.卡多佐：《法律的成长——法律科学的悖论》，董炯等译，中国法制出版社2002年版，第16页。

[②] 山东省青岛市中级人民法院(2007)青民三初字第136号民事判决书；山东省高级人民法院(2008)鲁民三终字第83号民事判决书；最高人民法院(2009)民申字第1065号民事裁定书。

二、价值取向的中观微观制度

反不正当竞争法的价值取向需要通过具体制度落到实处,具体制度成为实现价值取向的具体支撑。综观我国反不正当竞争法的结构,在中观和微观层面上,自由、效率与公平的关键制度主要体现为以下几个方面。

(一)原则

反不正当竞争法的价值取向首先体现于基本原则的规定中。1993年《反不正当竞争法》第2条规定:"经营者在市场交易中,应当遵循自愿、平等、公平、诚实信用的原则,遵守公认的商业道德。"2017法律修订将这条修改为:"经营者在生产经营活动中,应当遵循自愿、平等、公平、诚信的原则,遵守法律和商业道德。"(第2条第2款)除对于商业道德的规定有实质性改变(下文另行论述)外,其他规定均属于非实质性改变。例如,"诚信"是"诚实信用"的缩写和简写。"遵守法律"当然是不言自明,增加这四个字很可能是一个没有具体操作价值而又无害的规定,是否规定均不影响法律的实质性适用。

反不正当竞争法的价值取向与基本原则存在内在的有机联系。例如,自愿、平等、诚信和遵守商业道德,都是自由、效率与公平的前提,如果没有自愿和平等,那么就没有自由,不遵循诚信和商业道德就谈不上效率与公平。

(二)正当性判断标准

在反不正当竞争中,诚信原则和商业道德典型地体现了市场竞争与反不正当竞争的核心精神,也是竞争行为正当性判断的核心标准。诚如最高人民法院在"山东食品与马达庆案"驳回再审申请裁定①中，法院裁判要旨指出应当依据诚信原则和公认的商业道德来作为行为正当与否的判断依据。

当然，在迄今为止的我国反不正当竞争实践中，直接单独依据自由和平等原则认定不正当竞争行为的情形极为罕见，自由和平等基本上并未像诚信和商业道德那样成为竞争行为正当性的判断标准。原则是高位阶的，落实于可操作层面的只有诚信与商业道德这类判断正当性行为的标准。

以上《反不正当竞争法》第 2 条第 2 款，是开放性认定，未列举不正当竞争行为的一般条款，同时也确立了行为正当性判断的准则。在把握好价值取向的前提下，运用本条对于确保法律的正确调整具有决定性意义。

（三）与知识产权保护的关系

反不正当竞争法履行部分知识产权保护的功能，如何与知识产权专门法进行衔接和协调，同样涉及反不正当竞争法价值取向的实现。在当前对反不正当竞争法与知识产权法群（著作权法、商标法、专利法）两者关系认识较为混乱的情况下，以反不正当竞争法价值取向公平、自由、效率来廓清其与知识产权专门法的关系，特别是知识产权法突出对创新的保护，这与反不正当竞争法的市场意义在内涵外延上有明显差异。这样的规范可以收到回归本源和正本清源的效果。

（四）列举性规定与总则条款

2017 年《反不正当竞争法》第二章，列举了典型的不正当竞争

---

① 最高人民法院（2009）民申字第 1065 号民事裁定书

行为，符合列举性规定的行为通常是当然违法的。但是，列举性规定有时也存在语言模糊和需要具体澄清的问题。列举性规定并不当然排除总则规定，总则规定可用于澄清和补充列举性规定的不足与遗漏，在法律适用中有重要价值。

例如，《反不正当竞争法》第12条第2款第(4)项规定了"其他妨碍、破坏其他经营者合法提供的网络产品或者服务正常运行的行为"，该规定是一项兜底性规定，其对行为构成要素的描述比较概括和不完整，且简单地按照字面含义解读和适用，很可能使其打击面过宽。为准确适用该项规定，可以援引《反不正当竞争法》第2条第2款的一般规定进行补充和指引。

(五) 列举性规定与价值取向

《反不正当竞争法》第二章所列举的不正当竞争行为均是典型的代表性行为，在适用中如何处理理解上的模糊和分歧，以第2条第2款规定的反不正当竞争价值取向廓清其适用标准，具有不可忽视的决定作用。

列举性规定主要是以消除妨碍竞争的市场障碍为规范目标。例如，制止市场混淆、误导性宣传、不正当有奖销售等行为，其目的是为了确保消费者获得据以作出购买决策的充分信息，增强市场透明度，以此确保实现主体的决策市场效率。"遏制制造市场混淆是确保市场效率的凡例，其目的是使消费者能够获得据以作出购买决策的充分信息。由此而产生的市场透明度导致交易成本的减少。允许不受遏制的混淆只会导致浪费的竞争和不受保障的消费者增多，这两者都是不适宜不正常的现象，因为它们不能进一步增长因自由市场经济而来的福利。""除了决定制造混淆构成侵权之外，道德并不发挥其他作用,因为导致市场损害结果是不当的行为"。[1]

(六)不正当竞争的经济伦理

为更好地发挥反不正当竞争法的调整功能,实现其价值目标,有必要加强认定标准的经济考量。如安塞尔姆(Anselm)所说,"在考量不正当竞争这一宽泛概念时,经济理由在决定变化不定的'不正当'中甚至居主导地位"。[2] 例如,创新性市场要求制止复制以保护领先时间,这种经济考虑不仅是作为专利保护依据的主导考虑,而且也被有些国家作为制止逼真模仿以及复制商业财产和成果的重要原则。就侵占原则的原理基础而言,已有一些学说主张,[3] 非对称市场失灵的经济原理是确定是否存在不正当竞争行为的决定性因素。市场失灵可以描述为由于其成果得不到保护,创新者就其经济努力得不到奖赏。这就使得复制比创造在经济上更有吸引力,与公众愿意支付创新报偿相比,这会导致创新者将会提供更少的革新成果。当作为一方的创新者面临市场障碍,而另一方的复制者没有障碍时,市场失灵就是非对称的。[4]

---

[1] Anselm Kamperman Sanders,Unfair Competition and Ethics,*See Intellectual Property and Ethics*, edited by Lionel Bently and Spyros Maniatis, volume 4,Sweet & Maxwell,p.227.

[2] 同上。

[3] Gordon,*Asymmetric Market Failure and the Prisoner's Dilemma in Intellectual Property*,17U.D.L.R.853-69(1992);Reichman,*Legal Hybrids between the Patent and Copyright Paradigms*,94 Col.L.R. 2432(1994);Karjala,*Misappropriation as a Third Intellectual Property Paradigm*,94 Col.LR 2594-609(1994);Samuelson,*Assertive Modesty*,94 Col.LR 2579-93(1994);Samuelson,Davis,Kapor,Reichman,*Manifesto Concerning the Legal Protection of Computer Programs*,94 Col.LR 2308-2431(1994).

[4] Anselm Kamperman Sanders, Unfair Competition and Ethics,*See Intellectual Property and Ethics*, edited by Lionel Bently and Spyros Maniatis, volume 4,Sweet & Maxwell,p.228.

在反不正当竞争法上防止非对称市场失灵，无非是将此类干扰行为视为侵权行为，而恢复经济最优化。"经济上的生产效率，而非伦理考量，看起来成为不正当竞争法的基础。经济效率可以成为据以检验市场参与者行为的法律规范的基础，而损害经济效率的有关行为的道德伦理观点，可能由经济现实所忽略。经济效率被转化为正当商业行为或者善良行为规范，社会的政策目标由此得以施行"。[①]

综上所述，反不正当竞争法以自由与效率为主导性目标取向，同时兼顾公平。自由、效率与公平既可以重合或者融合，也可能在特殊情况下需要取舍，选出主次性顺位，但多数情况下奉行的是自由与效率目标。这些目标在具体制度中以不同的程度和方式得到落实和体现。

[①] Anselm Kamperman Sanders, Unfair Competition and Ethics, *See Intellectual Property and Ethics*, edited by Lionel Bently and Spyros Maniatis, volume 4, Sweet & Maxwell, p.228.

第四章　有限补充保护

知识产权法与反不正当竞争法的关系，是一个传统的法律交叉领域，两者在当今时代又出现了诸种难以划分界限的问题。这种界限的划分和关系的处理，直接涉及反不正当竞争价值取向的落实，尤其涉及竞争自由、创新自由等价值和观念，需要从反不正当竞争价值取向的视角审视两者之间的关系，并划清相关法律界限。

第一节　知识产权的补充保护

一、反不正当竞争法的知识产权保护功能

反不正当竞争法对于知识产权的附加保护，即其在功能定位上具有补充性和衔接性，这是其功能和内容的重要法律定位。补充保护知识产权是反不正当竞争法的固有功能。

根据一般法理，如果反不正当竞争法与知识产权特别法之间存在适用交集，应当优先适用特别法；仅在特别法并无直接规定时，再由反不正当竞争法进行调整。例如无法获得著作权法保护的作品名称，无法获得专利法保护的商业秘密以及无法通过普通商标法

保护的未注册非驰名商标等，法院可以考虑选择适用反不正当竞争法给予保护。但是，如果对于两者的关系进行如此界定，有时就会失之简单化。两者的关系并非如此简单，而相当复杂。这是两者关系的传统界定，当今的现实情况要复杂得多，我国实践中已出现诸多新情况。

衔接和补充知识产权法的相关内容，一度构成反不正当竞争法的核心部分，《巴黎公约》将其纳入工业产权的范围，也体现了其与知识产权法之间密切联系。当然，随着法律调整和保护需求的不断变化，反不正当竞争法中的知识产权保护内容也在不断地发生变化。尤其是，该部分内容随着法律体系的不断完善和革新，而不断发生着变化，如商业秘密被部分国家单独立法等。总之，当今反不正当竞争法对于知识产权的补充保护不断面临新情况和新问题，呈现出一些新动态。

二、补充保护之比较

反不正当竞争法补充保护的情况复杂，各个国家差异较大。在此仅举几个国家的情况加以说明。

例如，在荷兰，有些知识产权法律明示或者暗示允许通过判例进行反不正当竞争法的附加保护，这种情形被学者称为"反射效果"原则[1]。一方面，一些制定法为附加保护留下了空间。例如，《比荷卢经济联盟统一商标法》第13条A款明确地允许依据侵权法进行一定的附加保护。这种情形就是一种积极的"反射效果"，即立法

---

[1] the doctrine of reflex effect.

者有意留下额外保护的空间。有些国家知识产权法律虽无明确规定，但可以认定其允许依据侵权法给予附加保护，如商号法、数据库法和版权法等。另一方面，一些国家制定法排斥依据侵权法进行附加保护。例如，专利法、植物品种法、半导体产品拓扑图保护法，都是如此。特别是就保护产品技术特征的知识产权法而言，如专利法，其保护是穷尽性的，不允许再依据侵权法给予附加保护。原因是，这些权利是通过平衡保护权利与激励进步的利益关系而设定的，给予一定期限的垄断权而在期满之后使其进入公有领域。如果再允许通过侵权法给予额外保护，则会破坏这种利益平衡。产品的外观设计和商标则不同，即其还具有识别商品来源的市场功能，在其法定保护期限届满以后，对于公众而言仍可以作为识别工具，出于遏制混淆的需要，允许附加保护。[1]

　　商业标识领域是反不正当竞争补充保护的传统重要领域。通过模仿他人用以识别商品的商业标识（商标与商号等）而受益，并导致市场混淆，此时通常会认定为非法。按照《比荷卢经济联盟统一商标法》第1条的规定，任何能够区分经营者的商品的标志，包括姓名、外观设计、印记、印章、字母、数字、商品形状和包装以及其他标识，都属于商业标识。即便比荷卢商标法对商标有如此宽泛的界定，反不正当竞争法仍有补充保护的余地。首先，仍可保护不属于比荷卢商标法规定的商标之外未注册标识的商业标识。例如，一些单词、短语、广告、书或期刊的名称、商店装饰风格等，可以纳入反不正当竞争保护。其次，对于商标所有人依据比荷卢商标法不

---

[1] Rogier W. de Vrey, *Towards a European Unfair Competition Law: A Clash between Legal Families*, M Martinus Nijhoff Publishers (2006), pp.126-127.

可诉的行为，反不正当竞争法给予保护。[1]

以色列最高法院在 A.S.Y.R. v.Forum(1998) 案中，阐述了知识产权法与不正当竞争法的关系。该法院的一些法官认为，一项产品不能满足知识产权保护的相关要件，并不必然不再能够获得救济。"如果原告能够注册独占权利却没有注册，就应当向法院解释其没有注册的充足理由。没有注册某种权利并不使其关闭受不当得利保护的大门，但会使法院具有拒绝给予救济的更大余地。"[2] 为表明反不正当竞争救济并不必然与既有知识产权不一致，就要强调与知识产权法提供的保护相比，依照民法不当得利相关规范，法律给予的保护是有限的和相当弱的。不当得利保护只限于有限的期限，不太接近知识产权专门法的保护期限。[3]

知识产权法有排斥反不正当竞争法适用的情形。例如，"根据德国和荷兰的法律，知识产权可以排斥反不正当竞争法的补充适用。特别是，诸如专利之类的保护产品技术特性的知识产权，所提供的保护是穷尽性的，再根据侵权法给予补充保护就不适当。保护产品的外观设计或者其识别方式的知识产权，就具有基于侵权法给予额外保护的较大空间"。[4]

英国法对于知识产权法保护优先（或者排斥）的说法不太明显。原因是，普通法侵权行为与知识产权制定法是相互隔离和各自独立

---

[1] Rogier W. de Vrey,*Towards a European Unfair Competition Law:A Clash Between Legal Families*, Martinus Nijhoff Publishers (2006),pp.131-132.

[2] *Intellectual Property in the New Millennium*,edited by David Vaver and Lionel Bently,Cambridge University Press(2004),p.185.

[3] Ibid.

[4] Rogier W. de Vrey,*Towards a European Unfair Competition Law:A Clash Between Legal Families*, Martinus Nijhoff Publishers (2006),p.290.

第四章　有限补充保护

适用的。1994年英国商标法第2条第(2)项特别排斥了仿冒的影响。尽管反不正当竞争法尤其是仿冒的排斥问题不是其话题，但判例法事实上承认该排斥效果。尤其是对于商标法以外的案件，法院通常不太愿意允许普通法(衡平)用于保护那些属于专门的制定法的保护范围。只是这一问题并未纳入排斥效果的名目之下，而置于竞争自由之中。[①]

从上面的介绍可知，商业标识类知识产权有补充保护的余地，是补充保护的传统领域；专利等创新类知识产权因涉及与公有领域的利益平衡，补充保护的空间较小，通常不再进行补充保护。

三、我国反不正当竞争法的补充保护

我国反不正当竞争法具有知识产权保护功能。尤其是，制止市场混淆行为的规定旨在保护未注册商标等商业标识，保护商业秘密条款可以补充专利保护，反不正当竞争法一般条款可以保护新出现的智力成果。

我国司法实践将部分不正当竞争纠纷案件纳入知识产权案件之中。例如，《最高人民法院关于全国部分法院知识产权审判工作座谈会纪要》即将不正当竞争案件纳入知识产权类案件，即将仿冒行为、虚假宣传行为、侵犯商业秘密行为和商业诋毁行为纳入知识产权案件范围。[②] 这种界定显然是与《巴黎公约》列举的行为类型

[①] Rogier W. de Vrey, *Towards a European Unfair Competition Law:A Clash between Legal Families*, Martinus Nijhoff Publishers (2006), p.290.

[②] 《最高人民法院关于全国部分法院知识产权审判工作座谈会纪要》(1998年7月20日)在"收案范围和案件受理问题"中指出：人民法院应当依法受理以下各类知

117

直接对应。2017年修订《反不正当竞争法》规定法定赔偿的内容时，对涉及知识产权的行为类型进行了限缩，相关立法说明对此有所论及。① 当然，与知识产权保护相关的内容不限于这些情况，在以一般条款补充保护知识产权的情形中也有涉及不正当竞争行为的。

虽然反不正当竞争法与知识产权法有着的历史上的交叉，也经常被认为前者是后者的一部分，但两者终究是有所不同，两者的观察视角更不相同：前者侧重于对于市场整体竞争秩序和竞争环境进行把握和调整，偏重于宏观层面的经济治理；后者则侧重于市场中个体是否损害了权利人的利益，因此也就更加偏重于微观层面的市场主体私利调整。申言之，前者不但与知识产权类专门法之间存在调整上的交叉，同样与反垄断法、价格法等其他诸多部门法存在适用上的交集。在许多国家也将其与反垄断法一起共称为竞争法。

我国反不正当竞争法调整的对象是正当的市场竞争秩序，其中虽然涉及一些调整知识产权的内容，但就其本质而言，仍然是以规范市场经济正常竞争秩序，维护市场经济发展为目标的法律。因此，对该法的适用时仍然需要明确其与知识产权类特别法之间的界限，避免将其概括地认定为是知识产权法的兜底法，而对具体行为的属性不加审慎思考。因为知识产权专门法是权利控制法，也即任何人只要未经许可踏入了权利人受保护的权利范围，便构成侵权，其主要关注结果，行为是否具有正当性在所不问；但反不正当竞争

识产权民事纠纷案件：……3.不正当竞争纠纷案件，指依照《中华人民共和国反不正当竞争法》第5条、第9条、第10条、第14条的规定受理的案件。

① 见《全国人大法律委员会关于〈中华人民共和国反不正当竞争法(修订草案)〉修改情况的汇报》(2017年8月28日)中指出：参照商标法、专利法的相关规定，对与知识产权相关的混淆、侵犯商业秘密的不正当竞争行为，增加法定赔偿额的规定。

法则不同，该法的目标在于维护市场秩序，[①] 仅规制有违反（妨害）市场正常竞争秩序的行为，只要行为本身具有正当性，则无论其是否会造成其他经营者利益损失，因为这就是市场竞争的一般规律。因此，鉴于两类法律在立法目的、规制对象以及调整手段等方面的不同，法院在具体适用条款解决问题时应当注意有所区分，不宜用保护权利的思路来对此类案件简单处理，[②] 否则可能混淆保护的不同功能和思路，从而将可能错杀那些本应被鼓励的创新之举。

四、补充保护的新动态

当今是一个互联网信息社会，新技术、新业态和新商业模式层出不穷，知识产权保护与反不正当竞争出现了一些新情况新动态。

例如，随着著作权及其构成要素日益商业化，涉及著作权及其构成要素商业使用的著作权与不正当竞争纠纷日益增多，在两者之间的关系上出现新动态。如在原告查良镛（CHA，Louis）诉被告杨治、北京联合出版有限责任公司、北京精典博维文化传媒有限公司、广州购书中心有限公司著作权侵权及不正当竞争纠纷案[③]中，原告所著《射雕英雄传》、《笑傲江湖》、《天龙八部》以及《神雕侠侣》四书创造了郭靖、黄蓉、杨康、穆念慈、乔峰（萧峰）、康敏、令狐冲

[①] 有的学者认为，"假如我们非要依据《反不正当竞争法》第 2 条规定的一般条款，将某些行为打上'不正当竞争'的标记，也应当在保护智力活动成果的意义上予以考虑。"参见李明德：《关于反不正当竞争法的几点思考》，载《知识产权》2015 第 10 期。但事实上依据该条规定认定的不正当竞争更多是与智力成果或者知识产权无关，如据此认定的互联网等领域的不正当竞争多是纯属维护竞争秩序的。

[②] 孔祥俊：《论反不正当竞争法的竞争法取向》，载《法学评论》2017 年第 5 期。

[③] 广州市天河区人民法院（2016）粤 0106 民初 12068 号民事判决书

等人物名称、人物关系、性格特征和故事情节。这些元素被杨治创作的《此间的少年》所采用(所谓"同人作品"),原告为此提起侵犯著作权和不正当竞争诉讼。一审法院在判决中指出:同人作品是指将他人已经创作完成的作品中的人物用在新的作品中加以重新使用。其如果不具盈利目的,仅被用于满足个人需求,当然不具有可谴责性。但在本案中,被诉侵权人利用消费者对于原著作品中人物的喜爱,将其名称用于自己的作品中并大量出版发行,获取巨额的收益。该行为损害了原告的经济利益,有悖于基本的商业道德,构成不正当竞争,并应当被予以禁止。

大数据时代,信息数据的反不正当竞争保护问题日益凸显。在法律尚未对数据产品权益属性进行定性的情况下,反不正当竞争法成为数据保护的重要途径。

如杭州铁路运输法院在淘宝诉美景科技大数据不正当竞争案一审判决说,"随着互联网科技的高速发展,数据已日益成为信息行业中的基础资源,数据价值在信息社会中亦日益凸显,发展大数据已成为国家重要战略。数据产品通过对处于粗放状态的原始数据的提炼整合,将原本单一且价值有限的碎片化数据信息通过云计算、大数据分析处理,可以成倍提升数据的使用价值,极大提高社会各方面活动的效能。因此,赋予数据产品研发者相应权益,及时依法制止侵害大数据产品的不正当行为,营造健康、有序的数据市场竞争秩序,已变得十分迫切。""对不正当利用他人数据产品获取竞争优势,扰乱互联网大数据市场竞争秩序的行为应及时予以制止,同时加大惩治力度,给予数据产品研发者充分、有效救济,依法保护数据产品研发者的合法权益。唯有此,方能保障大数据产业的健康可持续发展,进一步激励数据产品研发者的热情,创造出更多有价值的数据产品,进而推动互联网大数据产业的健康发展,构建和谐的竞争秩序。"[1]

当前数据产品通常还不宜归入权利的范畴。《民法总则》第127条只是规定"法律对数据、网络虚拟财产的保护有规定的,依照其规定",该规定显然是规划性规范,即将保护"数据、网络虚拟财产"的规定留给另外的法律规定,而并未直接赋予和明确数据权利,尚不能据此得出数据权的规定。在淘宝诉美景科技不正当竞争纠纷案一审判决中所言,"财产所有权作为一项绝对权利,如果赋予网络运营者享有网络大数据产品财产所有权,则意味不特定多数人将因此承担相应的义务。是否赋予网络运营者享有网络大数据产品财产所有权,事关民事法律制度的确定,限于我国法律目前对于数据产品的权利保护尚未作出具体规定,基于'物权法定'"原则,故对淘宝公司该项诉讼主张,本院不予确认。"[2] 在不能归入权利而又有保护必要时,可以纳入利益保护的范围。利益保护不像权利保护那样确定,往往要进行具体的利益平衡。如上述一审判决所说,"由于互联网经济作为新型市场形态正处在形成与新兴过程中,调整网络经营者和用户之间的相关法律还处在探索阶段,因而对于此类纠纷应当综合现有法律、双方利益以及是否有利于社会整体利益等角度予以分析。"这显然是根据具体情形确定可保护法益,是一种法益保护而不是权利的保护思路。

信息数据权益保护可能朝着两个方向发展,即条件成熟时上升为特定的权利;在条件不成熟不能上升为权利时,按照反不正当竞

---

[1] 杭州铁路运输法院(2017)浙8601民初4034号民事判决书
[2] 同上

121

争法进行保护，即通过制止不正当竞争行为保护信息数据法益。反不正当竞争法具有"权利的孵化器"功能，即在权利条件不成熟时先按照反不正当竞争法保护，条件成熟后纳入权利体系，反不正当竞争保护可以视为由法益保护到权利保护的过渡。这是反不正当竞争法承担补充保护功能的表现之一。

五、补充保护与知识产权法定原则

知识产权采取法定原则，因而限定了各类知识产权种类及保护范围，明确了其边界，由此与公有领域划清界限，有利于创新自由和竞争自由。但是，知识产权法的原则毕竟不是绝对，需要一些灵活性规定弥补知识产权法定主义的不足。这就成为了反不正当竞争承担补充保护角色的渊源。

与知识产权有关的反不正当竞争法律规范，仍然是以保护商业成果利益为目的，只不过它是以制止不正当竞争行为的方式保护商业成果。反不正当竞争法成为知识产权法的一个组成部分。例如，仿冒行为侵犯了他（它）人商业标识，商业秘密涉及他人的未披露信息（技术信息和经营信息），虚假宣传和商业诋毁涉及不正当谋取竞争优势或者破坏他人竞争优势（竞争优势也是商业成果）。即便反不正当竞争法是通过制止不正当竞争行为的方式保护商业利益，但最终落实于对商业成果的保护上。《巴黎公约》亦是从通过不正当竞争手段保护知识产权的角度来规范相关条款，在其第1条[1]中

---

[1] 《巴黎公约》第1条："工业产权的保护对象有专利、实用新型、工业品外观设计、商标、服务商标、厂商名称、货源标记或原产地名称和制止不正当竞争。"

便有明确规定。据权威性解释,将不正当竞争纳入工业产权保护范围的原因是,"在许多情况下,侵犯工业财产权利,例如抢占商标或商品名称等,亦是不正当竞争行为。"[①]

知识产权是一种专有权,即权利人对于知识产权的客体(知识成果)可以排他性地占有和使用。知识产权的保护涉及公有领域与知识成果垄断权之间的平衡。在知识产权与公有领域的关系上,普遍奉行的是知识产权为"例外",公有领域为原则。[②] 为避免知识产权的范围过于宽泛而为公有领域留下空间,必须通过法定主义的方式界定知识产权的种类和范围,使知识产权与公有领域之间具有清晰的边界。反不正当竞争法的补充性保护,可以弥补其他知识产权法奉行的知识产权法定主义的缺憾。当然,如果过分强调法定主义,势必会使得一些刚刚兴起但未得到法律共识的行为或创新成果无法获得有效的保护。毫无疑问,此种情况会导致市场的积极性受挫,从而影响市场的发展。因此,反不正当竞争法的补充保护地位也正是基于弥补其中空缺的目的而诞生并发挥作用的。从这种意义上说,反不正当竞争法在有限的程度上成了整个知识产权法律的一般条款。

---

① 〔奥地利〕波登浩森:《保护工业产权巴黎公约指南》,汤宗舜、段瑞林译,中国人民大学出版社2003年版,第12页。不过,TRIPs在其规定的知识产权类型中未将制止不正当竞争作为一类,只是对于商业秘密和地理标识的保护作出了具体规定。这种做法是出于理论上的而不是政治上的考虑。因为,对于协定的制定起决定作用的美国,只是在州的层次上调整反不正当竞争的关系,没有联邦反不正当竞争法。不正当竞争的概念也是自20世纪30年代以后由德国法律学者引进的。Christopher Heath, *The System of Unfair Competition Prevention in Japan*, Kluwer Law International, 2001, p.49.

② J.Thomas McCarthy, *McCarthy on Trademarks and Unfair Competition*, §1.2, 4th ed., 2002. 转引自〔美〕贾尼丝·M.米勒:《专利法概论》(影印版),中信出版社2003年版,第8页。

从各国实践来看，反不正当竞争法确实成为保护其他知识产权法未规定的，特别是新出现的商业成果的有力工具。例如，知名人物的商品化权利（知名权）、网络域名等均为反不正当竞争法给予保护的实例。而且，对于新出现的商业成果都是尽可能纳入最为相近的现行法律框架之下进行保护。[①] 实践表明，我国反不正当竞争法在保护新的商业成果中也发挥了重要作用。如域名作为新生事物出现以后，因注册、使用域名等行为引发了一批民事纠纷。对于这些纠纷如何适用法律，最高人民法院司法解释采取了在没有其他法律规定的情况下，按照反不正当竞争法的一般条款进行调整的法律适用方法。[②] 当前随着大数据时代的到来，数据产品率先受到反不

[①] Christopher Heath, *The System of Unfair Competition Prevention in Japan*, Kluwer Law International, 2001, pp.50-51. 例如，德国《反不正当竞争法》第1条的一般条款曾是"整个竞争法领域的帝王规范"，实践中约1/3的不正当竞争案件，都是按照一般条款认定的。学术界通说和最高法院判例一致认为，一般条款"应支配整部法律；在法律规定的具体事实构成不敷适用的所有地方，都应适用该一般条款"。不仅如此，在案件事实同时构成违反其他各项具体规范的违法行为的情况下，一般条款依然可以适用。由于按照一般条款认定不正当竞争行为的种类和数量较多，有人甚至认为德国《反不正当竞争法》的主要渊源已不是成文规定，而是依照一般条款作出的判例。参见邵建东：《德国反不正当竞争法研究》，中国人民大学出版社2001年版，第36—38页。

[②] 最高人民法院《关于审理涉及计算机网络域名民事纠纷案件适用法律若干问题的解释》（2001年6月26日最高人民法院审判委员会第1182次会议通过，法释［2001］24号）第4条规定："人民法院审理域名纠纷案件，对符合以下各项条件的，应当认定被告注册、使用域名等行为构成侵权或者不正当竞争：（1）原告请求保护的民事权益合法有效；（2）被告域名或其主要部分构成对原告驰名商标的复制、模仿、翻译或音译；或者与原告的注册商标、域名等相同或近似，足以造成相关公众的误认；（3）被告对该域名或其主要部分不享有权益，也无注册、使用该域名的正当理由；（4）被告对该域名的注册、使用具有恶意。"其第7条规定："人民法院在审理域名纠纷案件中，对符合本解释第4条规定的情形，依照有关法律规定构成侵权的，应当适用相应的法律规定；构成不正当竞争的，可以适用《民法通则》第4条、《反不正当竞争法》第2条第1款的规定。"

正当竞争保护，反不正当竞争法也成为保护数据类产品的探索者。

当然，无论商业成果类产品可以如何获得反不正当竞争法的保护，其都必须基于竞争法的方式。例如，商业成果的保护是基于对竞争行为是否具有正当性为依据进行判断，故而采取的也应当是行为法而不是权利保护法的思维，即合法权益不是保护的前提，而是其最终所保护的成果。对于商业成果类产品，反不正当竞争法无论给予何种保护都不能与有关专门立法相抵牾，不能不适当地侵占公有领域和妨害竞争自由。

例如，被告在其楼盘广告中画有一女子挎一LV包的画面，原告起诉其侵犯"LV"注册商标专有权，及构成不正当竞争。法院指出：首先，两被告恶意攀附原告商标的知名度和商誉，具有很强的主观恶意；其次，被告的行为有悖于正常的市场经营秩序，破坏其他经营者的利益，有违商业道德。因此，二审最终判定其构成不正当竞争。[①]

就该案而言，认定构成不正当竞争是否准确？首先，原告的基础权利是"LV"注册商标专用权，所保护的也是注册商标，在按照《商标法》有关规定不能认定构成商标侵权的情况下，原则上该行为即不具有违法性，不再援用《反不正当竞争法》对其保护。在《商标法》已对注册商标专用权的范围作出明文规定的情况下，不构成商标侵权行为的商标使用行为原则上不能再认定侵犯注册商标所有人的合法权益。否则，如果认为利用了注册商标的知名度及其延伸的表彰使用者品味的功能，即构成对于商标所有人合法权益的侵犯，无

[①] "原告路易威登马利蒂公司与被告上海鑫贵房地产开发有限公司、上海国际丽都置业有限公司商标侵权和不正当竞争纠纷案"，见上海市第二中级人民法院（2004）沪二中民五（知）初字第242号民事判决书。

异于扩展了商标权的范围，与商标法界定商标专用权的立法政策相抵触。其次，被告的利用行为是一种抽象的、含蓄的和暗示意义上的使用，对于普通购买者的选择不会有实质性影响，因而不会带来明显的和直接的竞争优势，而更多地属于广告艺术想象力的范畴。对于这种利己不损人的利用，应当慎重认定其构成不正当竞争。即使对其商誉有所利用，也只属于一般性的"搭便车"，达不到构成不正当竞争的程度。而且，被告的使用行为因不存在欺诈误导、淡化和丑化等效果，客观上不会损害原告权利，也不损害公益，只是借其知名度进行商业宣传，此时可以将该使用看作原告高知名度商标的溢出效应，将其留给公有领域而不认定构成不正当竞争，更符合效率的竞争观的思路。特别是，"对于知识产权侵权案件设置更为严肃的证明损害的要求，能够解决很多问题。如果一项侵权行为对侵权人及其客户有益，同时有没有给知识产权人造成损害，它带给社会的是纯收益。"①"LV"商标被用于楼盘广告，带给社会的是纯收益，没必要认定构成侵权和不正当竞争。如果认定构成不正当竞争，则是以不正当竞争法变相地扩张商标权，实质上侵害竞争自由。

---

① "如果侵权行为不会损害权利人但却能使侵权人或其客户受益，并且不会影响任何其他人，这种行为就是一种纯粹的帕累托改进。这是一种在非自愿交易中极少会出现的经济理想状态。谴责这样的行为是一种无效率的法律政策，即便不考虑知识产权执法体制带来的极高交易成本也是如此。"帕累托改进的状态是，它使得至少一个人的状况得到改进，同时又不会损害任何其他人。改进后的状态必然会比先前的状态具有更大的总福利，因为此时没有需要权衡的对象。〔美〕克里斯蒂娜·博翰楠、赫伯特·霍温坎普：《创造无羁限：促进创新中的竞争》，兰磊译，法律出版社2016年版，第65页。

第二节　从兜底保护到有限补充保护

补充保护知识产权是反不正当竞争法的重要功能,但补充保护的范围和方式要严格限制,补充保护不能成为保护知识产权之外的另一扇窗。所以,是有限补充保护。

一、兜底保护功能

反不正当竞争法常被称为知识产权类特别法或者其他法律的"兜底法"或者"附加保护法"。

我国学界流行着"知识产权法与反不正当竞争法就好比冰山与海水的关系"的说法。[①] 反不正当竞争法成为了保护知识产权法的"口袋"法。例如,长久以来我国的一些民事立法学者一直认为:反不正当竞争法也被称为"不管"法,其表现在于别的法管的,它要管;别的法不管的,它也要管。也即,反不正当竞争法对那些专门法保护不到的地方给予保护。[②]

但是,冰山海水的比喻太笼统,知识产权不是海水之上的冰山或者冰山的一角,反不正当竞争法也不是浮在海平面之上的冰山之外的迷茫的海水,只能是有限的补充而不是兜底保护。[③] 尤其是,

---

① 即商标法、专利法和版权法好比浮在海面上的三座冰山,反不正当竞争法则是托着冰山的海水,商标法、专利法和著作权法所管不到的领域,都由反不正当竞争法来兜底。

② 河山、肖水:《民事立法札记》,法律出版社 1998 年版,第 82—83 页。

③ 有的学者指出,(笔者不知道这是否应当说成通说,但至少很有影响力),知识产权法与反不正当竞争法之间具有特别法与一般法的关系,知识产权法有规定的,适用

"知识产权之间的空档不应当被称为漏洞,而应当是不应由不正当竞争法限制的自由空间"。①反不正当竞争法与知识产权法不存在一般法与特别法的关系。

此种有关"兜底"之法或者"不管法"的说法流传甚广。也正是基于此种观念,在司法实践中,许多法院对一些本应放在公有领域不加干涉的行为实施法律的管制和调整。这样既损害了自由竞争的秩序,又有悖于法律的基本目标。

前些年我国的司法是笼统接受反不正当竞争法为"兜底法"的说法。例如,2004年最高人民法院有关司法文件对反不正当竞争法与知识产权法的关系曾作过概括,大体上反映了当时司法界对两者关系的认识,即:其一,侵犯知识产权的行为一般也可能属于不正当竞争行为,知识产权类专门法对那些已被明确规定行为加以规制和调整,而法律并未明确规定者,由反不正当竞争法调整;其二,由于反不正当竞争法调整工业产权内容的权利,因此其调整的对象和裁判的方法与相关知识产权法非常类似,例如商业秘密和专利由于都被用来保护技术,因此在侵权纠纷的判定时具有很强的相似性,可以作为相互之间参考或借鉴的依据。②这种认识基本上接受

知识产权法;知识产权法没有保护规定的,可依反不正当竞争法保护。又认为,反不正当竞争法对知识产权法提供兜底保护,知识产权专门法的规定是冰山一角,反不正当竞争法是冰山的全部。"兜底说"见诸于学说和坊间流传,无从追根溯源,从伴随之流传的"冰山论"大概可以看出,"兜底"关系大致含义同特别法与一般法的关系。刘丽娟:《论知识产权法与反不正当竞争法的适用关系》,载《知识产权》2012年第1期。

① Ansgar Ohly, Free access, including freedom to imitate, as a legal principle-a forgotten concept? *The Structure of Intellectual Property Law: Can One Size Fit All*, edited by Annette Kur Vytautas Mizaras, Edward Elgar(2011), p.98.

② 曹建明:《加大知识产权司法保护力度,依法规范市场竞争秩序——在全国法院知识产权审判工作座谈会上的讲话》(2004年11月11日)。

了理论上的通常说法,对于兜底功能未作进一步的限定,也即只是一般性地提出"附加或者兜底"保护问题,而没有强调有限的附加保护。

二、有限的补充保护

鉴于司法实践中有不适当扩张其补充保护作用的倾向,四年后,最高人民法院司法文件开始强调反不正当竞争法有限的补充保护功能。例如,在2008年11月28日召开的全国法院知识产权审判工作座谈会上,最高人民法院明确指出:妥善处理知识产权专门法与反不正当竞争法的关系,后者对前者仅起有限补充保护之作用,而并非广义上的兜底作用……当相关具体法已被穷尽时,原则上也不应再运用反不正当竞争法来保护,避免不当干涉正常的商业经营。这种精神为随后发布的司法政策文件所遵循。

最高人民法院《关于贯彻实施国家知识产权战略若干问题的意见》[1]提及:对于行为正当性进行认定时,需要以公认的商业道德为依据,防止反不正当竞争法的范围被不当扩大适用。这说明,司法政策已通过限制一般条款适用的方式,进而制约补充保护功能被滥用。

最高人民法院在《关于当前经济形势下知识产权审判服务大局

---

[1] 最高人民法院《关于贯彻实施国家知识产权战略若干问题的意见》(2009年3月23日印发,法发[2009]16号)指出:"准确把握反不正当竞争法的立法精神和适用条件,既要与时俱进,对市场上新出现的竞争行为,适用反不正当竞争法的原则规定予以规范和调整;又要严格依法,对于法律未作特别规定的竞争行为,只有按照公认的商业标准和普遍认识能够认定违反反不正当竞争法的原则规定时,才可以认定为不正当竞争行为,防止因不适当扩大不正当竞争行为方式范围而妨碍自由、公平竞争。"

若干问题的意见》①中指出,反不正当竞争法的补充保护功能不能抵触专门法的基本规定和立法原则,否则可能不适当地扩大该法的规制范围。该意见进一步明确,不能以反不正当竞争保护变相承认或者扩展知识产权专有权,同时也限制一般条款的适用,尤其是不能以通过一般条款扩展反不正当竞争保护范围,或者一般条款的适用结果与反不正当竞争法特别规定相抵触。例如,《反不正当竞争法》第6条第(1)项保护有一定影响的商品特有名称包装装潢,倘若诉请保护的对象是不知名商品的特有名称包装装潢,则不能依据该法第2条原则规定予以保护,否则与特别规定的立法精神相抵触。

而最高人民法院《关于充分发挥知识产权审判职能作用推动社会主义文化大发展大繁荣和促进经济自主协调发展若干问题的意见》②则进一步将该种观点予以明确,该意见再次重申了限制反不正

---

① 最高人民法院《关于当前经济形势下知识产权审判服务大局若干问题的意见》(2009年4月21日印发,法发[2009]23号)指出:"妥善处理专利、商标、著作权等知识产权专门法与反不正当竞争法的关系,反不正当竞争法补充性保护不能抵触专门法的立法政策,凡专门法已作穷尽规定的,原则上不再以反不正当竞争法作扩展保护。凡反不正当竞争法已在特别规定中作穷尽性保护的行为,一般不再按照原则规定扩展其保护范围;对于其未作特别规定的竞争行为,只有按照公认的商业标准和普遍认识能够认定违反原则规定时,才可以认定构成不正当竞争行为,防止因不适当地扩大不正当竞争范围而妨碍自由、公平竞争。"

② 最高人民法院《关于充分发挥知识产权审判职能作用推动社会主义文化大发展大繁荣和促进经济自主协调发展若干问题的意见》(2011年12月16日印发,法发[2011]18号)指出:"妥善处理好知识产权专门法与反不正当竞争法的关系,在激励创新的同时,又要鼓励公平竞争。反不正当竞争法补充保护作用的发挥不得抵触知识产权专门法的立法政策,凡是知识产权专门法已作穷尽性规定的领域,反不正当竞争法原则上不再提供附加保护,允许自由利用和自由竞争,但在与知识产权专门法的立法政策相兼容的范围内,仍可以从制止不正当竞争的角度给予保护。妥善处理好反不正当竞争法的原则规定与特别规定之间的关系,既要充分利用原则规定的灵活性和适应性,有效制止各种花样翻新、层出不穷的不正当竞争行为,又要防止原则规定适用的随意性,避免妨碍市场自由公平竞争。严格把握反不正当竞争法原则规定的适用条件,凡

当竞争法补充保护功能的作用。

这种有限补充保护的司法政策也体现在裁判之中。例如，最高人民法院审理的申请再审人宁波微亚达制笔有限公司（简称微亚达制笔公司）与被申请人上海中韩晨光文具制造有限公司（简称中韩晨光公司）、原审被告宁波微亚达文具有限公司（简称微亚达文具公司）、原审被告上海成硕工贸有限公司（以下简称成硕工贸公司）擅自使用知名商品特有装潢纠纷案（以下简称晨光笔案）。本案的基本案情是：2002年7月19日，中韩晨光公司向国家知识产权局申请了名称为"笔（事务笔）"的外观设计专利，该专利于2003年2月19日获得授权公告。因未缴纳专利年费，该专利权已于2005年10月12日终止。中韩晨光公司生产的K-35型按动式中性笔使用了该外观设计。中韩晨光公司在第16类笔商品上拥有"晨光"注册商标，自2005年起，该商标先后被评为上海市著名商标和驰名商标。中韩晨光公司对其产品也进行了广告宣传。晨光牌K-35型按动式中性笔的外观由揿头、笔套夹、装饰圈、笔杆、笔颈、护套、尖套组成。中韩晨光公司对其中笔套夹和装饰圈部分进行了专门设计。2007年6月4日，中韩晨光公司在成硕工贸公司处购买了681型水笔一盒，该笔的结构和外观与上述K-35型按动式中性笔相同。681型水笔由微亚达制笔公司和微亚达文具公司生产、销售。2008

属反不正当竞争法特别规定已作明文禁止的行为领域，只能依照特别规定规制同类不正当竞争行为，原则上不宜再适用原则规定扩张适用范围。反不正当竞争法未作特别规定予以禁止的行为，如果给其他经营者的合法权益造成损害，确属违反诚实信用原则和公认的商业道德而具有不正当性，不制止不足以维护公平竞争秩序的，可以适用原则规定予以规制。正确把握诚实信用原则和公认的商业道德的评判标准，以特定商业领域普遍认同和接受的经济人伦理标准为尺度，避免把诚实信用原则和公认的商业道德简单等同于个人道德或者社会公德。"

年4月21日,中韩晨光公司以微亚达制笔公司和微亚达文具公司生产、销售的681型水笔仿冒K-35型按动式中性笔的特有装潢,构成不正当竞争为由提起诉讼,请求停止侵害和赔偿损失。上海市第二中级人民法院一审认为,K-35型按动式中性笔外观中的笔套夹和装饰圈部分构成知名商品的特有装潢,681型水笔与K-35型按动式中性笔在笔套夹和装饰圈部分的形状设计基本无差别,两个产品的其他部分也十分相似,从整体上看足以造成消费者的混淆,微亚达制笔公司和微亚达文具公司的行为构成不正当竞争,遂判决两公司停止实施仿冒K-35型按动式中性笔特有装潢的不正当竞争行为,共同赔偿中韩晨光公司经济损失10万元。微亚达制笔公司上诉后,上海市高级人民法院判决维持一审判决。微亚达制笔公司不服二审判决,向最高人民法院申请再审。最高人民法院裁定提审本案后,微亚达制笔公司因与中韩晨光公司达成和解协议,申请撤回其再审申请。最高人民法院于2010年12月3日裁定准许其申请。

"晨光笔案"[1]涉及的法律问题是,获得外观设计专利的商品外观在专利权终止后能否依据反不正当竞争法获得保护。最高人民法院认为,外观设计专利权终止后,该设计并不当然进入公有领域,在符合条件时还可以依据反不正当竞争法关于知名商品特有包装、装潢的规定而得到制止混淆的保护。最高人民法院裁定指出,反不正当竞争法可以在特定情况下对某些民事权益提供额外的附加保护。

综上,司法实践中的认识虽然有渐进的过程,但认识和态度却越来越明确,即反不正当竞争法不是为知识产权专门法提供宽泛兜

---

[1] 上海市第二中级人民法院(2008)沪二中民五(知)初字第112号民事判决书;上海市高级人民法院(2008)沪高民三(知)终字第100号民事判决书;最高人民法院(2010)民提字第16号民事裁定书。

底保护之法，而是在特定条件下给予其补充的保护。强调补充保护的有限性，主要是为了维护竞争自由和公有领域的基本价值。凡不属于知识产权专有权保护的领域，除非法律另有规定或者在特殊情况下适用一般条款保护，否则即属于公有领域和自由竞争的范围，不宜通过反不正当竞争保护侵占公有领域和妨碍自由竞争。否则，也会抵触知识产权法的保护政策。

第三节 限制补充保护的度

当前反不正当竞争法的限制性补充保护的基本态度是明确的，前述司法政策也提出了不抵触知识产权专门法立法政策的基本界限，但具体实践中却有操作上的诸多困难，以至于在相同政策之下产生了不同的法律认识和裁判结果。因此，从操作意义上划出更为明确的法律界限和操作标准，明晰限制补充保护的度，具有重要的理论价值和实践意义。

司法实践中之前存在的将本属于公有领域的内容通过反不正当竞争法进行保护的做法，有悖反不正当竞争价值取向的。从价值取向的角度审视和把握限制补充保护，更易于厘清补充保护的界限，使补充保护恰如其分地发挥作用。

一、不抵触原则

反不正当竞争法补充保护的基本界限或者标准是不能抵触知识产权专门法的立法政策，且另有给予补充保护的单独理由。如前所述,反不正当竞争法对于商业标识类知识产权具有补充保护的较大余地,而对于技术成果类知识产权的补充保护则余地较少。我国司法对此采取的态度是明确的,如2009年最高人民法院在《关于当前经济形势下知识产权审判服务大局若干问题的意见》专门就此问题进行了阐述。[1]

对于著作权保护期限已经届满的作品,在其进入公有领域之后,其内容和书名等均不再受反不正当竞争法保护。如果再以保护商品名称的方式保护作品名称,则通常会抵触著作权保护政策。

(一)《大闹天宫》案

最高人民法院审理再审申请人上海美术电影制片厂有限公司(简称上海美影公司)与被申请人武汉新金珠宝首饰有限公司(简称武汉新金公司)侵害著作权、不正当竞争纠纷案[2]就体现了前述精神。该案的基本案情是上海美影公司系美术电影作品《大闹天宫》著作权人,依法享有"孙悟空"美术作品形象的著作权。2016年2月,其发现武汉新金公司经营和管理的天猫新金旗舰店销售印有上述美术作品形象的金钞。认为武汉新金公司未经上海美影公司许可且未支付任何报酬即将上述卡通形象用于商业宣传进而谋取不正当的利益,诉至湖北省武汉市中级人民法院。该院经审理后驳回

---

[1] 最高人民法院《关于当前经济形势下知识产权审判服务大局若干问题的意见》(2009年4月21日印发,法发[2009]23号)指出:"反不正当竞争法补充性保护不能抵触专门法的立法政策,凡专门法已作穷尽规定的,原则上不再以反不正当竞争法作扩展保护。凡反不正当竞争法已在特别规定中作穷尽保护的行为,一般不再按照原则规定扩展其保护范围;对于其未作特别规定的竞争行为,只有按照公认的商业标准和普遍认识能够认定违反原则规定时,才可以认定构成不正当竞争行为,防止因不适当地扩大不正当竞争范围而妨碍自由、公平竞争。"

[2] 最高人民法院(2017)最高法民申4621号民事裁定书

了上海美影公司诉讼请求,上海美影公司不服上诉至湖北省高级人民法院,湖北省高级人民法院判决维持原判。上海美影公司不服向最高人民法院申请再审,最高人民法院经审理后驳回了上海美影公司的再审申请。最高人民法院裁判阐述了已过著作权保护期的作品及其构成要素与其反不正当竞争保护的关系。该裁定指出:

"一般而言,知识产权专门法已在特别规定中作穷尽保护的行为,原则上不再按照反不正当竞争法扩展保护,避免抵触相关法律的立法政策。本案中,电影作品《大闹天宫》及其'孙悟空'美术作品已过保护期,根据著作权法的规定,其已进入公有领域,属于人类社会共有的文明财产,他人可以自由使用该作品中的构成元素。对于已过保护期的作品,不能再以反不正当竞争法有关保护知名商品特有名称等为名,行保护该作品及其构成元素之实,否则即变相延长作品著作权的保护,抵触著作权保护的立法政策。本案中,争议作品《大闹天宫》已过著作权保护期,该作品名称以及作品中可以单独使用的'孙悟空'美术形象均已进入公有领域,如果依照反不正当竞争法有关规定以知名商品特有名称等方式进行保护,必然会妨碍他人使用该作品构成元素等的自由,抵触著作权保护的立法政策。"

此处明确提出如果对于已过保护期限的作品元素给予反不正当竞争法保护,那么就抵触著作权法立法政策。也即不再以反不正当竞争法进行补充保护。该裁定特别提出,知识产权专门法已在特别规定中作穷尽保护的行为,原则上不再按照反不正当竞争法扩展保护,避免抵触相关法律的立法政策。专门法已穷尽保护的,专门法保护就是所涉客体的保护边界,再以反不正当竞争保护越出该保护边界,即构成抵触专门法立法政策。

尤其是,该裁定还提出了商品名称与作品名称的合一性,以此作为不再以商品名称给予保护的重要理由。"作品本身可以成为商品,即便作品已过著作权保护期,但只要该作品的商品形态仍具有市场稀缺性和市场需求,仍不妨碍将其作为商品而进行市场销售。例如,将作品制作成音像出版物进行销售的,即便作品已过著作权保护期,所销售的仍是以音像出版物为载体的作品,其实质不是为了销售音像出版物实物形态的载体,也即具有交换价值的仍是该作品。因此,二审判决关于已过保护期的电影作品不再是商品,因而不应当给予相应的反不正当竞争保护的理由不当。但是,在作品具有商品与著作权客体二重属性的情况下,作品名称与商品名称是合一的,在作品已过著作权保护期时,如果以作品特有名称等方式保护原著作权人的商品名称,无异于使已进入公有领域的作品名称,仍可以排斥他人对作品名称及作品的自由使用,显然有悖于著作权保护的立法政策。据此,申请人有关被申请人使用《大闹天宫》作品元素构成不正当竞争的请求于法无据,本院不予支持。"[1]

(二)《傅雷家书》案

相反,在《傅雷家书》特有名称不正当竞争案[2]中,一审判决即以反不正当竞争保护扩展了著作权的保护边界。

该案中,傅雷之子傅敏辑《傅雷家书》系我国著名畅销书,具有很高的知名度。傅敏认为中国文联出版社未经其许可擅自删改并发行同名的《傅雷家书》损害其正当利益,构成了不正当竞争。

一审法院认为,傅敏辑《傅雷家书》在我国境内确有很高的

---

[1] 最高人民法院(2017)最高法民申4621号民事裁定书
[2] 周瑞平:《〈傅雷家书〉属知名商品有"特有名称"》,载《人民法院报》2018年1月10日。

知名度，属于知名商品。被控侵权人未经许可擅自出版发行的图书——《傅雷家书》会造成消费者在选择时发生混淆，侵害其利益，故被控侵权人的行为构成不正当竞争。

本案中，到 2016 年后，随着傅雷（1908—1966）作品进入公有领域，他人即可自由编辑出版傅雷家书，且因"傅雷家书"是对傅雷此类作品性质的描述性称谓，是对作品属性的限制性表达，他人具有使用的自由。即便傅敏对其编辑的特定《傅雷家书》具有汇编权，但也不能据此独占"傅雷家书"的书名和称谓，更不能以此变相保护著作权保护期限届满的作品。否则，会抵触著作权保护期满以后进入公有领域的立法政策。

（三）电子媒介亚洲公司案

原告电子媒介亚洲有限公司诉被告全球制造商系统有限公司侵犯著作权及不正当竞争纠纷案[①]，该案基本案情为原告电子媒介亚洲有限公司认为被告全球制造商系统有限公司抄袭其网站网页，侵犯了其著作权并构成不正当竞争，诉至法院。北京一中院一审判决指出："因知识产权客体与其载体具有分离的特性，故在同一载体上可能同时承载两个以上的知识产权客体，相应地，同一侵权行为当然可能同时构成对不同类型知识产权的侵犯。对于同一载体上承载的不同知识产权客体是否具有同时进行保护的必要，本院认为，不同知识产权的客体虽附着于同一载体上，但其具有的保护要件以及权利范围并不相同，故绝不能将对同一载体上不同知识产权客体的保护等同于对权利人进行同一权利内容及范围的重复保护。鉴于同一权利人主张不同种类的知识产权保护所得到的保护内容

[①] 北京市第一中级人民法院（2008）一中民初字第 7260 号民事判决书

及范围并不相同,故这一保护无疑具有必要性。鉴于此,在权利人并未明确放弃权利的情况下,除非法律有明确规定,否则权利人当然有权同时以不同的知识产权作为权利基础主张权利。""具体到本案,对于涉案原告网页这一载体,如果其承载的表达符合《著作权法》中汇编作品的要求,则其属于受著作权法保护的汇编作品,他人未经许可不得实施其由著作权所控制的行为。同时,如果其承载的利益亦符合《反不正当竞争法》第2条、第5条的规定,则其亦可能受到反不正当竞争法保护。上述两种权利的内容及范围并不相同,原告当然可以要求同时进行保护。据此,被告认为原告不能以上述权利同时要求保护的主张不能成立。"

但是,在知识产权专门法与反不正当竞争法的适用关系中,同一行为符合两者条件时,可以构成竞合或者可以选择保护路径。倘若不符合专门法和专有权保护条件,需要决定能否按照反不正当竞争法补充保护时,应当首先权衡是否与专门法和专有权的保护政策相抵触。不抵触又确有必要的,可以通过反不正当竞争进行保护。

这种不抵触意义上的有限补充保护态度,在国际上也不乏范例。例如,在美国法院判决的国家篮球协会诉摩托罗拉公司一案中,国家篮球协会是NBA比赛广播电视节目的著作权所有人,它试图禁止被告的"SportsTrax"服务。被告的雇员一边从电视上观看NBA比赛,一边在经常的暂停间歇用电话把比赛分数、剩余时间以及其他关键信息通知计算机操作员,由后者对信息进行汇编、处理与格式化,并且将之向被告出售给球迷的传呼机进行传送。被告的行为并不构成对著作权的侵犯,因为其从享有著作权的广播电视节目中所提取的只是事实而已(与舞台演出不同,比赛本身可能并不享有著作权,因为球员所做的动作并不是被规定好的)。这好像留下了可以由非法侵占原则来填补的空白。但是，联邦著作权法不仅优先于那些意图削减由联邦制定法给予知识产权所有人的保护的州法律，而且优先于那些对由著作权法所故意保留者给予保护的州法律。该著作权法已经被解释为拒绝保护思想、事实以及其他嵌入表达性作品中的非表达性材料，这并非出于一时忽视，而是一项有意作出的联邦政策，目的是保留一个公共领域，它由在著作权作品不可享有著作权的内容（比如思想和事实）所组成。宪法授权国会创设著作权，但把具体内容交给国会，而将事实和思想排除于著作权保护之外，就是国会对于所授予之著作权规定权限进行微调的一种方式。这种微调的结果就是，一州对于在某一受著作权保护的广播电视节目中的事实性内容不得以非法侵占之名而给予概括式保护。① 这种非法侵占是美国式的不正当竞争行为，该案的判决表明，著作权法无意保护的事实内容，法律本来就是有意将其留给公共领域，而不得以非法侵占进行补充性保护，否则会侵占公共领域，与著作权法的立法政策相抵触。

二、另立保护根据原则

在反不正当竞争法与其他知识产权法具有交叉和补充保护的领域，反不正当竞争法的补充保护需要建立在另外的理由或者依据之上，而不是对于已有知识产权专有权保护的简单附加。换言之，在属于专有权保护范围，而专有权不保护或者超出专有权保护范围

---

① 〔美〕威廉·M. 兰德斯、理查德·A. 波斯纳：《知识产权法的经济结构》，金海军译，北京大学出版社2005年版，第135页。

时，如果以反不正当竞争法进行保护，需要另有给予保护的依据和理由。

如安塞尔姆所说，"只要利用他人成果不构成不公平，反不正当竞争法就提供救济。这意味着，仅仅有他人成果被利用的事实，并不构成反不正当竞争法上的任何妨害。相反，占用或者基于他人成果的阐发是文化和经济发展的基石。抄袭自由的格言浓缩了自由市场制度原理。但是，为保护市场上的合法利益，特别确立了商标、专利、设计和版权保护之类的专门立法保护制度，以此管制市场。基于专门法，这种制度采取的唯一方式是赋予一种使其所有人免于市场竞争的独占。""但是，反不正当竞争法基于另外的因素，在这种制度之外给予保护。这些因素主要针对管制市场行为，而不是保护市场利益。这使其有可能基于这些另外的因素，对于专门法保护之外的其他成果给予保护。通过这种方式，有可能基于这些反不正当竞争的另外因素，保护那些通常不受保护的成果"。[①]"自由和不受限制的竞争是优位的，因而可以更为准确地说，除非一项成果为专门法所规定，否则就是不受保护的。除非有适用反不正当竞争法的额外因素，一项成果就处于不受保护状态"。[②]"反不正当竞争法也可能保护本不受保护的成果。所涉事项不受保护可能是因为它已为专门法所涵盖，或者不为专门法所保护，或者超出了专门法的保护期限。这些资产通常都属于公有领域。但是，它们也可以因为属于不同于专门法保护的反不正当竞争利益而受到保护，由此改变了保护的法

---

① Anselm Kamperman Sanders, *Unfair Competition Law:The Protection of Intellectual and Industrial Creativity*, Clarendon Press(1997), p.8.
② Ibid.

理。淡化商标的显著性或者广告价值,盗用声誉,逼真模仿和寄生行为,都是给予一般性和兜底性保护不正当竞争特殊形式"。①

综上,在"晨光笔案"②中,最高人民法院裁定指出:"多数情况下,如果一种外观设计专利因保护期届满或者其他原因导致专利权终止,该外观设计就进入了公有领域,任何人都可以自由利用。但是,在知识产权领域内,一种客体可能同时属于多种知识产权的保护对象,其中一种权利的终止并不当然导致其他权利同时也失去效力。同时,反不正当竞争法也可以在知识产权法之外,在特定条件下对于某些民事权益提供有限的、附加的补充性保护。就获得外观设计专利权的商品外观而言,外观设计专利权终止之后,在使用该外观设计的商品成为知名商品的情况下,如果他人对该外观设计的使用足以导致相关公众对商品的来源产生混淆或者误认,这种在后使用行为就会不正当地利用该外观设计在先使用人的商誉,构成不正当竞争。因此,外观设计专利权终止后,该设计并不当然进入公有领域,在符合反不正当竞争法的保护条件时,它还可以受到该法的保护。具体而言,由于商品的外观设计可能同时构成商品的包装或者装潢,因而可以依据反不正当竞争法关于知名商品特有包装、装潢的规定而得到制止混淆的保护。"此种在外观专利到期以后依照反不正当竞争法的保护,乃是基于其商业标识意义以及遏制市场混淆的目的,属于另有保护正当性理由和依据的情形。

---

① Anselm Kamperman Sanders ,*Unfair Competition Law:The Protection of Intellectual and Industrial Creativity*,Clarendon Press(1997),p.10.
② 上海市第二中级人民法院(2008)沪二中民五(知)初字第112号民事判决书;上海市高级人民法院(2008)沪高民三(知)终字第100号民事判决书;最高人民法院(2010)民提字第16号民事裁定书。

三、限制补充保护的原则

以反不正当竞争法补充保护商业成果,所采取的不是专有权保护方式,而是行为法保护方式。反不正当竞争保护有别于赋权式保护。反不正当竞争法以不赋予独占权利的方式保护市场经济的成果。这是维护竞争公平的需要,是与知识产权专门法的区别所在,也是防止损害竞争自由和市场效率所必需。如安塞尔姆所说,"不正当竞争法根据多种因素,在现有知识产权保护模式外进行保护。这些因素旨在管制市场行为而不是保护市场利益。这使其能够基于这些因素对于不受(知识产权专门的)制定法保护的商业成果给予保护。以这种方式能够基于不正当竞争的额外因素而做出保护"。[①] 反不正当竞争法即使保护成果,也并非是将其认定为一种专有权利,而是从规范竞争行为的角度入手。此种方式区别于采取静态的方式保护特定成果。因此,"自由和不受限制的竞争居优越地位,因而可以正确地说,除非制定法特别规定的商业成果,其他都是公有的。除非符合适用不正当竞争法的额外因素,否则一项商业成果将是公有的"。[②]

在反不正当竞争保护中,仅仅考量受保护利益的正当性是不够

[①] Anselm Kamperman Sanders ,*Unfair Competition Law:The Protection of Intellectual and Industrial Creativity*,Clarendon Press(1997), p.8.

[②] "一般而言,由于下列原因商业成果进入永久公有领域。首先,一项成果可以依据工业产权特别法获得保护,但未使用该制度。能够注册而未注册的情形,就可能属于这种情况。其次,已经超过工业产权保护期限的成果。再次,受独占保护的事项,因为特定的使用不属于特别法规定的保护条件,而属于公有领域。"Anselm Kamperman Sanders ,*Unfair Competition Law:The Protection of Intellectual and Industrial Creativity*,Clarendon Press(1997),p.8.

的，关键是手段及成果的正当性。知识产权专门法保护类型化的特定知识产权，即先界定权利及其范围，再规定侵权行为，以此保护权利，受保护的权利是前提和基础；不正当竞争法则是立足于界定竞争行为的正当性，通过遏制竞争行为而最终保护特定的或者一般的竞争利益。制止这种不正当竞争行为，是出于维护公平竞争或者市场伦理的需要。换言之，市场竞争既要遵循自由原则，又要遵循公平原则。公平原则是对于自由竞争的一种限制。为维护公平或者市场道德而制止不正当竞争行为，尽管可能具有在特定条件下保护特定的商业成果或者技术成果的反射效果（效应），但仍然是立足于维护竞争秩序，保护特定成果不一定是其初衷和本意。

例如，在"山东食品与马达庆案"[①]的裁判中便指出，虽然商业机会可以成为反不正当竞争保护的客体，但此种保护应当建立在行为人有悖于正当的商业道德，通过不适当的手段损害他人利益时才应被禁止。

再如，在"大湖"饮料不正当竞争案中，该案基本案情是天津日用化学公司为促销其生产的洗发露，采用了与大湖饮料几乎一样的包装装潢，在市场上引起了消费者误认误购而被国家工商总局查处。该案中，原告的商品名称和装潢具有很强的识别性，被控侵权人未经许可将与原告商品相同的包装装潢用在自己生产的洗发上的行为是否构成不正当竞争，由于饮料和洗发水显然不属于类似商品，对于天津日化公司是否构成不正当竞争行为引起了不同看法。最后，国家工商行政管理局认为构成不正当竞争行为。[②]

[①] 参见最高人民法院（2009）民申字第 1065 号民事裁定书

[②] 国家工商行政管理局《关于在非相同非类似商品上擅自将他人知名商品特有的名称、包装、装潢作相同或者近似使用的定性处理问题的答复》（1998 年 11 月 20 日）

通常讲，在不相类似的商品或服务上使用与知名商品相同或近似的包装装潢不会构成不正当竞争。但如果该行为对市场竞争秩序具有显著的危害性，则应当认定为不正当竞争。这种认定方式符合反不正当竞争法的适用思路，即便涉及知识产权保护的内容，反不正当竞争法也是以竞争法方式，立足于规范竞争行为，而不是立足于商业权利保护。例如，1993年《反不正当竞争法》第5条第(2)项禁止擅自使用他人知名商品特有名称、包装装潢的规定，并未限制在相同或者类似上的使用，这与注册商标保护不同。2017年、2019年《反不正当竞争法》第6条仍持同样的态度。

四、知识产权法保护的优先性原则

知识产权法已有专门规定的，其规定优先适用。在知识产权法不能保护时，能否依据反不正当竞争法进行保护，取决于是否符合其商业成独立的保护要件。如安妮特·库尔所说："(不正当竞争法的补充保护)总要尊重知识产权立法的优先性。一旦知识产权立法在保护与自由竞争之间划定了界限，就不能再寻求不正当竞争法的保护。因此，专利保护期满之后，法院就不能阻止对于发明的自由利用，但是在立法尚未规定体育节目广播权及体育节目销售权在原则上不确定的国家，可以运用不正当竞争法保护此类权利。"[①] "一旦

指出："仿冒知名商品特有的名称、包装、装潢的不正当竞争行为一般发生在相同或类似商品上，但经营者在非相同、非类似商品上，擅自将他人知名商品特有的名称、包装、装潢作相同或者近似的使用，造成或者足以造成混淆或者误认的，亦违反《反不正当竞争法》第2条规定的市场竞争原则，可以按照《反不正当竞争法》第5条第(二)项的规定认定为不正当竞争行为。"

① Annette Kur and Vytautas Mizaras,*The Structure of Intellectual Property*

知识产权立法在保护与自由竞争之间划定了界限,就不能再寻求反不正当竞争法的保护了。"[1]

知识产权专门法保护的优先性,只是说明知识产权法与反不正当竞争法在调整功能和内容上的互补关系,不存在特别法与一般法意义上的关系。即便各种知识产权专门法之间也同样存在功能互补的关系,如版权法保护独创性表达,专利法保护新颖性内容,两者之间存在一定的互补关系。反不正当竞争法与知识产权专门法互补的内容,也是专门法鞭长莫及而又需要保护的利益或者维护的关系,只是通过反不正当竞争法加以实现而已。

五、"合法权益"非专有权原则

在市场竞争中,鼓励市场经营者创新和竞争是基本原则,而对市场的管制和调控则是例外。如果过多通过法律对各种竞争行为实施干涉,那么势必会影响各市场参与者的积极性,最终会阻碍市场的创新与发展。因此,反不正当竞争法在适用时应当避免对其的过度使用,以免对市场产生不良影响。

因此,应当将反不正当竞争法的保护对象进行限定,其中《反不正当竞争法》第1条和第2条便将"合法权益"作为法律给予保护或者不正当竞争损害的对象。司法实践中的通用做法是将未被明确的法益具体化或者类型化,以期便于司法者审查和判断。如果该权益被侵犯,则认定不正当竞争侵权事实成立。这种方式确有利

Law:Can One Size Fit All,Edward Elgar(2011),p.116.
[1] 同上。

于司法审判实践判断之功能，但也会带来一定的弊端，即可能会将权益作为专有权利保护，从而带入绝对权保护的思路中。

此种做法显有不妥，因为反不正当竞争法规制的是具体的竞争行为，目的在于维护公平的竞争秩序。因此在适用时，应当明确其行为法的本质，避免使用裁判侵犯专有权利案件时的思路来解决市场不正当竞争问题，避免将某种商业模式或经营措施划定为个别经营者自己的"跑马场"。因此，对于合法权益的认定上，仍然应当秉持行为法认定的裁判思路模式进行。

此外，还应当明确，此处对合法权益的损害必须是对其他竞争者竞争利益的损害。例如"大众点评诉百度不正当竞争案"[1]，该案基本案情是百度地图曾推出过垂直搜索功能，即在百度地图里输入某一家餐馆的名字，就会显示出该餐厅的地址信息，同时还会显示出食客对该餐厅的点评信息，这些评论信息有一部分来自于大众点评网，百度在使用这些信息时有标注"来自大众点评"的说明并提供链接，用户可点击该链接跳转到相应的大众点评页面。同时，百度自己也有相应的点评系统，用户可以直接在百度地图里对餐厅进行点评。大众点评认为百度地图的上述行为构成"搭便车"，减少了用户对自己网站的访问，是一种不正当竞争的行为。上海知识产权法院认为：行为正当与否的标准在于其是否会对其他经营者造成损害之后果，如果并不会造成损害或者造成的损害后果微不足道，则不宜通过司法之手段加以调整。[2] 再如，上诉人北京爱奇艺公司（一审原告）与被上诉人北京搜狗公司（一审被告）等不正当竞争案，

---

[1] 上海市浦东新区人民法院 (2015) 浦民三（知）初字第 528 号民事判决书
[2] 同上

该案基本案情是用户使用搜狗输入法在手机端网页进行输入时,其会开启"搜索候选"功能,自动显示用户可能输入的名称作为"搜索候选",且呈现方式极易使得用户误认为该"搜索候选"为"输入候选",从而引诱用户点击。用户点击后,即会跳转至"搜狗搜索",并呈现其关联方的相同影视剧播放链接(搜狐视频)。爱奇艺公司认为,该行为损害了爱奇艺网站的利益,构成不正当竞争。上海知识产权法院二审判决认为,被诉行为"可能导致部分交易机会或搜索流量从爱奇艺公司转移至搜狗公司或其关联公司,爱奇艺公司所遭受的损失是客观"。但是,"当启动一般条款判断被控行为的正当性时,需要考察爱奇艺公司利益受损的程度,尤其是要考虑被控行为是否已经实质性地影响了爱奇艺网站的正常运营,以防止对市场竞争的过度干预"。该判决被诉行为"可能导致爱奇艺网站的流量或交易机会减少",但"采取了降低混淆程度的措施",爱奇艺公司遭受的损失有限,且其正常运营并没有受到实质性的妨碍和破坏,因此,爱奇艺公司遭受损害的程度尚不足以达到需要通过反不正当竞争法进行救济的必要。[①] 此种明确以不具损害或者损害轻微为由不支持竞争行为不正当性的做法,符合适用竞争法的思维和方式。

第四节　自由价值取向与模仿自由

市场经济中,自由的主体在商品交易行为中,模仿行为是正常

---

① 上海知识产权法院(2018)沪 73 民 420 号民事判决书

的吗？是的，一定是正常行为。当然，只有模仿超过限度，会被认为构成不正当竞争。

模仿自由是知识产权保护和反不正当竞争法中的重要法理性原则，是竞争自由和市场效率的必然要求。当前在司法实务中模仿自由被压缩和忽视了，强调模仿自由对于实现反不正当竞争法自由项下的价值取向具有重要现实意义。

一、市场成果的自由利用

反不正当竞争法以自由利用市场成果为原则。一些市场成果需要保护，但主要通过知识产权专门法赋予独占性质的知识产权进行保护，除此之外原则上都属于自由模仿、自由复制和自由竞争的领域。即便就知识产权而言，它所体现的是相对效率，即"尽管知识产权保护会导致福利损失，阻碍产品改进以及引发不适当的策略行为，但是又是刺激创新所必需的，因为不受限制的模仿自由会阻碍研发投入"。[1] 知识产权保护必须在激励创新与自由竞争之间进行平衡。

赋予知识产权的另一面恰是保护市场自由。强调知识产权法定就是为了维护市场竞争的有效性和保障竞争自由。如安塞尔姆所说，"如果对于他人成果的利用构成不公平，不正当竞争法就提供救济。这意味着，仅仅是他人成果被利用的事实本身，并不构成

---

[1] Lemley,M.,Property,Intellectual Property,and Free Riding,83 *Texas Law Review* 1060(2005). Annette Kur and Vytautas Mizaras , *The Structure of Intellectual Property Law:Can One Size Fit All*,Edward Elgar(2011),p.115.

不正当竞争法上的任何损害。相反,利用和站在他人成果的肩上恰恰是文化和经济发展的基石。复制自由的公理写照了自由市场制度的原则。但是,为保护市场上的合法利益,特别设计了以商标、专利、外观设计和版权保护的立法框架。基于制定,该框架形成了仅有的获取使权利人不受竞争的独占的方式"。[1]知识产权法尚且如此,反不正当竞争法的补充保护更不能恣意,其对于专门知识产权法未覆盖的科技或者商业成果给予类似于无体财产权利的保护,其保护同样涉及激励创新和投资与思想和信息自由利用之间的平衡,只有保护的必要性超过保护的成本时,才具有保护的必要性。

正如美国《不正当竞争法重述(第三版)》评注所说,"一般而言,只有权利的承认具有支撑其受保护的额外利益,以及由此而保护的权利的范围能够清晰界定时,普通法才会授予制止侵占无形商业资产的权利"。例如,"就商业秘密保护而言,其所有人的权利反映了传统上对于信任关系以及遏制非法侵入的保护。侵占他人姓名或者肖像的商业价值涉及隐私和个人自治"。[2]因此,反不正当竞争法对于商业成果的保护必须审慎,必须以利益平衡的思维限定条件和范围。

---

[1] Anselm Kamperman Sanders, *Unfair Competition Law:The Protection of Intellectual and Industrial Creativity*, Clarendon Press(1997), p.8.

[2] "承认无体商业资产的权利一般源于这样的前提,即为确保生产这些资产所必要的资源投入的足够刺激,才有其保护的必要性。这种刺激原理经常因诉诸可见的由侵占他人投资的成果而来的不当得利,而得到强化。但是,承认无体商业资产的专有权,还必须考虑限制思想和信息的自由流动所固有的反竞争后果。因此,在许多情况下,刺激与不当得利原理可能让位于体现为公有领域的不受限制的模仿和传播。" See *Restatement of the Law,Third,Unfair Competition*, §1, "Comments & Illustrations:comment", American Law Institute(1995).

二、模仿自由：竞争自由的集中体现

模仿自由是自由竞争的题中之意，也是自由竞争在反不正当竞争法中的集中体现。模仿推动创新，并使市场竞争成为动态的过程。如奥地利经济学家熊彼特所说，"创新与效仿这一动态性连续过程构成竞争的真正本质。"[1] 当前在我国加强知识产权保护成为主色调和得到国策高度的强调，而模仿自由被不同程度地忽视的背景下，强调模仿自由有其更重要的意义。模仿必须自由的原因有二。首先，具有强有力的政策支撑：模仿是竞争经济的生命线。在模仿成为创造新产品过程的一个步骤时，此种情形更为明显。但是，即便是非创新性或者非创造性的模仿也在市场上具有中心功能：它增强竞争和降低价格。的确，知识产权的经济分析表明，也许有很好的理由限制通过模仿进行的竞争，以增强通过创新进行的竞争。[2] 但是，这种理由也是有限制的：财产化本身不是目的；它只是在为确保正当的市场功能所必要时才能够正当化。[3] 第二个理由是制度属性。例外、保护门槛和权利的有限保护期，反映了行使商业权利

---

[1] 熊彼特指出，新产品的每位发明者基本上最初都处于垄断地位。对于任何所谓创新企业家而言，这个垄断地位才是他们首先向市场推出新产品和新方法的最重要的诱因。但是，久而久之，市场上效仿者日益众多，那位企业家对其竞争者原有的领先优势便会消失。〔德〕森图姆：《看不见的手——经济思想古今谈》，冯炳昆译，商务印书馆 2016 年版，第 16 页。

[2] Annette Kur Vytautas Mizaras *The Structure of Intellectual Property Law:Can One Size Fit All*,Edward Elgar(2011),p.102.

[3] Ibid.

时应当遵循的平衡原则。① 如果这种法律领域应被解释为融贯的整体的话，此类限制性保护举措在知识产权和不正当竞争法的其他领域必须被尊重。②

模仿自由是市场制度下自由企业制度的重要内容。"只要利用他人的成果构成不公平，反不正当竞争法就提供救济。这意味着，仅仅是他人成果被利用的事实并不要求依据反不正当竞争法予以遏制。相反，将他人成果为己所用和在此基础上成长是文化和经济发展的基石。复制自由原则反映了自由市场制度的原则。但是，为保护市场上的合法利益，特别形成了由商标、专利、外观设计和版权架构而成的立法框架，以此管制市场。基于制定法，这种制度设计形成了原则上获得使权利人不受他人竞争的独占的仅有方式。""但是，反不正当竞争法基于其他因素在这种框架之外给予保护。这些因素主要旨在管制市场行为，而不是保护市场利益。这使得在制定法保护的成果之外基于其他因素而使成果保护成为可能。以此种方式，可能依据反不正当竞争法的这些其他因素，保护那些通常是先占的成果"。③

模仿自由是自由竞争的重要体现，也是被广泛接受的法律原则。在欧洲国家，英国法官尤其是自由模仿的最强有力的支持者。④ 大多数国家比较通行的观点是，没有其他更多额外因素的复制模

---

① Annette Kur and Vytautas Mizaras, *The Structure of Intellectual Property Law:Can One Size Fit All*,Edward Elgar(2011),p.102.

② Ibid.

③ Anselm Kamperman Sanders ,*Unfair Competition Law:The Protection of Intellectual and Industrial Creativity*,Clarendon Press(1997),p.8.

④ Annette Kur and Vytautas Mizaras, *The Structure of Intellectual Property Law:Can One Size Fit All*,Edward Elgar(2011),p.99.

仿，并不构成不正当竞争。仅主张构成侵占而并无虚假表示，通常不能获得应诉成功，其还需要其他的证据对行为的正当性与否进行证成，才可能成立不正当竞争。

例如，波兰《反不正当竞争法》(1993年4月16日制定，以后历经多次修改)接受了普通法的仿冒观念，[①] 该法第13条规定："1. 通过运用技术手段复制制成品的外观的模仿，可能导致消费者对于生产者和/或产品的混淆的，应当认定为不正当竞争行为。2. 模仿产品的功能性特征，尤其是其具有实用目的的内外在结构和现状，不应构成不正当竞争行为。如果模仿制成品的功能性特征需要复制其特别现状，且由此可能引起识别生产者或产品的错误，模仿者应当以适当的方式为产品附加识别标志。"显然，该法界定清楚构成不正当模仿行为的核心是因复制他人产品的非功能性特征而构成的虚假表示。其基础是必须证明对产品的模仿可能产生在产品来源上误导消费者的后果，并不要求客户受到实际欺骗的证据，只要有合理的混淆可能性就足够了。[②] 该规定第(2)项显然界定了"复制权"的边界，或者说确定了对于他人产品的功能性特征的模仿自由。根据该规定，模仿不受知识产权保护的产品的功能性特征，并不构成不正当竞争行为。在功能性与非功能性特征合并（融合）的情况下，模仿是允许的，但为防止欺骗消费者，模仿者有

---

① 波兰加入欧盟时承诺，使其国内法与欧盟法就此相符合，包括移植"老"欧盟国家在特定领域的基本法律原则，尤其是在没有欧盟指令和法规的领域。由于缺乏欧盟法和Trips协定的直接规定，在仿冒方面波兰反不正当竞争法接受了普通法的方法。See *Intellectual Property in the New Millennium*, edited by David Vaver and Lionel Bently, Cambridge University Press(2004), pp.190-191.

② See *Intellectual Property in the New Millennium*, edited by David Vaver and Lionel Bently, Cambridge University Press(2004), pp.191-192.

义务通过在产品或其标签上附加区别性标志，消除混淆的危险。该要求也是借鉴自美国最高法院在施蒂费尔（Stiffel）案中的观点。该案基本案情是施蒂费尔公司在支杆灯上获得了外观设计专利和机械专利。支杆灯取得了商业上的成功，在施蒂费尔将它推向市场后不久，西尔斯（Sears）公司在市场上出售几乎相同的灯，其售价更低，西尔斯公司的零售价与施蒂费尔公司批发价大致相同。施蒂费尔公司随即在美国伊利诺伊州北区地方法院对西尔斯提起诉讼，并主张：(1)西尔斯公司因模仿支杆灯设计而侵犯施蒂费尔公司专利；(2)西尔斯销售仿造支杆灯的行为易导致市场混淆，因此根据伊利诺伊州法律构成不正当竞争。在该案中，美国最高法院认为，不准许伊利诺伊州以其法律阻止西尔斯公司复制施蒂费尔公司不受专利保护的产品（一种灯泡），因为这将鼓励联邦法律允许的竞争的联邦政策。该法院承认，西尔斯公司复制的灯泡会引起消费者的混淆，但伊利诺伊州防止欺骗的合法利益可以通过附加标志的方式实现。这对于竞争的限制程度将小于完全禁止复制。[①]

以色列法院承认，没有额外因素的复制并非不正当，而强调构成不正当竞争必须有额外因素。如在以色列最高法院判决的一起

[①] 据该法起草者介绍，起草时接受了美国最高法院布莱克（Black）大法官在 "Sears,Roebuck & Co. v. Stiffel Co.376 U.S.225,239(1964)" 和奥康纳（O'Connor）大法官在 "Bonito Boats,Inc. v. Thunder Craft Boats,Inc.109 S. Ct.971(1989)" 案中的审理信条。这些及其他美国最高法院的案件主张所谓的"复制权"，即不受知识产权保护的设计或者版权、专利权保护期届满后的创新成果，可以自由复制模仿。在上述案件中，奥康纳大法官引用并赞同汉德（Hand）法官先前的判词[Crescent Tool Co. v. Kilborn & Bishop Co.,247 F 299,301(2d Cir.1917)]，即不受保护的样式，可以进行"逼真到无微不至的"复制。英国法也是如此观念。波兰反不正当竞争法的起草者说服波兰政府和国会，为澄清问题，特在法条中界定了模仿自由的界限。See *Intellectual Property in the New Millennium*,edited by David Vaver and Lionel Bently,Cambridge University Press(2004),pp.192-193.

案件[1]中,巴拉卡(Barak)院长列举了识别额外因素的几项标准,包括:(1)被复制的作品的重要性、新颖性、独特性及(对公共利益的)实质性贡献越多,复制或者模仿被认定为构成不正当竞争的可能性越大;(2)创造者与复制者付出的努力程度;(3)复制的程度,即是系统复制还是零星复制;(4)复制者的主观状态,即是否意识到这是一种复制;(5)是否存在复制的替代性办法,即如果有替代的办法能够制造在性能上相当而外观上不同的产品,就具有认定被认为因复制外观构成不正当竞争的更充足的理由;(6)复制的后果,即如果复制导致潜在地阻碍制造商投资新产品和技术,那么就应当有认定存有不正当竞争的更强理由。[2]

我国司法承认模仿自由原则。例如,"费列罗巧克力不正当竞争案",该案基本案情是1986年,费列罗公司在中国注册了"FERRERO ROCHER"和图形(椭圆花边图案)以及其组合的系列商标,并在中国境内销售的巧克力商品上使用。蒙特莎公司是"金莎TRESOR DORE"组合商标的权利人,该商标也用于巧克力产品。费列罗公司以蒙特莎公司仿冒其产品,擅自使用与其知名商品特有的包装、装潢相同或近似的包装、装潢,使消费者产生混淆为由,向法院提起诉讼,要求蒙特莎公司承担侵权责任。最高人民法院再审判决指出,对商品包装装潢的设计,不同经营者之间可以相互学习、借鉴,并在此基础上进行创新设计,形成有明显区别商品的包装装潢。这种作法是市场经营和竞争的必然要求。就本案而言,蒙特莎公司可以充分利用巧克力包装装潢设计中的通用要素,自由设计与

---

[1] A.S.Y.R. v. Forum(1998).

[2] See *Intellectual Property in the New Millennium*,edited by David Vaver and Lionel Bently,Cambridge University Press(2004),pp.184-185.

他人在先使用的特有包装装潢明显区别的包装装潢，但对于他人具有识别商品来源意义的特有包装装潢，则不能作足以引起混淆误认的全面模仿，否则就会构成不正当的市场竞争。[①] 根据该判决，模仿自由是原则，但是如果达到足以产生市场混淆误认的模仿，那么就构成不正当竞争。

三、模仿自由的尺度

在适用模仿自由原则时，要防止简单适用"不播种而收获"、"用他人的牛耕地"、"不劳而获"、"搭便车"之类的说法，也即不能简单以这些说法为标准，不能以此作为认定行为符合不正当性的要件。在坚持效率竞争观的情况下，更应该防止以这些理由扩张反不正当竞争法的适用范围。

例如，有的判决认为，不正当竞争行为可划分为"不当利用他人的利益"以及"破坏其他经营者经营"，就后者而言，"由《反不正当竞争法》的相关规定可以看出，《反不正当竞争法》所保护的是经营者通过自身诚实经营而获得的经营利益，这也就意味着，不当利用其他经营者经营利益的行为应属于《反不正当竞争法》所禁止的行为。"在《反不正当竞争法》多个条款中对此均有所体现，如《反不正当竞争法》第6条。[②] 该条款即禁止经营者不当利用其他经营

[①] 最高人民法院（2006）民三提字第3号民事判决书

[②] 《反不正当竞争法》（2019）第6条，经营者不得实施下列混淆行为，引人误认为是他人商品或者与他人存在特定联系：（一）擅自使用与他人有一定影响的商品名称、包装、装潢等相同或者近似的标识；（二）擅自使用他人有一定影响的企业名称（包括简称、字号等）、社会组织名称（包括简称）、姓名（包括笔名、艺名、译名等）；（三）擅自使用他人有一定影响的域名主体部分、网站名称、网页等；（四）其他足以引人误认为是他人商品或者与他人存在特定联系的混淆行为。

者通过诚实经营所获得的，体现在其企业名称、商品名称等商业标识上的经营利益。此外，在《反不正当竞争法》第9条中有关禁止未经许可使用经营者商业秘密的规定中所禁止经营者不当利用的，则是其他经营者对其商业秘密所享有的经营利益。可见，经营者不得不当利用其他经营者的经营利益亦是反不正当竞争法对经营者所提出的法定要求。

例如合一信息技术（北京）有限公司（简称"优酷公司"）与北京金山网络科技有限公司（简称"金山公司"）等不正当竞争纠纷案，该案基本案情是金山公司研发的猎豹浏览器具有视频广告过滤功能。该功能默认设置为关闭，可由用户自行开启。优酷公司为视频网站的经营者，其主要经营模式为，在提供的免费视频（如电影或电视剧）中植入广告，从而获取收益。优酷公司主张：猎豹浏览器之广告屏蔽功能严重侵害了其经济利益，金山公司的行为违反了《反不正当竞争法》第2条之规定，属于不正当竞争，诉至法院。

北京市第一中级人民法院在本案认为"本案双方当事人均为互联网企业，其经营行为必然具有互联网经济的特点。在互联网经济中，用户量具有至关重要的意义，因此，金山公司如希望其产品获得更好的直接或间接经济利益，获得更多的用户量是其经营活动的重要目标。又因为优酷网的用户总量在同类型网站中占据相当大的份额，故合一公司在这方面具有显而易见的优势。鉴于网络用户显然更希望其所观看的视频不附着任何广告，故被诉猎豹浏览器所具有的视频广告过滤的功能会让绝大多数用户安装其生产的浏览器，也即将优酷网的用户变相引导到自己的产品之上，从而获得更大的利益。金山公司具有明显利用合一公司经济利益的主观故意。综上可知，金山网络公司及金山安全公司对被诉浏览器的开发及提供行为显然属于不当利用被上诉人合一公司经营利益的行为。综上,被告提供猎豹浏览器的行为构成不正当竞争行为"。①

依照模仿自由原则,对于他人商业成果的利用是常态,也是创新和发展的基础,而法律只在特殊情况下禁止一些模仿行为。该判决所谓"所保护的是经营者通过自身诚实经营而获得的经营利益,这也就意味着,不当利用其他经营者经营利益的行为应属于反不正当竞争法所禁止的行为",其中"通过自身诚实经营而获得的经营利益"与"不当利用其他经营者经营利益"之间还存在一个庞大的免费空间,即正当地利用他人商业成果。而且,如前文所述,效率的竞争观和公平的竞争观之间对于模仿自由的态度略有差异,前者主张构成欺诈等特殊情形以外都属于模仿自由,都交给市场解决;后者对于逼真模仿等纯粹的利用商业成果行为还有所禁止,其禁止的模仿范围稍微宽泛,但仍坚决认可模仿自由原则。在我国坚持效率的竞争观的情况下,对于模仿行为更加宽容,尤其不宜简单地将利用他人商业成果的行为作为不正当竞争行为。况且,就上述判决涉及的竞争行为而言,由于竞争本来就是争夺交易机会的活动,合一公司与金山公司争夺客户或者在客户上的此消彼长,其本身是中性的,即属于法益中性的范畴,不能据此判断构成不正当利用商业成果,这就向人们提出一个问题:是否不正当需要根据其他行为属性进行判断。

再如,著作权法中作品元素不单独构成作品而不能受著作权保护时,他人利用该元素从事商业活动的行为涉及到如何界定著作权和反不正当竞争法之间界限的问题。当前实践中有简单以搭便车

---

① 北京市第一中级人民法院 (2014) 一中民终字第 3283 号民事判决书

谋取竞争优势、违反诚信原则和商业道德为由,依据《反不正当竞争法》一般条款认定其为不正当竞争行为。这种做法能否妥当地处理反不正当竞争与著作权保护的关系,值得研究。

如在查良镛诉杨治、北京联合出版有限责任公司等著作权及不正当竞争纠纷案[①]中,原告所著《射雕英雄传》《笑傲江湖》《天龙八部》《神雕侠侣》四书创造了郭靖、黄蓉、杨康、穆念慈、乔峰(萧峰)、康敏、令狐冲等人物名称、人物关系、性格特征和故事情节。杨治创作的《此间的少年》各个版本中,郭靖、黄蓉、杨康、穆念慈、乔峰、康敏、令狐冲等七个主要人物的人物名称、人物关系、性格特征和故事情节基本一致。经比对,《此间的少年》使用了郭靖、黄蓉、杨康、穆念慈、乔峰、康敏、令狐冲等数十个与原告作品中相同的人物名称。只是对这些人物的性格、出身、发展以及故事编排上作了改变。从著作权角度,一审判决以《此间的少年》与原告作品的人物名称、性格特征、故事主线等不构成实质性相似为由驳回了原告的诉讼请求。

一审法院同时又从反不正当竞争法方面论述了裁判理由,法院认为,虽然被控侵权人的行为并不侵犯著作权法,但并不代表该行为必然合法。本案中原告创作的诸多角色具有很高的知名度,并在消费者心中形成了深刻的印象。该些人物形象已经与原告之间在消费者心中形成了稳定的联系,被控侵权人的行为显然破坏了此种联系,侵害了权利人之利益,整体上讲仍然构成不正当竞争行为。[②]

---

① 广州市天河区人民法院(2016)粤 0106 民初 12068 号民事判决书
② 法院具体指出:其一,杨治使用原告作品元素创作《此间的少年》并出版发行的行为不属于反不正当竞争法第二章列举的不正当竞争行为,原告也并未依据该列举式规定主张权利,而是直接主张杨治的行为违反了反不正当竞争法第 2 条的规定。其

第四章 有限补充保护

该案被诉使用原告作品元素的行为不构成著作权侵权行为，但一审判决因原告作品元素知名度高、被告使用其元素旨在攀附声誉、搭便车和谋求不正当利益，据此认定构成不正当竞争。但是，如果将著作权保护与反不正当竞争协调起来考虑，著作权法并非对作品中的所有创作性成分均予以保护，而只保护有限的独创性表达。不受著作权法保护的作品元素，通常都属于已经贡献给社会，他人可以自由使用的内容，这本身符合知识产权所采取的有限保护的立法政策与权利属性。如果认定他人的使用构成不正当竞争行为，必须有另外的独立理由，不能变相地将反不正当竞争作为扩展知识产权边界的途径。比如，被告利用原告作品元素达到了2017年《反不正当竞争法》第6条规定的混淆程度，可以视为有足够的理由受反不正当竞争法规制。仅有一定程度的联系，而实际上不会达到混淆程度的，将其留给自由模仿和可使用的范围比较合适。

二，原告对作品中的人物名称、人物关系等元素创作付出了较多心血，这些元素贯穿于原告作品中，从人物名称的搜索结果数量可见其具有极高的知名度和影响力，在读者群体中这些元素与作品之间已经建立了稳定的联系，具备了特定的指代与识别功能。杨治利用这些元素创作新的作品《此间的少年》，借助原告作品整体已经形成的市场号召力与吸引力提高新作的声誉，可以轻而易举地吸引到大量熟知原告作品的读者，并通过联合出版公司、精典博维公司的出版发行行为获得经济利益，客观上增强了自己的竞争优势，同时挤占了原告使用其作品元素发展新作品的市场空间，夺取了本该由原告所享有的商业利益。其三，杨治作为读者"出于好玩的心理"使用原告大量作品元素创作《此间的少年》供网友免费阅读，在利用读者对原告作品中武侠人物的喜爱提升自身作品的关注度后，以营利为目的多次出版且发行量巨大，其行为已超出了必要的限度，属于以不正当的手段攫取原告可以合理预期获得的商业利益，在损害原告利益的前提下追求自身利益的最大化，对此杨治用意并非善意。特别需要指出的是，杨治于2002年首次出版时将书名副标题定为"射雕英雄的大学生涯"，将自己的作品直接指向原告作品，其借助原告作品的影响力吸引读者获取利益的意图尤为明显。因此，杨治的行为具有不正当性，与文化产业公认的商业道德相背离，应为反不正当竞争法所禁止。据此，杨治未经原告许可在其作品《此间的少年》中使用原告作品人物名称、人物关系等作品元素并予以出版发行，其行为构成不正当竞争。

模仿自由是大多数国家普遍承认的法理性原则。例如，荷兰没有反不正当竞争的专门法，而是通过民法典中的侵权法一般条款管制不正当竞争行为。其中，对于不属于知识产权法规定的情形，能否按照侵权法进行保护，荷兰最高法院将裁判的出发点定位于贸易自由，据此认为从他人劳动中受益是允许的，即使由此对他人造成不利。就产品模仿而言，在特殊情况下可以依据侵权法制止逼真模仿，尤其是在知识产权法并不排斥此种情形的情况下。[1] 反不正当竞争法的规制基点在于限制不正当竞争行为。而对逼真模仿之禁止，并非意在保护其商誉，而在制止损害商品识别功能之作用。因此，所提供的不是相当于知识产权法那样的保护，也不受知识产权法律排斥适用的限制，保护期限不受限制也是由此而来（因为同样的不正当行为随时都应禁止）。这些情况下，反不正当竞争法不是保护特定的客体，而是寻求禁止不公平的损害行为。[2]

四、避免商业道德的泛化

当前司法审判实践中，有观点对于商业道德的理解过于片面，甚至出现一种泛道德化的倾向，因而常常导致对行为正当性的认定标准出现偏移。例如，不少法院常常会在裁判文书中提到"不劳而获"、"食人而肥"、"搭便车"等主观道德色彩浓厚的词语来形容行为人从事的行为如何具有不正当性。此类词语的频繁使用，会给人造成一种先入为主的观念，至于行为是否可能实际影响竞争秩

---

[1] Rogier W. de Vrey, *Towards a European Unfair Competition Law:A Clash between Legal Families*, Martinus Nijhoff Publishers (2006), p.135.

[2] Ibid, pp.145-146.

序，可能往往被裁判者所疏忽。

例如，在大众点评诉百度不正当竞争案中，[1]一审法院便指出，百度公司未经许可便将大众点评公司的数据用在自己的产品之上，具有明显"搭便车"的故意，因而其行为构成不正当竞争。很明显，法院在作出判决时所坚持的基本思路为：大众点评公司为收集数据花费了大量人力物力成本，百度的行为属于一种不劳而获，因此便得出认定行为具有不正当性的结论。但其却忽略了一个重要的问题，即该些数据本身是否可以被经营者独占。在商业环境中，为了商事交易的便捷和高效，许多的规则与市民社会的通行准则会存在一些区别。那么，深入分析行为本身是否有违诚实信用原则并破坏经营秩序才是认定其正当性与否之真正关键。否则，一味地遵循一般市民社会的朴素价值观来判断商业行为的是非，可能会因小失大，舍本逐末。

具体到本案来讲，应当考虑到在互联网环境中平台经济的经营特点以及经营模式。因为互联网最大的特点就在于信息互联共享，[2]人人都有通过互联网获得信息之权利。如果仅仅依据行为主体将信息简单汇总整理，便给予其对信息的绝对排他性占有，那么无疑会阻碍其他平台的竞争，也会对互联网经济的整体发展造成影

---

[1] 上海市浦东新区人民法院(2015)浦民三(知)初字第528号民事判决书

[2] "从其产生开始，就其本质而言，因特网就代表着互联互通性(connectivity)和创新(innovation)。" See Ron White, How Computers Works, 309-11(Todd Brakke et al. eds., 9th ed.2010). 万维网的发明者Tim Berners-Lee设计万维网的初衷，就是将万维网作为一个"通用的"信息分享平台，用户可以"绝对地链接任何信息"。他认为，"通用性对于网络至关重要：如果存在某种东西不能够链接，它的能力就大打折扣"。"网络上的任何东西可以被他人迅速了解，以及在网络上看到而又丢失的任何知识，都能够迅速找到。" Tim Berners-Lee, Realsiting the Full Potential of Web, w3(Dec.,3,1997), http://www.w3.org/1998/02/potential.html.

响。如果申请人不希望他人对自己收集的信息进行使用，可以通过技术措施保护等方式对其信息进行保护。因此，对新业态下互联网经济发展过程中的诸多新型不正当竞争纠纷案来说，把握产业特点，尊重商业规则和商业习惯，避免对行为人进行泛道德化的审判，才能真正实现立法之目的。

第五章　价值取向与判断标准

竞争行为正当性的判断标准是落实价值取向的重要桥梁和纽带，也是价值取向的重要载体。价值取向则是判断标准的灵魂和指引。

第一节　世俗道德与商业伦理

一、经济与伦理的结合体

商业道德是竞争行为正当性的基本判断标准，而商业道德是经济与伦理的结合体。缺乏经济内涵或者不能反映竞争本质要求的商业道德，是脱离市场竞争实际的；脱离道德正当性的判断标准，同样也会丧失说服力，也不具有判断竞争行为正当性的固有规定性。竞争行为正当性的判断标准必然是经济与伦理的结合体。

就其来源而言，无论是从反不正当竞争的历史起源，还是从《巴黎公约》与国内法的规定，反不正当竞争的目标无非是实现伦理意义上的公平以及市场经济有效运行意义上的效率。两种目标通常是交织的，有时还是融合的。

例如，反不正当竞争法起源于19世纪后半期的欧洲，是伴随着自由贸易的推行而逐渐产生的。在行会（吉尔特）时代，市场通常依靠行会来维持正常的商业公平秩序。[1]但随着自由贸易的崛起，行会已经无法满足维护大市场正当秩序的任务，因此各国迫切期待引进某种准则。其中既可能有效率的考虑，又可能有公平的考虑。如格伯尔所说，"19世纪，行会在许多地区都已消失，反不公平竞争法接过了这些职能，保护竞争者免于欺诈、隐瞒和其他不公正行为"。[2]而且，当时各国法律采取的措施也不完全一样，先后出现了法、德、英、美等四种立法模式。[3]法国率先成功地根据其《民法典》第1382条并结合判例，发展出被称为"违背诚信行为"的规则，

---

[1] 行会实际上是以严格管制和抑制竞争的方式管制经济。如规定从业资格、雇工数量以及每一行业只能从事特定的业务，以便不涉足其他行会，如造车匠不能制造车轮等。参见〔德〕森图姆：《看不见的手——经济思想古今谈》，冯炳昆译，商务印书馆2016年版，第7—8页。

[2] 〔美〕戴维·J.格伯尔：《二十世纪欧洲的法律与竞争》，冯克利、魏志海译，中国社会科学出版社2004年版，第45页。"在19世纪初期和中叶，许多欧洲国家颁布法律，取消或减少了政府和行会对经济活动的限制。这些法律是中产阶级获得经济机会的重要手段，因此关心他们的不仅有法律人士和官僚，实际上是所有重要的政治和经济参与者。一位历史学家说，'争取工商业经营自由的斗争是19世纪前70年的主题'。""在更为直接和实践的层面上，必须要用反不公平竞争法来填补缔行会和类似组织留下的空白。行会一般都有一套成熟的程序，尽量减少成员之间的冲突，对一个成员享有对另一个成员不正当或不应得的优势的行为进行处罚。此外，行会依赖政治支持，所以它们希望自己的活动被理解为促进公共利益。它们经常严格落实行规，禁止其成员从事可能动摇这种看法的欺诈或其他活动。"见前引书第43—44页、第44—45页。

[3] 欧洲国家引进自由贸易。"市场行为的新技术出现了；'竞争'成为引领之星。在竞争自由的同时又保障竞争公平的愿望很快落空。通过阻碍竞争对手或者欺骗公众而获取竞争优势的诱惑明显过于强烈，而仅凭市场自身的力量不足以制衡。"于是，所有市场经济国家不得不发展出遏制这些不能接受的行为的新制度，并与经济自由原则相平衡。*International Handbook on Unfair Competition*, edited by Frauke Henning-Bodewig, C.H.Beck·Hart·Nomos(2013), p.1.

保护经营者不受混淆、模仿、诋毁等行为的损害。[1] 德国因为法院拒绝将民法典侵权条款扩展到不公平商业行为,未能走上法国式的路径,转而在世纪之交不得不进行专门立法。[2] 德国 1909 年反不正当竞争法,由分别涉及不诚实和欺骗性商业行为的两个一般条款及在此基础上的特别条款所组成。[3]

  英国情况则完全不同。其选择在衡平法和普通法中承认某些请求,特别是将其纳入仿冒行为之中。在该范围之外制止不正当竞争则被认为与其普通法制度不协调。英国奉行自由主义的传统观念,不愿意以一般规则调整竞争关系,以免在决定是否"公平"时加入主观意见。自 1842 年开始确认禁止仿冒行为足以为竞争者提供保护,因而其乃是以基于个案给予民事保护的方式制止不公平贸易行为。当然,英国从 1862 年起陆续开展消费者保护以及公平交易的立法。[4] 美国则建立了由联邦贸易委员会法、《联邦商标法》(第 43 条)、各州公平贸易法和普通法以及公平贸易委员会行政监管相

---

  [1] 不正当竞争法的概念最早于 1850 年前后出现于法国。当时对于不诚实商业行为并无特别禁止,法国法院在法国民法典第 1382 条侵权行为一般条款的基础上发展出一套综合的和有效的不正当竞争法律制度。为保护消费者,法国于 1905 年制定了有关产品欺诈的法律。以后又陆续制定禁止误导广告等法律。参见 World Intellectual Proprty Organization(WIPO):*Protection against Unfair Competition*, p.16.

  [2] 德国最初考虑将制止不正当竞争作为侵权法问题,但德国法院不愿意遵从法国模式,而将侵权法一般条款适用于这种新类型经济现象。由于在理论上存在争论,德国立法者遂采取了单独立法模式,制定了 1886 年反不正当竞争法。*International Handbook on Unfair Competition*, edited by Frauke Henning-Bodewig,C. H.Beck·Hart·Nomos(2013), p.232.

  [3] World Intellectual Proprty Organization(WIPO):*Protection against Unfair Competition*, pp.15-16.

  [4] Ibid, p.16.

结合的制止不正当竞争认定的范式。①

当然，无论何种立法模式，其本质目标都离不开自由、公平与效率的结合，只是三者之间的侧重和占比不尽相同。诚如《不正当竞争国际手册》所指的："即便就其早期的制度基础而言——保护'诚实竞争者'——它并非不指向竞争：其目的在于给竞争者们营造一个良好的竞争环境，其中最重要的便是考虑到商业伦理。因为通过激发市场活力获取的对消费者利益的保障，需要以自由竞争作为前提。由于竞争不仅因垄断、歧视等行为而被扭曲，而且通过误导表示、诋毁竞争对手、造成混淆、盗用等不公平贸易行为而受到扭曲。这些商业行为因对竞争的负面影响而损害所有市场参与者。因而需要通过对竞争采取特定的手段，从而实现对商业行为的正面评估。""这并未回答应当追求哪一种竞争的问题。'越有效率，越好'不是一个适宜的目标，因为，近来的经验表明，它增加了竞争的负面效应。不正当竞争法对于何为'良好竞争'问题不能提供一个确切的答案。只能说，当没有竞争者公平竞争时，消费者的利益难免不受到损害，自然也就谈不上是良性竞争。"②

当然，在反不正当竞争法中，经济理由与道德理由时常结合起来，这更加增强了行为正当性标准的说服力。"如果源于经济效率观点的商业行为规范与诸如不当得利之类的其他伦理规范结合起来，也不可能消除仅基于经济分析所确立的权利。法官在知识产权制度并未事先规定当事人权利的情况下裁决案件时，仅仅依据经济分析很可能遭到怀疑，因为经济效率原则、公共政策和一般的社会

---

① *International Handbook on Unfair Competition*, edited by Frauke Henning-Bodewig, C.H.Beck · Hart · Nomos (2013), p.1.
② Ibid, pp.3-4.

正义感可能并不一致。[1] 没有道德规范，此种所谓正义的制度不会为社会所接受"。[2]

二、价值与标准的比较分析

无论理论与实务，在竞争行为正当性判断上都存在不同的基本标准，或者对判断标准的不同认识，其背后则涉及不同的价值取向。强调效率取向的，所坚持的判断标准是商业伦理；强调效率以外的社会目标的，所见的判断标准不限于商业伦理。两种价值与标准存在明显的分野。

如前文所述，英美法强调的是竞争自由与效率取向，在判断不正当竞争行为中采取的是商业标准和商业需求。欧陆国家是兼而有之的，并且历史强调效率之外的公平价值，传统上对竞争自由限制较多。当然，欧陆国家又出现了向效率标准和竞争自由的转向。

反不正当竞争法肇始于大陆法系国家，起先是由法国、德国等国先制定了专门的反不正当竞争法，并在之后将其中重要的不正当竞争行为吸收到《巴黎公约》中。后来受到大陆法系影响的诸多东方国家，也继受了此种思想，逐步在本国创设自己的反不正当竞争法，如日本、韩国等。

大陆法系传统的反不正当竞争法的核心观念在于公平，因而其

---

[1] Hol,"Balancing Rights and Goals",in Brouwer,Hol,Soeteman,Van der Velden,and De Wild(eds.),Coherence and Conflic in Law,n.9, above,91-106,at 101 and 103.

[2] Anselm Kamperman Sanders,Unfair Competition and Ethics,*Intellectual Property and Ethics*, edited by Lionel Bently and Spyros Maniatis, volume 4,Sweet & Maxwell,pp.232-233.

更为强调市场经营者应当遵循诚实信用原则，也即公认的商业道德准则，其并不十分重视效率的优劣。[①] 而英美法系的不正当竞争法核心观念则在于效率，其主要强调市场参与主体应当遵循市场既定的规则，进行自由的竞争，只要不违背法律规定，皆属于可以被允许的范畴。随着国际化程度逐渐加深，两大法系开始融合，反不正当竞争法的立法模式也发生了重要的转型。其主要标志便是向"功能性的市场取向方法"发生转型，[②] 即将市场效率竞争作为市场经济首要目标并兼顾各方主体利益的方法。进一步讲，法律需要对市场的经营者利益、消费者利益以及公共利益进行衡量，以确保市场行为可以最大限度地满足各方主体的需要。世界知识产权组织（WIPO）也在其相关专题报告中明确了保护市场自由竞争利益的重要性。[③]

"比较广告"便是典型的实例。传统上，大陆法系国家通常是禁止比较广告这一行为的，不论其基于何种目的。德国法律便明确禁止市场主体使用比较广告行为进行商业活动。[④] 但随着其立法模

---

① 参见〔比〕保罗·纽尔：《竞争与法律》，刘利译，法律出版社2004年版，第4—5页。

② Reto M. Hilty, Frauke Henning-Bodewig, *Law Against Unfair Competition: Towards a New Paradigm in Europe*?, Springer(2007), p.74.

③ *Protection Against Unfair Competition: Analysis of the Present World Situation*, Presented by the International Bureau of WIPO, WIPO Publication No.725, Geneva 1994, pp.24-25.

④ 竞争者利益与公共利益（包括消费者利益）的关系恰如"数字"与"数据"的关系。在大数据时代，"数据"不同于"数字"。例如，一个学生考了88分，这是一个数字；如果把88分背后的因素考虑进去，如家庭背景、努力程度、学习态度、智力水平、老师教学效果等，将其与88分联系起来，就成了"数据"。同样，竞争者利益考量的是特定竞争个人市场利益的得与失，而公共利益则考虑更大范围内和更深程度上对于竞争秩序和市场机制的影响，如果看似牺牲特定竞争者个体利益，而换来了市场竞争的更有活力和更高效率，则法律在利益取舍上应该考虑更大更重要的利益。

式的转型，德国法院越来越倾向于将比较广告作为一种正当的经营方式，因该行为并不必然导致其他市场主体利益受损，相反还会进一步促进竞争的发生。[①]

相似的例子还发生在荷兰以及比利时。荷兰法律起初对于比较广告持明确禁止的态度，因其认为比较广告会损害市场各方的竞争利益。但之后立法模式发生了转型，对比较广告的态度也发生了改变。比利时同样如此，在之后的发展中，其本国法和判例逐渐附条件许可比较广告的行为，只要其用于比较的信息足够真实准确。例如在著名的可口可乐诉百事可乐的案件中，法院最后便支持了此种比较广告行为。[②] 后来许多其他法院也加以仿效，允许为消费者提供准确信息而进行的比较广告。[③] 不得不说，这些国家的反不正当竞争法已经逐渐由传统的公平理念向效率理念发生着过渡。

三、我国司法实践态度的典型案件

我国反不正当竞争法理论与实践中，判断竞争行为正当性的商业标准与非商业标准都有其存在的必要性，而且，以前对于效率之外的公平标准与效率取向的公平标准多未有清晰的认识和区分，效

[①] RG,GRUR 1931, 1299, 1301. *Intellectual Property,Unfair Competition and Publicity:Convergences and Development*,edited by Nari Lee,Guido Westkamp,Annette Kur and Ansgar Ohly,Edwad Elgar(2014),p.50.

[②] Court of Appeal,Brussels,June 7,1983 Journal des Tribunaux(J.T.)717-Pepsi-Cola v. Coco-Cola;The Cour de Cassation (Cass.) Confirmed this Judgement: Cass.,March 21,1985,1985 Arresten van het Hof van Cassatie 1001.

[③] See Reto M. Hilty,Frauke Henning-Bodewig,*Law Against Unfair Competition:Towards a New Paradigm in Europe*?Springer(2007),p.142.

率之外的公平标准经常被自觉或者不自觉地遵循。具体体现为，对于反不正当竞争法规定的商业道德作广泛的理解，不限于效率取向意义上的商业伦理，而经常以一般的社会道德标准（世俗道德）进行判断。将世俗道德运用于竞争行为正当性判断，有时更符合日常生活的社会情感，更易于迎合人们朴素的公平感，似乎更易于为人们所接受，因而也具有更大的迷惑性。

尤其是，我国当下许多对竞争行为正当性的评价标准通常被赋予了过多其它指标，例如公正理念、舆论走向等。这很可能会导致对行为的判断标准被泛道德化，从而不适当地扩张了行为的认定范围。此种做法并不可取，因为商业行为妥适与否的判断标准应当与日常行为（道德）有所区分，因其在特定的商业竞争环境下所采取的行为方式常常不同于日常生活的行为方式。因此，商业行为应当依据商业伦理，即商业道德来评价。用朴素的道德观对其评价，似乎有些"越俎代庖"。

例如，在"山东食品与马达庆案"[1]中，一审判决更倾向于依据世俗道德观解读诚实信用原则，认定构成不正当竞争行为。二审判决及最高人民法院驳回再审申请裁定倾向于商业伦理，更多强调竞争自由，因而未认定构成不正当竞争。特别是，驳回再审申请裁定在区分世俗道德与商业伦理的基础上，将竞争行为正当性的判断明确地定位于商业伦理。该案裁定无疑是确立商业伦理标准的司法分水岭。

该案一审判决认为，"对日出口海带贸易机会"对市场竞争者

---

[1] 山东省青岛市中级人民法院(2007)青民三初字第136号民事判决书；山东省高级人民法院(2008)鲁民三终字第83号民事判决书；最高人民法院(2009)民申字第1065号民事裁定书。

而言是一种商业机会,也是一种商业优势。虽然这种商业优势其他市场竞争者也可以获得,但其必须采取正当的途径或手段,如果有悖于公认的商业道德的则为法律所禁止。本案中的马达庆曾在原告公司工作,熟悉整个业务的操作流程,并代表公司参与对日出口项目的实践,积累了广泛的人脉和基础。但是其作为公司职员,获得的此种竞争优势应当归属于公司所有,如果其未经许可滥用此种优势则会损害原公司利益,因此认定其和现任公司间的不正当竞争事实成立。

从一审判决的论理看,它是将原告稳定获得的商业机会和由此带来的竞争优势当作一种静态法益进行保护,且认为被告利用在原告工作期间积累的人脉关系等获取该商业机会认定为违背诚实信用原则的不正当手段,并据此认定不正当竞争行为。这种裁判思路显然立足于维护静态利益和静态和谐,以及将占便宜(利用原单位的人脉关系等搭便车)视为不正当,显然更倾向于不能损人利己之类的一般社会道德观念,无从市场经济和市场竞争的特性和要求上进行分析。因此,这是一种有悖市场价值取向的竞争行为正当性分析判断观念与方法,也因此认定不正当竞争行为成立。

但在之后的二审法院以及最高人民法院则持相反的观点,认为不构成不正当竞争,其主要论点在于,竞争本就是会产生摩擦和损害的,市场竞争的过程中,不同的商业主体为了争夺商业机会势必会影响到其他竞争者的利益。如果仅仅只看到其他经营者一方利益受到了损害,而不顾整体利益的话,势必会曲解反不正当竞争法的立法目的和适用范围。因此,省高级人民法院和最高人民法院两审法院最终认定马达庆及圣克达诚公司并不违反诚实信用原则,属于正当的商业竞争行为。

二审判决和再审判决显然基于市场竞争的属性等因素，认定被告利用交易对方的信赖等获取交易机会并不具有不正当性。显然，其所坚持的是一种更符合市场价值取向的判断标准。

本案另一个值得关注的点便是，最高人民法院首次在判决中使用经济理性人的标准对行为正当性进行判断，即打破传统司法实践中的静态认定方法，将动态的竞争观引入其中。明确了商主体应当遵循的是商业道德，而非广义上所有的伦理道德，避免将个人道德的评价标准用来衡量商业主体的行为规范。①此种观念上的改变也对之后相关案件的审判起了指导作用。

该商业道德观念和标准已为司法实践广泛接受。例如，北京高级人民法院《关于涉及网络知识产权案件的审理指南》（2016 年 4 月 13 日）第 33 条规定："公认的商业道德是指特定行业的经营者普遍认同的、符合消费者利益和社会公共利益的经营规范和道德准则。"第 34 条也对评价商业道德的各项标准进行了细化，如（1）网络行业的特定行业惯例；（2）行业协会制定的相关规范；（3）行业内的技术规范；（4）其他参考内容。

四、竞争行为正当性认定的商业伦理标准

判断竞争行为正当性的基本标准是商业伦理。这是市场竞争和市场机制的必然要求。或者说，从市场竞争或者市场机制的本质要求的角度理解和把握商业伦理标准，可以确保竞争行为正当性的

---

① 参见《最高人民法院关于充分发挥知识产权审判职能作用推动社会主义文化大发展大繁荣和促进经济自主协调发展若干问题的意见》，法发［2011］18 号。

第五章 价值取向与判断标准

正确方向。采用商业道德标准来判断竞争行为的正当与否,体现了反不正当竞争法的转型和改变。

如前述最高人民法院在"山东食品与马达庆案"裁定中所明确的,据以判断市场竞争行为正当性的商业道德。该标准只能根据市场机制和市场竞争的属性来确定,是一种"在商言商"的标准,而不是在此之外的其他社会标准。

据以判断竞争行为正当性的公认的商业道德,既不同于个人行为品德,也非放之四海皆准的普世标准。只要经营者遵循正常的竞争规则,即便其损害其他的竞争者利益,也并不必然构成不正当竞争。[1] 世俗道德和高尚道德可用以规范和引导人们的社会行为与社会情操,但不能用于判断竞争行为的正当性。否则,会扭曲市场竞争机制,扩展不正当竞争行为的范围,有害市场竞争自由和市场效率。

效率取向的商业伦理与世俗道德存在明显的差异,用于判断竞争行为的正当性必然产生迥然不同的结论和效果。例如,世俗道德的适用对象更为广泛,不针对市场行为,不遵守市场逻辑,可能不适合市场价值的本质要求;以不符合市场要求的标准判断不正当竞争行为,可能会扭曲标准(泛道德化的搭便车等),不适当扩展不正当竞争行为的范围,从而压缩公共空间和限制竞争自由。商业伦理则不考虑市场取向之外的社会目标,而以实现市场目标为目的,更为强调竞争自由和发挥市场机制的功能,遵循的是市场逻辑,倾向于慎重扩展不正当竞争行为,防止以反不正当竞争为名干预市场竞争。

---

[1] 最高人民法院(2009)民申字第1065号民事裁定书

商业道德标准是一种不同于日常生活道德的经济伦理标准。[1]例如对于商家所要求的诚实，与对一般消费者的诚实应当有区别。对一般商家而言，诚实意味着商家仅需对自己提供的商品或服务负责，至于其提供的产品是否需要最大限度利于消费者利益，则并非商家所必需。而对一般的个人而言，道德标准则可能相对较高，如果将其强加在市场经营主体身上则不妥。

但是，正是由于商业伦理之外的世俗道德有时更为迎合人们朴素的公平观，有时候更容易被接受，或者表面上更有说服力。例如，保护静态的既有利益、不占便宜和不得搭便车等观念，在竞争行为正当性认定中有时易于被广泛运用，由此可能不适当扩张不正当竞争的范围。因此，在竞争行为正当性判断中，仍存在两种标准如何把握和区分的难题。或者说，区分两者的具体界限，仍涉及复杂的和值得探讨的问题。

例如，上海汉涛信息咨询有限公司与北京百度网讯科技有限公司不正当竞争纠纷案[2]中，一审法院指出，因为大众点评网上的评价信息数据是其核心竞争优势，汉盛公司为获取这些信息已经投入了大量的人力、物力成本，并经过相当长时间的积累，因此他人未经许可对该类信息的占有和使用势必会影响大众点评网的正常经营利益，违反诚实信用原则，构成不正当竞争。

二审法院则指出，(1) 汉涛公司的大众点评网站通过长期经营，

---

[1] *International handbook on Unfair Competition*, edited by Frauke Henning-Bodewig, C.H.Beck · Hart · Nomos(2013), p.24.
[2] 上海市浦东新区人民法院（2015）浦民三（知）初字第528号民事判决书；上海知识产权法院（2016）沪73民终242号民事判决书。

其网站上积累了大量的用户点评信息，这些点评信息可以为其网站带来流量，同时这些信息对于消费者的交易决定有着一定的影响，本身具有较高的经济价值。百度公司在其产品中使用大众点评用户的信息，对后者提供产品构成了实质性替代。(2)对于百度公司是否有违诚实信用原则需要综合考虑市场经济的环境。经营资源和商业机会具有稀缺性，经营者的权益并非可以获得像法定财产权那样的保护强度，经营者必须将损害作为一种竞争结果予以适当的容忍。本案中，汉涛公司所主张的应受保护的利益并非绝对权利，其受到损害并不必然意味着应当得到法律救济，只要他人的竞争行为本身是正当合法的，则法律并不意味着必然对其进行调整。

二审法院认为，评价百度公司经营是否构成不正当竞争的核心要点在于判断其是否有悖于公认的商业道德。本案中所涉及的商业道德应当从两方面来综合考虑：其一，互联网经济的特点便是共享互通，信息具有的共享属性是当下时代背景的需求；其二，判断该使用用户信息行为妥适与否的关键在于综合评估经营者利益、消费者利益以及公众利益，找出三者利益受损最少的措施。对于百度公司的行为，可以从如下方面进行思考：首先，百度公司收集大众点评网上用户上传的信息，并将其用于自己的网站经营，实质上已经构成对其经营功能的实质替代；其次，百度公司本可以采取损害更小的措施。事实上，百度地图在早期版本中所使用的来自大众点评网信息数量有限，且点评信息未全文显示，这种使用行为尚不足以替代大众点评网提供用户点评信息服务，也能在一定程度上提升用户体验，丰富消费者选择。百度公司超出必要限度使用涉案信息，有损大众点评的经营利益和消费者利益。消费者利益的根本提高来自于经济发展，而经济的持续发展必然依赖于公平竞争的市场秩序。就本案而言，如果获取信息投入者的利益不能得到有效保护，则必然使得进入这一领域的市场主体减少，消费者未来所能获知信息的渠道和数量亦将减少。

显然，该案的关键是如何把握判断被告获取和使用原告数据信息的行为，是否违反商业道德。一、二审判决基于争议数据信息具有市场价值、原告为此付出劳动和成本以及被告的替代性使用超出了必要的限度而导致利益失衡，由此构成违反商业道德，据此认定被告的行为构成不正当竞争。但是，如果换一些角度并运用另一些价值进行分析，也可以得出不同的商业伦理标准和判断结论。

该案竞争行为正当性的认定，需要结合互联网的经营特点：其一，互联网经济的特点便是分享互通，如果信息提供者未采取一定的技术措施或者robots协议阻止他人获取该种信息之外，所有接入互联网中的个体均可以利用网络中的信息。仅以信息使用者获得信息是不劳而获，而认定其构成不正当竞争的做法在逻辑上并不周延。其二，本案被告本可以使用robots协议之类的技术措施和行业惯例限制或者禁止原告对其信息数据的抓取和使用，却并未采取这种做法，这应该是其趋利避害的市场决策结果。例如，如果被告采取限制或者禁止抓取其信息数据的措施，可能会使其遭受利用原告搜索服务获取客户资源的损失，在因开放信息数据资源搜索遭受的被利用损失（被原告利用而遭受替代的损失）与由此获得的客户来源之间进行比较，或许原告的收益大于损失。尊重这种因市场选择的趋利避害而作出的市场决策，恰恰符合商业伦理。其三，信息数据的保护应当具有适当的门槛。例如，裁判要求原告采取适当的管理措施，而不是在互联网上洞开他人可以自由获取的大门，自动受到法律保护。

第二节　由判断到创制的商业伦理

按照既有的规范和标准对号入座,是一种判断行为;在没有既存规范和标准的情况下进行判断,本质上则是创制和塑造活动,即先创设规范和标准,然后再据此进行判断。就竞争行为正当性认定的商业伦理标准而言,如果存在公认的商业道德,认定不正当竞争行为只是发现标准并进行判断的过程;如果不存在公认的商业道德,就需要法官首先创设商业道德标准,然后进行判断。前者是一种判断活动,判断依据是既有的道德标准;后者首先是一种创制活动,判断依据是创制的道德标准。法官在其中的角色定位是不同的。

一、由判断到创制的立法变化

我国反不正当竞争立法经历了1993年、2017年和2019年三个阶段,也经历了由"公认的商业道德"到"商业道德"的转变,司法角色相应地需要调整由判断到创制的定位。

1993年《反不正当竞争法》第2条第1款规定了"遵守公认的商业道德"。"公认的商业道德"意味着,它是在市场上已经存在的道德规范或者商业惯行,而不是因已有的商业道德缺乏而由法官创设的道德规范。因此,在1993年《反不正当竞争法》适用时期,商业道德就是如此解读的。如最高人民法院在"山东食品与马达庆案"驳回再审申请裁定中所提及的:公认的商业道德应当是在特定领域具有普遍认知,并被相关从业者所广泛接受的一种规范准则。[1]

但是,公认的商业道德并不是无处不在和无时不在的,有些市场领域并不存在公认的商业道德,尤其是新兴市场领域。司法实践中已遇到如此问题,但囿于当时法律对"公认的商业道德"的规定,即便是法官创制的商业道德标准,也只能纳入"公认的商业道德"名下。

例如,鱼趣公司诉炫魔、脉淼等不正当竞争案,该案基本案情是朱浩原系鱼趣公司运营的游戏解说平台斗鱼 tv 的独家签约主播,双方于 2015 年 9 月 1 日签订《游戏解说合作协议》,约定由鱼趣公司(斗鱼 tv 平台的主办单位)委派朱浩在斗鱼 tv 解说平台进行游戏解说,且朱浩不得未经同意在其他平台进行游戏直播,合作期限为 5 年;同时,若朱浩违反约定与第三方签订合作协议的,须向鱼趣公司支付其年费总额五倍。双方合作期间,鱼趣公司为朱浩进行了多种形式的宣传推广。但 2016 年 5 月,朱浩违反了合作协议约定于全民 tv 进行游戏直播,鱼趣公司便将朱浩以及全民 tv 的主办单位炫魔公司、脉淼公司一纸诉状告上法院,认为其行为构成不正当竞争,并主张经济损失赔偿。

该案一审及二审法院均认为炫魔公司、脉淼公司的行为构成不正当竞争。在讨论到鱼趣公司诉炫魔、脉淼等不正当竞争案[2]中对后两者从事行为是否有违网络直播领域的商业道德时,法院指出:所谓公认的商业道德是在行业中长期以来通过经营而逐渐累积出来的规范经验。本案的特点在于,直播行业属于近年来新兴崛起

---

[1] 最高人民法院(2009)民申字第 1065 号民事裁定书
[2] 湖北省武汉市中级人民法院(2017)鄂 01 民终 4950 号民事判决书

的行业,可能行业内部暂时并未形成统一的商业道德。但这并不意味着对其行为判断时无需参考商业道德标准。法院可以经营行业业已形成的商业道德为基础,并结合直播行业的特点,概括总结出直播行业的基本商业道德。并以此为基础,作为判断行为正当与否的依据。就本案而言,直播平台诱使其他直播平台的签约主播在雇佣协议生效期间跳槽的做法,与传统行业间相互"挖墙脚"的做法有着本质上的不同。传统行业中,人力资源虽是企业竞争的核心要素,但企业真正参与市场竞争的,是产品,竞争的目标,是产品的竞争力和市场占有率;企业人才即使流失到竞争对手处,也并不直接导致该企业产品的竞争力和市场占有率下降,加之商业秘密、专利等法律法规的保护,实质竞争的产品并未产生变化。但是在网络直播行业则不同,主播并非传统意义上的企业员工,其更类似于传统企业生产的产品。主播的流失,就会导致企业竞争力的直接下降,并降低平台的市场占有率。因此,从某种意义上讲,签约他人的主播实际就是攫取他人的竞争成果,有违诚实信用原则,应当被法律予以规制。综上,此种行为构成不正当竞争。

又如,北京百度网讯科技有限公司(简称百度公司)与上海汉涛信息咨询有限公司(简称汉涛公司)不正当竞争纠纷案,汉涛公司是大众点评网的经营者。大众点评网为网络用户提供商户信息、消费评价、优惠信息、团购等服务,积累有大量消费者对商户的评价信息。大众点评网的"用户使用协议"载有:任何用户接受本协议,即表明该用户主动将其在任何时间段在本站发表的任何形式的信息的著作财产权,以及应当由著作权人享有的其他可转让权利无偿独家转让给大众点评网运营商所有,同时表明该用户许可大众点评网有权利就任何主体侵权单独提起诉讼,并获得赔偿。百度公司在其经营的百度地图和百度知道中大量使用了大众点评网的点评信息。汉涛公司认为百度公司的行为替代了大众点评网向用户提供内容,百度公司由此迅速获得用户和流量,攫取汉涛公司的市场份额,削减汉涛公司的竞争优势及交易机会,给汉涛公司造成了巨额损失。其行为违背公认的商业道德和诚实信用原则,构成不正当竞争,遂诉至法院请求判令百度公司停止不正当竞争行为,消除影响并赔偿损失。百度公司认为双方不存在竞争关系,且百度公司对信息的使用方式合理,不构成不正当竞争。[①]二审判决认为,商业道德是在市场长期经营的过程中产生的共识性行为规范,但在许多近年来新产生的行业中却并未形成此种类型的普遍行业共识。因此在判断未经许可擅自使用他人数据信息的案件中,既要综合评价经营者利益、消费者利益和公众利益间的利益,又需要结合互联网经济的基本特征,从而为判断行为的正当性划清界限。

或许是为了更切合实际,2017年《反不正当竞争法》第2条第2款将原规定中的"公认的商业道德"修改为"商业道德",使其在字面上既可以包括既存商业道德的情形,又可以包括法官认定的商业道德的情形。从实践的角度看,这一修订具有重要的实际意义。首先,在有公认的商业道德可资依据时,应当依据公认的商业道德判断竞争行为的正当性,这样的道德范畴宽广。其次,在新市场和新产业等缺乏公认商业道德的领域,法官需要根据法律精神、市场需求等,尤其是根据反不正当竞争的价值取向,确定可资遵循的市场道德准则,再据此判断竞争行为的正当性。就前者而言,公认的商业道德可以发挥对市场行为的规制作用;对于后者而言,通过确

---

① 上海知识产权法院(2016)沪73民终242号民事判决书

定商业道德准则可以发挥对市场行为的塑造作用。

可见,商业道德在立法上实现了由判断(依据既有的诚实商业惯例进行判断)到允许塑造(根据法官的意志进行标准创设,法官是标准创制者)的转变。在没有公认的商业道德标准时,法官应当进行创制活动,但创制不是恣意创设,尤其要充分考量反不正当竞争法的价值取向,使创设的商业道德标准切合市场机制和市场机制的本质属性和要求。

商业道德标准创设与竞争公平。商业道德在反不正当竞争法适用中具有特殊地位。"反不正当竞争法是维护商业伦理的法律。"[①]但需要注意的是,商业伦理标准并不同于市民社会中有关是非善恶的朴素价值观和正义感,其是基于特定身份在社会中所扮演的角色而确定的其应当做什么、不应当做什么以及应当采取何种态度来从事相关行业的工作。例如,对于商人这一群体而言,诚实的标准主要体现在如实陈述自己提供商品的信息,并对消费者不加以隐瞒即可。但如果将日常市井生活对于个人所要求的诚信标准纳入其评价中,则可能会提高对经营者评价的标准。几乎所有的商人都会被贴上"不诚信"的标签。[②]

当然对于商人进行评价时,还需要重点考虑消费者利益和公共利益。避免过分偏向对市场经营者的保护,而忽视了基本的伦理认知。例如经营者可能从事的部分行为早已在商人圈中形成了普遍的认知,但却不被其他的市场主体所接受。此时就应当对其进行某

---

① 孔祥俊:《反不正当竞争法新论》,人民法院出版社2001年版,第89页。
② WIPO:*Protection against Unfair Competition*,Presented by International Bureau of WIPO,p.25.

种伦理矫正，避免虽然暂时未对经营者或消费者造成损害，但长久以来会损害市场整体利益的事情发生。[①] 例如，低价销售行为。若此类经济因素被放入反不正当竞争法中，此类行为便常常会被认定为是"不正当"的，其实低价是销售的正常方式[②]。

综上，对商业道德应当尊重其固有的特殊内涵，避免使用日常评价自然人的标准来衡量商业道德。否则可能会与反不正当竞争法的立法宗旨相悖，造成法律适用范围不必要的被扩大，间接对经济发展和社会运行造成阻碍。

二、公认的商业道德

所谓商业道德，便是需要经营者遵循一定的商业伦理。商业伦理应当依照商品经济中交易双方经常发生的交易习惯，其首先就是应当符合相关商业领域的普遍共识。因此，其对于多数从业者而言是具有一定预见性的，即便在许多案件中对于商业道德的判断属于事后的个案判断。

对于商业领域相关从业者的普遍做法，其不单是一种价值判断，也具有一系列事实判断标准。《巴黎公约》第10条便指出：反不正当竞争就是在工商业活动中违反诚实的习惯做法。[③] 此种判断标准本质上讲算是一种习惯法，以从业领域相关从业者基本的共识

---

① WIPO：*Protection against Unfair Competition*,Presented by International Bureau of WIPO,p.25.

② 同上。

③ *International Handbook on Unfair Competition*,edited by Frauke Henning-Bodewig,C.H.Beck・Hart・Nomos（2013），p.24.

为依据进行评估。我国最高人民法院也曾在相关判决中指出：商业道德是特定行业内从业者所具有的普遍共识和基本认知。虽然具体的纠纷类型可能会有所偏颇，但涉及从业者需要遵守的行业基本情况却是基本一致的。具体在把握的时候还应当将消费者利益和公共利益都纳入其中，并结合案件基本事实综合考虑。[1]

依据商业道德进行行为正当性判断主要依据如下步骤进行：首先，要根据商业活动的相关领域从业者的实际做法对其进行客观层面的评估。此时，商人在商事交易中的习惯法将对裁判者确定商业道德的外延起到积极的作用。其次，通过消费者利益和公众利益来确定商业道德的内涵。在具体的分析阶段需要对具体商业习惯可能造成的后果进行全面的分析，尤其是考量消费者以及公众利益对其的影响。不能一味地照搬或放任既定的行业内共识侵害消费者或公共利益而不顾，否则将会失去判断行为正当与否的基本意。最后，吸纳业内业已形成的成熟稳定的行业惯例。行业与行业之间虽然会有隔阂，但也并非是完全没有交集的。因此，在具体裁判某个行业内部行为是否正当的过程中，可以借鉴相关行业依然存在的优良传统，高效司法裁判者最终的判断和裁定。

商业伦理并非是抽象概括的"镜花水月"，其同样具备特定的价值观，即与反不正当竞争法的基本价值取向保持一致，追求的不仅仅是一般意义上的公平，同时更重要的是积极的效率。健康的市场经济意味着市场内的从业者的充分竞争。缺乏竞争的市场永远死气沉沉，缺乏生机和活力。作为保障市场经济秩序的习惯基础，商业伦理便也肩负着此种使命，即保障市场经济秩序的顺利进行，

---

[1] 最高人民法院（2009）民申字第 1065 号民事裁定书

提高市场效率，促进市场主体间的竞争。市场有市场自己的规则，对于一些商业行为正当性进行判断的时候不宜仅采用日常生活的伦理道德观进行判断。由于商业竞争本就是激烈而残酷的，因此商人在商业竞争中常常就是损人利己的，所谓互利共赢的场景其实并不常见。因此，不宜将生活中约束一般自然人的道德习惯直接用在评价市场竞争中。

第六章　价值取向与一般条款

第一节　价值取向下的一般条款

一、反不正当竞争法的一般条款

反不正当竞争法的一般条款是可用以概括认定和规范法律未列举行为的原则性规定。例如,"为避免规避制定法的明确规则,并最终为可接受的与不可接受的商业革新划出一条界线,一般条款是控制日益增加的市场行为的可用工具。"[①] 一般条款的开放性适用是必要的和有益的。

通常认为,我国 2019 年修订的《反不正当竞争法》第 2 条第 1、2 款构成反不正当竞争法的一般条款。其中,第 1 款是竞争原则的规定,即经营者在生产经营活动中,应当遵循自愿、平等、公平、诚信的原则,遵守法律和商业道德。第 2 款是对"不正当竞争"的界定。即本法所称的不正当竞争行为,是指经营者在生产经营活动中,违反本法规定,扰乱市场竞争秩序,损害其他经营者或者消费者的合

---

① 转引自 Rogier W. de Vrey,*Towards a European Unfair Competition Law:A Clash Between Legal Families*, Martinus Nijhoff Publishers (2006), p.282.

法权益的行为。

1993年版的《反不正当竞争法》在制定之初就曾有过对第2条能否作为一般条款的讨论。其中对该条所述的"违反本法规定"曾被理解成违反本法第二章所具体规定的所有行为，立法机关也曾在书中表示过类似的观点。[①] 因此可知，反不正当竞争法本意并不将《反不正当竞争法》第2条作为一般条款。

然而随着市场经济的高速发展，又加之近年来互联网、大数据、人工智能等新兴技术迅速的崛起，使得越来越多传统的经营模式被颠覆，也产生了许多新兴的商业模式，相应也就出现了许多不正当竞争的行为模式。单单依据从前法律中规定的几种特定行为，已经远远无法满足现实司法审判实务的需要。为此，在司法实务中越来越多的从业者将目光投向了《反不正当竞争法》第2条，希望凭此条款来解决频发的各种新型不正当竞争案件。比较典型的例子便是21世纪初期的抢注域名类纠纷，法院适用该条款解决了大量此种类型的案件，也获得了社会上的多数好评。因而后继许多法院也开始效仿此种做法，在该条上寻找突破口，以期可以在不突破现有法律的前提下对新问题进行回应和解答。

第2条不仅在个案中被广泛适用，也在相关的司法解释中被充分重视，例如《关于审理涉及计算机网络域名民事纠纷案件适用法律若干问题的解释》。[②] 2004年全国法院知识产权审判工作座谈会

[①] 全国人大常委会法制工作委员会民法室编著：《〈中华人民共和国反不正当竞争法〉讲话》，法律出版社1994年版，第40页。

[②] 《关于审理涉及计算机网络域名民事纠纷案件适用法律若干问题的解释》第7条第1款规定：人民法院在审理域名纠纷案件中，可以适用民法通则第44条、反不正当竞争法第2条第1款认定《反不正当竞争法》没有规定的不正当竞争行为。

提出，对于反不正当竞争法第二章未具体列举也无现有规范可以参考援引的行为……法院可以依据该法第 2 条的规定认定为不正当竞争行为。[①] 之后，包括最高人民法院在内承办的不正当竞争案件，多是适用该条进行实质处理。

2017 年修订的《反不正当竞争法》在总结司法经验的基础上，已承认第 2 条一般条款开放性适用的定位和功能。"经营者实施本法第二章明确列举之外的行为，如果属于违反本法第 2 条第 1 款规定的诚信原则或者商业道德等，也可能构成不正当竞争，需要承担相应责任。""人民法院处理不正当竞争纠纷时，根据案件的实际情况，既可以适用本法第二章的规定，也可以适用本法第 2 条关于不正当竞争行为定义的规定（一般条款）。"[②] 2019 年修订的《反不正当竞争法》对此并未做实质性修改，继续肯定了第 2 条一般条款的定位和功能。

二、价值取向的限定和指导

2019 年《反不正当竞争法》第 2 条规定"经营者在生产经营活动中，应当遵循自愿、平等、公平、诚信的原则，遵守法律和商业道德。本法所称的不正当竞争行为，是指经营者在生产经营活动中，违反本法规定，扰乱市场竞争秩序，损害其他经营者或者消费者的

[①] 参见时任最高人民法院副院长曹建明在 2004 年 11 月 11 日发表的《加大知识产权司法保护力度 依法规范市场竞争秩序——在全国法院知识产权审判工作座谈会上的讲话》。

[②] 王瑞贺主编：《中华人民共和国反不正当竞争法释义》，法律出版社 2018 年版，第 6 页。

合法权益的行为。"学理上认为，第2条规定的一般条款是裁量性条款，在适用上具有较大的不确定性，也易于滥用。为了防止一般条款在具体适用时被滥用，应当对其价值观进行一定的引导，即以价值取向限定来指导一般条款的具体适用。

在我国司法实践中，确实经常出现一般条款不适当适用的情形。将其适用的范围限定在合理的范围上便成为当下司法实践中最重要的环节。反不正当竞争法既不是各知识产权部门具体法的兜底法律，也不是解决所有问题的"口袋"规则，而是具有独立价值观和价值导向的市场规范守则。对《反不正当竞争法》一般条款如何适用，以及应当将其限定在何种范围内，都会直接在经济产业界和社会现实中产生直接的影响。过于宽泛的适用态度，必然会损害市场竞争的自由、公平与效率。为准确把握反不正当竞争的价值取向，需要对于一般条款进行限制性适用。因此，以价值取向指导和限制一般条款的适用，才可以确保适用的准确性。

第二节　价值取向与法益保护格局的变化

一、国际的发展变化

一百多年来，近现代反不正当竞争法创立时，先是一种经营者保护法，之后向多元利益保护共存的经济秩序维持法转变。经营者保护法属于或者更接近于侵权行为法保护，经济秩序维护法则通常被归入社会法、经济法之列。

第六章 价值取向与一般条款

早期的反不正当竞争法将守法、诚信的经营者利益作为保护的重点。虽然消费者利益也是需要被保护的,但并非其中需要被重点衡量的一部分,充其量只能算作是一个次级的衡量指标而已。1900年在修订《巴黎公约》时创设的不正当竞争相关条款,起初也仅仅被看作是工业产权的范围,其目的仍然在于通过这种更具灵活性的保护手段,补充和理顺其它更为形式化的专门知识产权。虽然当时《巴黎公约》成员国之间规范反不正当竞争法的差异很大,但出于保护经营者不受国外的不正当贸易行为侵害的共同需求,而同意将其纳入《巴黎条约》的调整范畴。[①]

随着20世纪中叶消费者权益运动在欧洲大陆的兴起,消费者利益逐渐被渗透到许多国家的各个单行或并行的部门法中去,其中也包括了反不正当竞争法。甚至有国家还一度将该法创新性地演化成调节市民社会普遍矛盾纠纷的"市民法"。[②]

在大陆法系代表国家的德国,反不正当竞争法由个体法逐渐转变为社会法,并一直延续至今。1896年的不正当竞争法用侵权法的思路为经营者提供保护,1909年不正当竞争法创设了一般概括性条款,后来到1930年,社会法的思路已然深入立法者和各级司法职业者的观念中,除了经营者之外,消费者以及公共利益都是必

[①] *International Handbook on Unfair Competition*, edited by Frauke Henning-Bodewig,C.H.Beck·Hart·Nomos(2013),pp.1-2.

[②] 反不正当竞争法在传统上属于私法范围,但随着消费者利益的引进,有些更加开始以公共执法的方式保护消费者利益,以至于由原来与侵权行为法和知识产权法紧密相连的法律,现在又与反垄断法联系在一起。*International Handbook on Unfair Competition*, edited by Frauke Henning-Bodewig,C.H.Beck·Hart·Nomos(2013),pp.2-3.

不可少的考量要素。①

当代反不正当竞争法亦是如此，竞争者、消费者以及公共利益皆为其保护目标。虽然各个部门法在具体创设时便有各自的分工，竞争法并非事无巨细地对社会中所有事由均要管理。但保护竞争者、消费者和公共利益的此种分析判断行为正当性时所参考的判断依据，却早已在其不断的发展过程中打下了深深的烙印。

二、我国立法上的变化

无论是 1993 年制定《反不正当竞争法》，还是 2017 年、2019 年修订法律，都考虑了反不正当竞争的多元保护目的，特别是维护体现为竞争秩序的公共利益。不过，多元利益保护的条项和明显程度有所不同。

1993 年《反不正当竞争法》起草过程中，国务院提请全国人大常委会审议的反不正当竞争法草案（包括第 1 条立法目的、第 2 条和第 3 条对不正当竞争行为的规定）未提及保护消费者，亦未将扰乱竞争秩序纳入不正当竞争行为的界定，实质上是把该法定位为传统的保护经营者的法律。例如，草案规定，本法调整的不正当竞争行为是在我国境内从事交易活动，违背诚信原则和商业道德，并对其他竞争者利益造成损害的行为。② 但是，在全国人大常委会审议过程中，在第 1 条增加保护消费者内容，即如修改意见的汇报中所

---

① 范长军：《德国反不正当竞争法研究》，法律出版社 2010 年版，第 59—60 页。
② 刘敏学：《关于〈中华人民共和国反不正当竞争法（草案）〉的说明》，载全国人大常委会法制工作委员会民法室编著：《〈中华人民共和国反不正当竞争法〉释义》，法律出版社 1994 年版，第 79 页。

提及,"有委员认为反不正当竞争法还应当保护消费者利益,因此建议将草案修改稿第一条'保护经营者的合法权益'修改为'保护经营者和消费者的合法权益'"。[①]虽然最后颁布施行的法律没有写入消费者元素,但毕竟还是在第2条第2款中写入"扰乱社会经济秩序"。据参与立法者后来的解释:若某行为损害经营者的利益或者损害消费者利益,但却并未破坏既有的良好竞争秩序,那么此行为则为一般侵权行为。[②]很明显,立法时也意在将一般的不正当竞争行为和侵权行为加以区分,避免司法适用中造成混淆。

当然,此种立法模式至少在表面上使得侵害经营者权益在不正当竞争行为认定中的地位突出,实际上也影响了法律适用的观念和方法。例如,一些法院在裁判中只提及和考量经营者合法权益受侵害问题,忽视消费者利益的考量,甚至完全漠视竞争秩序的标准,对于扰乱经济秩序的元素不作特别认定,或者只是象征性认定。于是,不正当竞争行为的认定落入了一般侵权行为的模式。

随着司法实践的发展以及对于反不正当竞争法属性认识的加深,一些裁判未拘泥于法律条文的字面规定,而对于消费者利益和竞争秩序进行实质性考量。例如,北京微梦创科网络技术有限公司(简称微梦公司)诉北京淘友天下技术有限公司、北京淘友天下科技发展有限公司不正当竞争纠纷案,[③]该案基本案情是微梦公司经营的新浪微博,既是社交媒体网络平台,也是向第三方应用软件提供

[①] 薛驹:《关于对修改经济合同法的决定(草案)和反不正当竞争法(草案修改稿)修改意见的汇报》,载全国人大常委会法制工作委员会民法室编著:《〈中华人民共和国反不正当竞争法〉释义》,法律出版社1994年版,第90页。

[②] 孙琬钟主编:《反不正当竞争法实用全书》,中国法律年鉴社1993年版,第27页。

[③] 北京知识产权法院(2016)京73民终588号民事判决书

接口的开放平台。二被告经营的脉脉是一款移动端的人脉社交应用,上线之初因为和新浪微博合作,用户可以通过新浪微博帐号和个人手机号注册登录脉脉,用户注册时还要向脉脉上传个人手机通讯录联系人。微梦公司后来发现,脉脉用户的一度人脉中,大量非脉脉用户直接显示有新浪微博用户头像、名称、职业、教育等信息。微梦公司诉称,二被告运营的"脉脉软件"绕开新浪微博开放接口,非法大量抓取微博平台的用户数据,恶意抄袭"新浪微博"产品设计内容,诋毁微梦公司声誉,非法牟利,损害微梦公司的合法权益,构成不正当竞争。法院便指出:在判断行为是否有悖于商业道德时,应当结合经营者、消费者和公共利益三方进行综合评价。由此可见,在我国市场竞争行为中判断某一行为是否正当需要综合考虑经营者和消费者的合法权益。不正当性不仅仅只是针对竞争者,不当地侵犯消费者利益或者侵害了公众利益的行为都有可能被认定为行为不正当。在实践中,要从诚实信用标准出发,综合考虑涉案行为对竞争者、消费者和社会公众的影响。

实践中存在的问题引起了法律修订的关注。2017年、2019年修订的《反不正当竞争法》第2条第2款均将"扰乱市场竞争秩序"排在首位,并加入了保护"消费者"权益。这种修订使反不正当竞争法保护的利益格局得以充分明确和完善,甚至可以说是一种质的飞跃和革命性变革。依据该规定,不正当竞争行为首先是一种扰乱市场竞争秩序的行为,且认定不正当竞争行为要视具体情况综合考量平衡各方利益。这便使得不正当竞争行为与一般侵权行为在认定上出现了截然不同的效果。正如当时立法者所述,法中增加的"损害消费者的合法权益"要件,明确了消费者利益是判断行为正当性时的重要考量因素,对于损害消费者利益、徒增消费者和社会整体成本的竞争行为,具备明显的不正当性,应当通过本法加以规制。而对于其他不涉及竞争秩序与竞争利益而损害消费者利益的行为,并不属于本法的调整范畴。[①]

三、价值取向与具体的利益平衡

反不正当竞争法保护目标的三元化,以及我国2017年《反不正当竞争法》第2条第2款法益格局的调整,具有深刻的价值取向意蕴。

《反不正当竞争法》第2条表明,不正当竞争并不同于一般的民事侵权行为,虽然相关规范确系起源于民事法律规范中,但该类行为并不是对于单一法益的侵害。反不正当竞争法首先是市场竞争秩序维护法,是否扰乱市场竞争秩序成为不正当竞争行为首要判断标准,甚至高于特定经营者和消费者的具体权益。而且,竞争秩序、经营者和消费者权益共同构成判断不正当竞争行为的要素,三元保护目标的协调离不开价值取向的选择。例如,经营者权益的单一保护具有更大的确定性,但不正当竞争行为的构成并不以经营者权益受到损害的单一要素为判断基准,而需要综合考量三种利益即竞争秩序、经营者和消费者权益。三种利益的同层次考量使得判断结果具有更大的不确定性。但是,为确保不正当竞争行为判断的妥当性,需要融入反不正当竞争法的价值取向,使三者利益的考量充分体现公平、自由与效率的原则。如果不能妥善处理公平、自由与效率的关系,那么就不可能实现一般条款的恰当适用。

[①] 王瑞贺主编:《中华人民共和国反不正当竞争法释义》,法律出版社2018年版,第7页。

(一)判断元素中价值取向基础

市场竞争秩序、经营者权益与消费者权益之间的相互关系,直接决定着是否构成不正当竞争,是认定不正当竞争行为的立足点。市场竞争是市场经济得以平稳运行的基础,经营者在长期从事市场行为的过程中,所形成的一整套行业规范与行业共识,便是商业道德基础;消费者是市场的参与者,充分的市场竞争直接促进了消费者的利益,因此在判断行为正当性与否的同时应当结合消费者的利益进行综合衡量;公众利益则相对是一种抽象的概念,其与消费者利益间存在着一定的交集。但从本质上讲,公众利益是从整体社会成本和效率出发,全局通盘考虑而作出的有利于所有公民利益最大化的考量。[①]市场竞争秩序、经营者利益以及消费者福利是判断行为正当性与否的关键因素。[②]

市场竞争秩序、经营者权益与消费者权益,是构成不正当竞争行为的三要素,但在不正当竞争行为构成理论中,三者不是必须同时并列具备的充分必要元素。三种元素可能一致,也可能相互错落甚至冲突,在冲突时需要加以衡量斟酌。在三种利益相互冲突时,需要回归到价值取向上进行判断和取舍。价值取向是裁决不正当

[①] 如世界知识产权组织指引,违反竞争规则的形式是多样的,既可以是直接攻击竞争对手,也可以是欺骗消费者,"无论违反竞争规则的形式如何,诚实经营者、消费者和一般公众的利益应当以尽可能早和有效的方式得到保护"。Protection Against Unfair Competition, Presented by the International Bureau of WIPO(Geneva 1994),p.11.

[②] 国外有的学者认为,反不正当竞争法保护法益的多元化特点,使得在判断一种竞争行为是否构成违背诚实信用或公序良俗时,习惯上首先揭示出值得保护的利益,再对处于冲突状况下的这些利益加以权衡解决。〔德〕沃尔夫冈·黑费梅尔:《通过司法和学说使〈反不正当竞争法〉的一般条款具体化》,郑友德译,载漆多俊主编:《经济法论丛》(第3卷),中国方正出版社2000年版,第318页。

竞争行为判断标准的根基。价值取向需要落实到不正当竞争行为的判断元素和利益平衡之中。尤其是，经营者和消费者权益的保护应当有利于实现良好的市场竞争秩序，判断良好竞争秩序的根本标准是其符合反不正当竞争法的优位价值取向。优位价值取向在判断元素和利益平衡中具有根本性。

（二）不被扭曲的市场秩序

市场竞争秩序首先是一种有效运行和优胜劣汰的市场机制。维护市场秩序不是简单地保护竞争者，而是保护市场机制或者竞争机制，首先是维护市场竞争的自我调节机制，使正常的市场调节机制不被扭曲。维护正常的或者不被扭曲的市场竞争秩序，既不是简单地保护经营者，也不是简单地维护消费者，而是对于经营者保护、消费者保护与不受扭曲的竞争进行综合考量。

经营者利益与经营者行为标准。经营者的一般行为标准是不正当竞争纠纷中认定的关键和难点之所在。其首要因素便是要考量公认的商业道德标准以及商业惯例。世界知识产权组织（WIPO）曾经在其撰写的《反不正当竞争示范条款》[1]中将是否违反商业惯例作为判断行为正当与否的关键要素。但是实践中各国在面对此问题时所遇到的情况却不尽相同，不同的国家对不同行业中面临的商业惯例可能存在不同的判断标准，其尺度也并不相同，这也就形成了各国司法执法时需要着重予以解决的难题。

商业惯例与我国法律中公认商业道德大约是一致的，就是特定行业经过长期积累而形成的具有一定普遍性和共通性的商业共识。

---

[1] WIPO : *Modern Provision On Protection Against Unfair Competition*, WIPO Publication .832(E). 该示范条款又称为示范法，是对《巴黎公约》关于不正当竞争行为的规定的权威性解读，是为落实《巴黎公约》有关规定的义务而制定的示范条款。

严格意义上的商业道德与商业共识有区别。道德是内省规范,共识是明示的规范。我国反不正当竞争法一般条款在适用中,时常对其应当结合行业自律规范以及相关法律规范共同加以判断。但是,多数时商业道德是一种对于高度个性化和不确定性因素的舆论考量。例如,网络直播等新兴行业由于近年来才兴起,暂时可能并未形成稳定的商业道德与共识;还有在部分行业中商业共识发生了改变,从前的公认商业共识到如今可能并不适用。这也就造成了法院对于商业惯例的判断应当结合个案和产业特点,如果一味教条地追寻某种特定的惯例而不思考是否合适,必将在一定程度上阻碍市场的创新和发展。

(三)消费者利益

消费者在市场经济中扮演着极为重要的角色,其为经济发展贡献了重要的福利,也间接反作用于竞争者从事的竞争行为。又加之,20世纪60—70年代消费者运动大规模兴起,各国对于消费者的保护的认识逐渐增强。因此,当代多数国家在认定竞争行为正当与否时,通常要考虑其是否会造成消费者利益的损失。正如世界知识产权组织(WIPO)在报告中所言,消费者已经是市场竞争中重要的一部分,其既是参与者也是监督者。虽然从理论上讲,消费者可以完全不明晰商品质量,并不会对经营者和竞争秩序起到影响。但现实却并非如此,消费者不单只是市场的被动承受者,其同时在市场经济中扮演着监督者的角色。因为,单单希望通过市场自发觉醒的方式来实现对自身监督调控的做法并不现实。[1]例如,德国2004年修订的反不正当竞争法明确将消费者作为其保护的目标,并就如

---

[1] *Protection Against Unfair Competition*, Presented by the International Bureau of WIPO(Geneva 1994), pp.11-12.

何保护消费者做出了明文规定。例如赋予消费者团体集体诉权,使其得以直接向经营者提出损害赔偿之请求。[1]

我国1993年制定的《反不正当竞争法》,其中并未直接涉及到保护消费者的问题,仅仅在立法宗旨中规定应当"保护经营者的合法权益"。因此,在第八届全国人大二次会议中便有委员提出:消费者属于市场竞争的一部分,希望本法将消费者利益同样纳入其中给予保护。[2]立法参与工作者也在事后论及此事时谈道:"反不正当竞争法不但是保护经营者的法律,同样也是保护消费者的法律。消费者利益能否被实现,决定着该法的立法目标能否实现。之前在实践中的部分做法,将消费者利益仅仅作为最终认定的参考依据,而并未对其直接给予保护的做法并不可取。随着各国对消费者保护立法的重视,从该法未来的发展上看,保护了消费者利益就是保护了竞争秩序,促进了市场经济发展。因此,保护消费者也成为我国反不正当竞争法的立法目的之一。"[3]

2017年修订的法律将"消费者权益"纳入一般条款的规定之中。

---

[1] 郑友德等:《论〈反不正当竞争法〉的保护对象——兼评公平竞争权》,载《知识产权》2008年第5期。另有人论述:"消费者利益保护不是一种保护反射。所谓'保护反射',是指反不正当竞争法的保护光芒本来直接照射到竞争者(直接保护),但是通过竞争者间接反射到消费者(间接保护),即消费者保护是作为竞争者保护的副产品。同时,反不正当竞争法主要也不是作为消费者保护法,不能片面强调突出消费者保护的地位。"范长军:《德国反不正当竞争法研究》,法律出版社2010年版,第61页。

[2] "国务院关于提请审议《中华人民共和国反不正当竞争法(草案)》的议案(1993年6月10日);"刘敏学:"关于《中华人民共和国反不正当竞争法(草案)》的说明"(在1993年6月22日在第八届全国人民代表大会常务委员会第二次会议上);薛驹:"关于对修改经济合同法的决定(草案)和反不正当竞争法(草案修改稿)修改意见的汇报"(1993年9月1日)。

[3] 孙琬钟主编:《反不正当竞争法实用全书》,中国法律年鉴社1993年版,第26页。

当法院在援引一般条款对不正当竞争行为进行认定和判断时，是否损害消费者利益是重要的考量因素。同时由于在许多案件中，消费者利益常常会与公共利益发生交汇，这使得在判断行为正当与否时消费者利益所占的比重较之以前更大。

《反不正当竞争法》第17条并未赋予消费者相应的诉权，仅仅赋予被侵害经营者可以提起诉讼的权利。这似乎仍然是将消费者放在了次级保护的地位上，而并未给予其足够的重视。1993年《反不正当竞争法》的立法参与者曾言，该法侧重保护的应当是竞争对手的利益，消费者仅仅系本法所带来的副产品。[①] 但是，保护消费者权益是构造公平竞争秩序的重要因素，如果仅将保护消费者当作反不正当竞争保护的副产品，明显不能反映消费者的真实地位，也不能满足现实中消费者的真实需求。竞争行为正当性判断意义上的消费者保护，与不赋予诉权意义上的消费者没有太大关系。

事实上，消费者权益在竞争行为正当性判断中的重要性日益凸显。有些市场竞争行为损害其他经营者，但无害于或者有益于竞争秩序，且有益于消费者利益，而被司法裁判认定不构成不正当竞争行为。例如，在北京爱奇艺公司与被上诉人北京搜狗公司等不正当竞争案中，涉及依照一般条款认定被诉行为是否构成不正当竞争行为。该案基本案情是原告北京爱奇艺科技有限公司（简称爱奇艺公司）系爱奇艺网站的经营者。爱奇艺网站是以提供文艺、娱乐等领域的视频内容为主的网站。被告北京搜狗信息服务有限公司（简称搜狗公司）是搜狗输入法软件的提供者。当用户在互联网环境下使用搜狗输入法进行拼写时，搜狗输入法同时提供"输入候选"和"搜

---

① 孙琬钟主编：《反不正当竞争法实用全书》，中国法律年鉴社1993年版，第26页。

索候选",用户点击"搜索候选",会跳转至搜狗搜索网站。"输入候选"和"搜索候选"在搜狗输入法中呈现上下两列、不同大小的区分,同时搜狗输入法提供了关闭"搜索候选"的设置,但在安装时默认带有"搜索候选"功能。被控不正当竞争行为的表现方式为:当手机用户在浏览器环境下进入爱奇艺网站,在使用搜狗输入法输入拟搜索的视频名称时,用户点击了搜狗输入法提供的"搜索候选"词而跳转至搜狗搜索引擎,且搜索结果第一位中显示有搜狐视频的内容。爱奇艺公司认为搜狗输入法中"搜索候选"的呈现方式极易使用户误认为"输入候选",诱导用户进行点击,从而使网页跳转至搜狗公司的搜狗搜索,并呈现其关联公司搜狐视频,损害了爱奇艺网站的利益,该行为构成不正当竞争。二审判决认为,被诉行为"可能导致部分交易机会或搜索流量从爱奇艺公司转移至搜狗公司或其关联公司,爱奇艺公司所遭受的损失是客观的"。但是,"当启动一般条款判断被控行为的正当性时,需要考察爱奇艺公司利益受损的程度,尤其是要考虑被控行为是否已经实质性地影响了爱奇艺网站的正常运营,以防止对市场竞争的过度干预"。首先,该判决称被诉行为"可能导致爱奇艺网站的流量或交易机会减少",但其"采取了降低混淆程度的措施",爱奇艺公司遭受的损失有限,且其正常运营并没有受到实质性的妨碍和破坏,因此,爱奇艺公司遭受损害的程度尚不足以达到需要通过反不正当竞争法进行救济的必要。其次,"对于某一非类型化的竞争行为,衡量其是否正当应将消费者权益作为重要的考虑因素之一"。被诉行为并未完全避免用户产生混淆,但也会在一定程度上增加消费者福利,即"提供了更多的搜索结果供用户选择","整体上消费者的福利有所提高"。该判决特别指出,"反不正当竞争法是维护市场竞争秩序的法律,其所关注的消费者的合法权益，并非是个体消费者的利益，而是一种消费者群体福利，即保障消费者整体上获得正确充分的信息，以及决定交易的自由。在维护市场竞争秩序的角度上，反不正当竞争法所保障的消费者合法权益最终体现为市场信息传递功能、市场选择功能不被扭曲和破坏"。再次，被诉行为并未损害其正当经营利益，也未对市场竞争秩序造成实质性损害，其应当算是一种效能竞争。[①]在该案中，不论二审判决如何具体论述，实际上被诉行为对于原告有损害，只是考量其对原告利益达不到实质性损害程度、有利于消费者整体福利以及符合效能竞争要求，不损害市场竞争秩序，而认定不构成不正当竞争。实际上，被诉行为属于对于原告利益有损害，而对于消费者福利有益及不扰乱竞争秩序的情形。对于此类情形认定均不构成不正当竞争，明显体现了竞争行为正当性判断的特质和价值取向。

当然，消费者利益作为竞争行为正当性的构成要素时，并不立足于单个特定消费者利益，而是立足于消费者集体利益即消费者福利。

第三节 保护竞争秩序而不是竞争者

一、保护竞争而不是保护竞争者

2017年修订的《反不正当竞争法》第 2 条将"扰乱市场竞争秩序"置于句中首部，并在其中明确"损害其他经营者或者消费者的

---

① 上海知识产权法院（2018）沪 73 民 420 号民事判决书

第六章　价值取向与一般条款

合法权益"之要件，足以表明该法淡化了保护经营者的主导地位，而突出了保护竞争秩序而不是保护竞争者的竞争法精神。

保护竞争而不是简单地保护竞争者，是市场竞争的重要属性，充分体现了自由、公平与效率的市场竞争逻辑、价值和理念。

在正常的市场竞争中，竞争者之间为了获取更大的利益，而出现的相互损害甚至消灭对手的行为，一般并不会受到法律的特殊干预。[1]因为在市场经济的商战环境中，弱肉强食就是最最真实的"丛林法则"，假公平之名，借法律之手，行破坏市场之实，并非真正的市场经济社会的所作所为。诚如美国法院在塔特尔诉巴克案[2]中所言：以降低价格之手段从对手公司抢夺客户资源，实现自身利益的最大化，并非不正当竞争行为。当然，需要注意的是，单纯仅仅以打击、损害竞争对手之利益而自己并不因此获利，也即我们俗称的"损人不利己"的行为，并非上述所讨论的情形，应当构成一个例外情况。

通常在反垄断法上素有"保护竞争，而不是竞争者"[3]的经典说

---

[1]　例如，"如果不发生技术变革，没有人能够在不导致他人境况变差的前提下使自己的境况变得更好。"〔美〕克里斯蒂娜·博翰楠、赫伯特·霍温坎普：《创造无羁限：促进创新中的自由与竞争》，兰磊译，法律出版社2016年版，第2页。

[2]　塔特尔诉巴克案（Tuttle v. Buck），107 Minn.145,150,119 N.W.946,948(1909)。

[3]　在布朗·休（Brown Shoe）案（1962年）判决意见中，美国最高法院大法官瑟古德·马歇尔提出"反垄断法是要保护竞争，而不是竞争者"的观点，首席大法官华伦重复了该格言，即"国会关心的是对竞争的保护，而不是对竞争者的保护"。该格言体现的是追求效率的竞争观。布鲁斯威克（Brunswick）案（1977年）以后，美国法院越来越倾向于效率目标。当今美国法院反垄断分析是以效率目标为主导的。而且，"在可以预见的未来时间范围内，效率目标可能将长期占据至高主导地位。原因更可能在于法院对全球经济状况的认识，而不是立法当时的原始目的或行政能力的考虑"。〔美〕欧内斯特·盖尔霍恩等：《反垄断法与经济学》，任勇等译，法律出版社2009年版，第38—39页。

法。反不正当竞争法同样可以适用这种观念，即法律保护的并非某一个别具体的竞争者，而是社会整体的竞争秩序。任何竞争者不能因自己的利益受到损害，就希望通过诉诸法律的方式来实现对竞争敌手进行制裁。法律作为保护市场经济正常运行的规范，应当从保护市场经济平稳运行的宏观角度着眼，给予市场充分竞争的同时，在必要的时候适当对市场进行一定的指引。换言之，法律只是辅助市场调节的工具，真正发挥规范市场运行、促进经济发展作用的仍然是市场自我的调控能力。这也正是不正当竞争行为与其他民事侵权行为最为重要的区别之所在。

二、竞争性损害和法益

保护竞争而不是保护竞争者，是与竞争性损害的界定和认识直接相关的。反不正当竞争法有独特的损害观念。竞争带来的损害并不必然导致行为具有不正当性，换言之，竞争本就是损人利己的，[1] 有竞争就会有损害，所谓的互利共赢在多数情况下其实是很少

---

[1] 我国有的法院判决将"损人利己的可能性"作为认定当事人之间是否存在竞争关系的依据。例如，"虽然对于何为竞争关系，反不正当竞争法中并无明确规定，但通过对反不正当竞争法相关规定中进行分析可以看出，竞争关系的构成不取决于经营者之间是否属于同业竞争，亦不取决于是否属于现实存在的竞争，而应取决于经营者的经营行为是否具有'损人利己的可能性'。具体而言，取决于以下两个条件：该经营者的行为是否具有损害其他经营者经营利益的可能性（即是否具有损人的可能性）；该经营者是否会基于这一行为而获得现实或潜在的经营利益（即是否具有利己的可能性）。也就是说，如果经营者的行为不仅具有对其他经营者的经营利益造成损害的可能性，且该经营者同时会基于这一行为而获得现实或潜在的经营利益，则可以认定二者具有竞争关系。否则无法得出这一结论。但至于其是同业经营者还是非同业经营者，其是现实的经营者还是潜在经营者，均不会影响竞争关系的认定。"北京市第一中级人民法院(2014) 一中民终字第 3283 号民事判决书。

见的。因此，在市场竞争中，经营者之间通过竞争行为而侵害对方的利益，并不必然具有不当性。申言之，竞争行为和损害后果是一体两面的关系，对个人是损对整体是益，应当综合全面地去看。[①]

例如，美国《不正当竞争法重述(第三版)》[②] 第1条便是采用列举"负面清单"的方式，将需要该法调整的损害其他竞争者的行为进行了统一列举。而其他造成经营者利益受损的情形，皆不由该法管领。这也意味着对于因市场竞争造成的损害而言，行为人责任承担是例外，不承担责任是原则。该规定开篇即申明反不正当竞争奉行的是自由竞争原则，亦即维护自由竞争是其基本原则，足见自由竞争在反不正当竞争中的首要地位。正如该条注释对此所做的如下说明：自由竞争是企业发展和进步的基本，在销售商品或者服务上的竞争，产生以合理价格有质量保证的产品的激励，并且通过提高经济资源配置的效率而增进一般福利。只要是参与竞争的主体，就应当享有一定程度的自由。本法调整的范围在于经营一方直接给其竞争对手造成损害，而对于行为人间接给其他竞争者利益造成的损害，其无需对此承担责任。"本条所体现的原则常常被泛称为竞争'特权'。"[③]

[①] 例如，有的学者从浏览器的免费视频+广告的商业模式上探讨，认为商业模式不是一种法律应强制保护的权益，其总是会在不断演进过程中，不应刻意保护，若非要通过法律手段来强制保护，会导致社会很难进步。窦新颖：《浏览器拦截或快进广告侵权吗》，载《中国知识产权报》2014年3月28日第010版。"在正常的市场竞争中，除去受知识产权保护的商业模式外，企业并不负有尊重他人的商业模式、维护其他经营者的利益的义务，这正是市场经济竞争法则的体现。"张广良：《具有广告过滤功能浏览器开发者的竞争法责任解析》，载《知识产权》2014年第1期。

[②] 美国法律协会根据历来的判决要旨整理汇编所形成的法条式陈述。

[③] *Restatement of the Law, Third, Unfair Competition*, §1, "General Principles", American Law Institute(1995).

同样地，在英国法中也有类似的表述：通过损害别人而自己得利的行为，除非损失是由欺诈、胁迫等不法手段造成，否则行为人的行为便不具有不法性和可责性。[①]

这种态度并不以保护特别法益为目标，对于如商业机会或者商业模式等[②]事实上的利益，常常对其采取鼓励的态度，只要其不违反法律规定，则对其并不强加干涉。这正是现代反不正当竞争法效率价值观的体现，其保护的对象在于动态的竞争秩序，而非静态的法益。对于一般的商业机会或经营模式，由于其并非如物权、人格权等一样的绝对权，即任何人未经权利人许可，都不得对此类权利

[①] 参见 T Alikamon［1985］2 All ER 44,at 73,Goff 法官。转引自〔意〕毛罗·布萨尼、〔美〕弗农·瓦伦丁·帕尔默主编：《欧洲法中的纯粹经济损失》，张小义、钟洪明译，法律出版社2005年版，第17页。

[②] 我国司法实践惯常于从保护法益的角度认定。如奇虎公司与腾讯公司"3Q大战"不正当竞争案中，该案基本案情是奇虎公司、奇智公司针对 QQ 软件专门开发了扣扣保镖，在相关网站上宣传扣扣保镖全面保护 QQ 用户安全，并提供下载。在安装了扣扣保镖软件后，该软件会自动对 QQ 软件进行体检，然后显示"体检得分4分，QQ 存在严重的健康问题"用语。同时，以红色字体警示用户 QQ 存在严重的健康问题，以绿色字体提供一键修复帮助，同时将"没有安装360安全卫士，电脑处于危险之中；升级 QQ 安全中心；阻止 QQ 扫描我的文件"列为危险项目；查杀 QQ 木马时，显示"如果您不安装360安全卫士，将无法使用木马查杀功能"，并以绿色功能键提供360安全卫士的安装及下载服务；经过一键修复，扣扣保镖将 QQ 软件的安全沟通界面替换成扣扣保镖界面。2011年6月10日，腾讯公司、腾讯计算机公司以奇虎公司、奇智公司的上述行为构成不正当竞争为由，提起诉讼。最高人民法院判决指出："在市场竞争中，经营者通常可以根据市场需要和消费者需求自由选择商业模式，这是市场经济的必然要求。本案中，被上诉人为谋取市场利益，通过开发 QQ 软件，以该软件为核心搭建一个综合性互联网业务平台，并提供免费的即时通讯服务，吸引相关消费者体验、使用其增值业务，同时亦以该平台为媒介吸引相关广告商投放广告，以此创造商业机会并取得相关广告收入。这种免费平台与广告或增值服务相结合的商业模式是本案争议发生时，互联网行业惯常的经营方式，也符合我国互联网市场发展的阶段性特征。事实上，本案上诉人也采用这种商业模式。这种商业模式并不违反反不正当竞争法的原则精神和禁止性规定，被上诉人以此谋求商业利益的行为应受保护，他人不得以不正当干扰方式损害其正当权益。"引自最高人民法院（2013）民三终字第5号民事判决书。

行使占有、使用、收益以及处分。反不正当竞争法对此类法益的保护则不然,其采取的是中性的保护模式,即法律只调整个别程度较深的不法行为,对于其他的行为在所不问,正所谓"法不禁止皆自由"。反不正当竞争法并不会为这些法益划定权利的外观,其所要做的仅仅就是保护竞争秩序而已。

三、一般条款适用的谦抑

在公平、自由和效率的关系中,公平标准的适用应当受自由和效率的限制。如果公平标准适用过于宽泛,如将世俗道德纳入考量范围,必然会不适当压缩竞争自由的空间,损害市场效率。因此,按照反不正当竞争法价值取向的要求,一般条款原则的适用应当保持必要的谦抑。

在司法中,对于反不正当竞争法一般条款的适用,普遍采取了限制性态度。例如,"出于法律确定性和竞争政策的原因,有必要在规定一般条款的同时,通过规定一系列具体竞争行为的方式进行细化。这就使得一般条款只适用于具体条款不能涵盖,而仍应认定为不正当的少数情形。""如果以这种方式建构一般条款,就能够确保特殊情况下适用上的灵活性,以及在其他情况下则不能适用,从而确保自由竞争原则的优先地位。"德国反不正当竞争法(2004年修订时引入)就是以这种"最少适用"门槛的方式,构建其有限的一般条款。[①]

[①] Rogier W. de Vrey, *Towards a European Unfair Competition Law: A Clash between Legal Families*, Martinus Nijhoff Publishers (2006),p.282.

我国对于一般条款的适用同样需要加以限制。这是为实现反不正当竞争法的目标所不可避免的。我国司法实践多年来对一般条款主要采取保守态度，尤其是严格其适用条件和限定其适用范围，且将行为是否破坏竞争自由作为核心依据。例如，在《最高人民法院关于贯彻实施国家知识产权战略若干问题的意见》第15条，[①]《最高人民法院关于当前经济形势下知识产权审判服务大局若干问题的意见》第11条，[②] 以及《最高人民法院关于充分发挥知识产权审判职能作用推动社会主义文化大发展大繁荣和促进经济自主协调发展若干问题的意见》第24条[③]，对此均有相关的规定。

显然，适用反不正当竞争法原则规定（一般条款）不能妨碍市场自由公平竞争，是一以贯之的政策。换言之，一般条款的适用与市场的公平竞争密不可分。

贯彻反不正当竞争法的价值取向，尤其需要在一般条款的适用上保持必要和适当的谦抑。我国《反不正当竞争法》明文列举的不正当竞争行为情形，因此不正当竞争行为界限比较清晰，伸缩余地

[①] 2009年3月23日印发，法发［2009］16号第15条规定："准确把握反不正当竞争法的立法精神和适用条件，既要与时俱进，对市场上新出现的竞争行为，适用反不正当竞争法的原则规定予以规范和调整；又要严格依法，对于法律未作特别规定的竞争行为，只有按照公认的商业标准和普遍认识能够认定违反反不正当竞争法的原则规定时，才可以认定为不正当竞争行为，防止因不适当扩大不正当竞争行为方式范围而妨碍自由、公平竞争。"

[②] 2009年4月21日印发，法发［2009］23号第11条规定："对于其未作特别规定的竞争行为，只有按照公认的商业标准和普遍认识能够认定违反原则规定时，才可以认定构成不正当竞争行为，防止因不适当地扩大不正当竞争范围而妨碍自由、公平竞争。"

[③] 2011年12月16日印发，法发［2011］18号第24条规定："妥善处理好反不正当竞争法的原则规定与特别规定之间的关系，既要充分利用原则规定的灵活性和适应性，有效制止各种花样翻新、层出不穷的不正当竞争行为，又要防止原则规定适用的随意性，避免妨碍市场自由公平竞争。"

相对较小,在适用时不太容易过于扩张。但是,在适用一般条款过程中,法院据此已认定大量的不正当竞争行为,一些法院甚至不断地在一般条款之下归纳出认定原则或者标准,如经营者之间的和平共处原则、非公益不干扰原则等,[①]并且提出一些重要的一般性观念。[②]法院已显现出乐于向社会宣示一般性判断标准和归纳一般性判断原则的倾向。而且,有些法官有对于不正当竞争界限把握过宽、动辄认定构成不正当竞争行为的倾向。这些现象表明,首先需

[①] 例如,原告合一信息技术(北京)有限公司(简称合一公司)诉被告北京金山安全软件有限公司(简称金山安全公司)、被告贝壳网际(北京)安全技术有限公司(简称贝壳公司)、被告北京金山网络科技有限公司(简称金山网络公司)不正当竞争纠纷一案,该案(简称合一公司与金山公司不正当竞争纠纷案)基本案情是合一公司是优酷网(网址为 http://www.youku.com)的经营者。贝壳公司是"猎豹浏览器"官方发布平台"猎豹网站"的经营人,金山安全公司是"猎豹浏览器"的开发者、版权人,金山网络公司既是"猎豹浏览器"的版权人,也是"猎豹网站"的版权人。猎豹浏览器通过技术措施向终端用户提供"广告过滤"功能,当用户打开该功能后访问优酷网站时,合一公司在视频中投放的广告会被过滤。据此,合一公司认为前述三公司通过猎豹浏览器所实施的行为构成不正当竞争,故将三公司诉至法院。"互联网行业近年来发展迅速、竞争激烈,公平、自由的竞争环境有利于互联网企业获得最大限度的发展空间。而这种发展空间的边界应为'互不干扰',即除非有显而易见的特殊合法理由,如杀毒等,互联网经营者自身业务的开发拓展不应影响其他互联网经营者在正当商业模式下的经营活动。同时,商业模式的优劣理应由市场选择决定,而非由其他经营者以破坏性手段,采取'丛林法则'竞争方式进行评判。"引自北京市海淀区人民法院(2013)海民初字第13155号民事判决书。

[②] 合一公司与金山公司不正当竞争纠纷二审判决指出:"相比'同业经营者',不得破坏其他经营者正常经营活动这一原则对于'非同业经营者'更为重要。对于同业经营者而言,经营者虽亦有破坏其他经营者经营活动的可能性,但因该经营者自身亦需要在这一行业中生存,故即便其经营活动会对其他经营者现有商业模式造成破坏,但通常亦会有可替换的商业模式产生。如果经营者在破坏现有商业模式的情况下却并不代之以新的商业模式,则势必使得其自身的经营活动亦无法存续,这种行为显然是经营者所不会选择的。这也就意味着,通常情况下同业经营者的破坏行为虽可能会对其他'经营者'造成损害,但原则上不会对'整个行业'产生实质损害。"北京市第一中级人民法院(2014)一中民终字第3283号民事判决书。

要搞清楚一般条款的基本定位和把握好基本适用态度，然后再斟酌具体的判断标准。总体上说，对于《反不正当竞争法》法第 2 条一般条款的适用应当严格控制和保持司法谦抑，始终注意维护竞争自由的基调。如最高人民法院在"山东食品与马达庆案"再审裁定中指出，法院在适用一般条款处理案件时，应当严格遵循其构成要件，只有穷尽现有规范仍无法找到妥适的解决办法时方可适用一般条款。[①] 如果一般条款的适用过宽或者过滥，必然会不适当地压缩竞争自由的空间，损害市场效率。

总之，《反不正当竞争法》第 2 条虽然可以作为开放性认定不正当竞争行为的一般条款，但同时也要避免其被过度适用，更要防止其被滥用，进而破坏现有的法律体系。一般条款的过度适用就构成滥用。始终保持适用上的谦抑，才可以确保一般条款不被滥用。

---

① 最高人民法院（2009）民申字第 1065 号民事裁定书

第七章　价值取向与动态性竞争

第一节　市场竞争的形态

一、静态竞争与动态竞争

近代反不正当竞争法是伴随行会(基尔特)制度解体和自由贸易兴起而发展起来的。[①] 基尔特时代的市场竞争是高度严管之下的竞争,经营者没有行动自由,实际上是扼杀竞争而不是真正的竞争。[②] 即便将其称为市场竞争,这仅仅是田园诗般的静态竞争。伴

[①] 19世纪后期为满足日益增长的工业化的需要,欧洲国家引进自由贸易(自由放任原则)。"市场行为的新技术出现了;'竞争'成为引领之星。在竞争自由的同时又保障竞争公平的愿望很快落空。通过阻碍竞争对手或者欺骗公众而获取竞争优势的诱惑明显过于强烈,而仅凭市场自身的力量不足以制衡。"于是,所有市场经济国家不得不发展出遏制这些不能接受的行为的新制度,并与经济自由原则相平衡。*International Handbook on Unfair Competition*,edited by Frauke Henning-Bodewig,C. H.Beck · Hart · Nomos(2013),p.1.

[②] 行会实际上是以严格管制和抑制竞争的方式管制经济。如规定从业资格、雇工数量以及每一行业只能从事特定的业务、以便不涉足其他行会(如造车匠不能制造车轮)等。参见〔德〕森图姆:《看不见的手——经济思想古今谈》,冯炳昆译,商务印书馆2016年版,第7—8页。亚当·斯密在其《国富论》中以大量的篇幅对于行会的干预进行了描述和抨击。例如,当时的城镇行会规定:"如果纺织者想要按照自己发明的方法织布,则应该首先取得行会中四位最年长的商人和四位最年长的纺织者的同意;其

随着基尔特的消亡，自由贸易逐渐兴起。在自由市场机制之下，产生了真正的市场竞争即自由竞争。自由竞争必然同时产生不正当竞争，反不正当竞争法应运而生。竞争是一种动态的过程和机制，反不正当竞争法的目标取向必须与动态竞争相符合和相适应。

在当前的竞争行为正当性认定中，仍存在静态竞争与动态竞争两种不同的竞争观。静态的价值观倾向于保护静态利益，着重于对于侵害静态利益的制止，损害静态利益甚至被推定具有不正当性。动态的竞争观不过于强调对于静态利益及其侵害的考量，而着重于从维护动态竞争机制的角度看待市场竞争行为，重视市场竞争的活力。倡导动态竞争，会收获更高的市场竞争强度。尤其是，"一个社会中经济竞争的强度与其产生的创新量之间呈现出强烈的正相关性"。[①] 不同的竞争观体现不同的价值取向，尤其是在公平、自由与效率相互之间的权重上各有侧重，并直接影响竞争行为正当性的认定标准和认定范围，直接影响价值观的贯彻方式。

二、市场竞争与动态利益协调

反不正当竞争法适应维护自由贸易的健康运行、遏制其破坏

次还要经过城镇法官的准许，才可以使用一定数量和一定长度的纱线"。亚当·斯密指出，这类约束无论是由政府规定还是由垄断者提出，也无论是关于生产还是关于对外贸易都会限制市场体系的正常运行，并最终损害工人和消费者的利益。〔美〕保罗·萨缪尔森、威廉·诺德豪斯：《萨缪尔森谈效率、公平与混合经济》，萧琛主译，商务印书馆2012年版，第81页。

① 经济学家认为，创新对经济进步的贡献程度远大于单纯为创造和维护竞争性市场所作的努力。〔美〕克里斯蒂娜·博翰楠、赫伯特·霍温坎普：《创造无羁限：促进创新中的竞争》，兰磊译，法律出版社2016年版，第4页。

因素的需要而产生,因而它首先以尊重市场机制为前提,以维护市场机制为目的。竞争一直就是市场经济长盛不衰的关键之所在,没有竞争的市场暮气沉沉,缺乏创新和活力,例如我国在改革开放之前的一段时间里实行的国营经济便与此相似。一旦市场中有了竞争,那么市场中便充满了活力。各个市场参与主体在彼此相互不断的竞争中,降低生产成本,逐渐提高了自己提供的商品或服务的质量,最大限度地促进了消费者利益和福祉。此时,市场无需任何外界因素的调节,其只需要自己自我调整便可。此正所谓亚当·斯密在其经典巨著《国富论》中所提到的"看不见的手",[①] 它无时无刻不在市场中不断对资源进行再次的分配,对成本配置进行重新的整合。始终使市场处在一个动态的平衡系统中,这也就是市场自律性的体现。

自由的市场竞争环境无需过多的监管,依然可以长期处在稳定的环境中而不受干扰。以当下热门的互联网竞争为例,许多新衍生出的商业模式并未被法律明确列举并给予保护。[②] 其主要原因正是在于,市场竞争优势的原生动力就是创新能力。但对于这种创新,正是市场革新和经济发展中所需要的。创新的研发者会因为率先的创新,而获得丰厚的回报,行业内的其他经营者也会纷纷仿效此种创新,市场逐渐实现了产业结构的升级换代。因此,从某种角度

[①] "它也是一部传递信息的机器,能将数十亿各不相同的个人的知识和活动汇集在一起。在没有集中的智慧或计算的情况下,它能解决涉及到亿万个未知变量或相关关系的生产和分配的问题,对此连当今最快的超级计算机也都望尘莫及。并没有人去刻意地加以管理,但市场却一直相当成功地运行着"〔美〕保罗·萨缪尔森、威廉·诺德豪斯:《萨缪尔森谈效率、公平与混合经济》,萧琛主译,商务印书馆2012年版,第68页。

[②] 如国家以商业方法专利保护某些商业模式,但这也是有限的和有期限的保护。

上讲，创新可以给市场带来"鲶鱼效应"，为市场不断注入新鲜的血液与活力。对此，市场会有自己的赏罚标准，法律在此时并不应该给予其完全的、有如绝对权一般的保护。否则，可能会阻碍市场经济的发展。所谓"问渠那得清如许，为有源头活水来"，同样也是优胜劣汰的动态市场竞争的真实写照。况且，市场竞争的另一种写照是，"竞争总是对强者有利，因为它使经济活动变得如同战斗一样"。[1]

三、市场竞争与动态的过程

市场竞争的最大特点便在于其始终处在一个动态的过程中。市场一方的获利，常常伴随着另一方利益受损甚至是消灭。但从整体上看，市场并未因任何主体的有无而发生任何的变化。相反地，市场还会因为不断竞争产生的正外部性而发生产业和结构的升级或转型，逐渐向着更加先进、更加集约以及更加完备的方向发展。以手机市场为例，早年间以诺基亚、摩托罗拉为代表的传统手机曾经风靡一时，但随着以苹果、三星、华为等为代表的新型智能手机的崛起，传统的手机市场早已被挤压消灭。但消费者却因为这种技术的革命获得了更大的利益，市场也因为这种及时的转型被刺激出了强大的活力。因此，市场竞争从来对消费者和市场整体利益都是会产生正面收益的，只是其一直处在一种动态的平衡中，因而如若不仔细思考可能不易感知此中道理。

市场竞争与对抗性机制。竞争的秩序原理是求取"混乱"之中的秩序，也即通过对抗形成的市场机制，而保护稳定秩序。动态的

---

[1] 〔比〕保罗·纽尔：《竞争与法律》，刘利译，法律出版社2004年版，第130页。

市场竞争告诉我们,各市场经营主体之间常常处在激烈的竞争中,并随时可能因此而受到损失。对抗性给予竞争者巨大的压力,使其无时无刻不在担忧自己生产的产品是否符合市场需求,自己的竞争对手是否做出了新的创新,自己当下的地位还是否稳固等。商业竞争也犹如逆水行舟,不进则退。在对待商业竞争中各竞争主体陷入的纠纷时,需要从竞争的根本机制上考虑,看竞争行为是否有悖于诚实信用原则以及公认的商业道德,并运用发展的眼光从社会和市场整体的角度对其行为进行审视。例如在德国法院在审理互联网广告屏蔽案时,曾使用利益比较的方式将各方主体的利益列出并依次比对分析,并最终对行为作出正当性与否的判断。[1] 反不正当竞争法不保护或者不简单保护静态权益,就是为了维持市场竞争的生命力。[2]

市场竞争的损害性。商场如战场,此为任何时代的市场经济所共有的特点。在市民社会生活观念中存在着诸如损人利己、唯利是图等贬义词语,在市场经济的环境中则恰恰是最为真实的写照。毫无疑问,市场的竞争是非常残酷的,许多知名而庞大的企业仅仅因为没有紧紧赶上时代发展的步伐,便很快被后继者赶上,并最终彻底淹没在历史中。留在人们视野中的,永远都是最具活力和生机,

---

[1] BGH, Urteil v. 24.06.2004, Az. I ZR 26/02. 联邦德国最高法院(BGH)判决书(1ZR26/02)2004 年 6 月 24 日。

[2] 虽然当大量资源配置到大型工程时,计划经济确实可以实现创新,但是缺少竞争所带来的持久压力,无法形成资本主义世界生产力提升的持续创新潮流。〔美〕大卫·克里斯蒂安:《极简人类史——从宇宙大爆炸到21世纪》,王睿译,中信出版社2016年版,第176页。其实,这种精神同样可以类比于竞争行为正当性的判断。静态的竞争思路可能维护了市场竞争的和平,但过多限制了竞争自由和损害了市场活力;动态竞争才符合竞争实际,有利于维护经济的持续增长和不断创新。

能够最大限度地满足消费者利益的竞争者。[1]例如当年的胶片生产的龙头企业柯达公司，就是没有抓住数码相机的转型而迅速地消失在了人们的视野中；21世纪初期国内知名的销售巨头国美，也是没有把握好发展电商的契机，从而被淘宝、京东等一干企业迅速赶超，如今早已失去了当年零售业巨头的风采。因此，市场本身在自我调节过程中就可能对其中部分经营者产生很大的伤害。其中原因复杂，除了经营者自身决策、竞争者创新外还受许多其他因素左右。但竞争造成经营者的损害非但多数时候不会影响到消费者，而且通常还会给消费者和社会公共利益带来更大的提升。

易言之，无论是数码相机代替胶片相机，还是电商代替了实体经销商，无疑都给人们的生活带来了巨大便捷。这也正是竞争最具价值的体现，即始终将最好的选择提供给消费者。因此，在运用反不正当竞争法解决市场主体竞争的案件中，裁判者应当看到市场本身固有的损害性和风险性。避免将法律调控之手伸得过长，从而将一些本应当被市场淘汰的企业和技术纳入保护范围，而错杀了另一些应当被鼓励和培育的新技术，从而给市场造成更大的负担，也给整个社会治理徒增了巨额的成本。法官在复杂的和具有内生机制的市场竞争面前应当足够的谦卑和谦抑。

实践中确实已显现有些法官具有提炼或者创设抽象的一般竞争规则的偏好，如有关法院在网络不正当竞争案件中提出了"非公益不干扰"、"通知——协商"之类的原则或者规则。对于法院是否可以主动界定特定商业领域的竞争规则，实践中已发生争议。例

---

[1] 〔英〕理查德·贝拉米：《自由主义与现代社会——一项历史论证》，毛兴贵等译，江苏人民出版社2012年版，第41—42页。

如，北京市海淀区法院在其调研报告中认为："司法应保持谦抑的态度，不能对市场竞争造成不当干预，故当法院主动提炼出竞争规则并判定竞争行为构成不正当竞争时，需要对所提炼的竞争规则做详细的论证。"①

第二节　两种价值观的取舍

我国司法实践中，静态的竞争观与动态的竞争观都有其存在，且直接导致竞争行为正当性的判断差异。

一、静态的竞争观

体现静态竞争观的典型事例是当前司法实践中提出的非公益不干扰原则，即用以判断网络环境下竞争行为正当性判断的非公益不干扰原则。近年来我国司法实践中提出了认定不正当竞争行为的非公益不干扰原则，即非因特定公益（如杀毒）必要，不得直接干预竞争对手的经营行为。②该原则先是在判决中提出，后来又见诸有关法院的司法文件。2017年《反不正当竞争法》第12条第2款第(4)项关于"其他妨碍、破坏其他经营者合法提供的网络产品或

---

①　参见北京海淀法院课题组："北京市海淀区人民法院关于网络不正当竞争纠纷案件的调研报告（三）"，2016年8月12日发布于"知产力"（微信ID：zhichanli）。
②　例如，北京市海淀区人民法院（2013）海民初字第13155号民事判决书，北京知识产权法院（2014）京知民终字第79号民事判决书；"极路由"视频广告屏蔽不正当竞争案，见北京市高级人民法院4月13日发布的"2015年度北京市法院知识产权司法保护十大创新性案例"之案例二。

者服务正常运行的行为"的规定,甚至被解读为体现了非公益不干扰原则。非公益不干扰原则集中反映了不正当竞争认定的静态利益保护理念和方式,本质上折射了反不正当竞争法的价值取向问题。因此,该原则是分析静态竞争观的核心。从如下几个典型判例中可以进一步对该原则进行理解。我们可以从以下几个典型判例中大致看到该原则陆续被确立的过程和实质。

百度与360插标不正当竞争案。该案基本案情是,百度公司称360安全卫士在百度搜索结果页面上有选择地插入警告标识,警示用户搜索到的网站有风险,还逐步引导用户点击安装360安全浏览器。百度还称,360在其导航网页上嵌入百度搜索框,但是一些搜索结果是360经营的影视、游戏等页面。百度公司认为360卫士的上述行为构成不正当竞争。非公益必要不干预原则在百度与360插标不正当竞争案中提出,并对该原则进行了详细的论证。[①] 在合一信息技术(北京)有限公司与北京金山网络科技有限公司等不正当竞争纠纷案案中,一审法院指出,反不正当竞争法的目的在于保障公平竞争秩序……本案中金山公司对优酷视频播放的广告进行屏蔽的行为,并非技术上无法逾越的障碍,而是其为获取更多流量而

[①] 北京市高级人民法院(2013)高民终字第2352号民事判决书。"在互联网产品或服务竞争应当遵守原则基础上,应当认为:虽然确实出于保护网络用户等社会公众的利益的需要,网络服务经营者在特定情况下不经网络用户知情并主动选择以及其他互联网产品或服务提供者同意,也可干扰他人互联网产品或服务的运行,但是,应当确保干扰手段的必要性和合理性。否则,应当认定其违反了自愿、平等、公平、诚实信用和公共利益优先原则,违反了互联网产品或服务竞争应当遵守的基本商业道德,由此损害其他经营者合法权益,扰乱社会经济秩序,应当承担相应的法律责任。这就构成不正当竞争,否则仅侵损个人利益,则不构成不正当竞争。因此审判中遵循非公益必要不干扰原则。"

刻意为之，因此构成不正当正竞争行为。① 该案二审判决认为，"之所以要求经营者不得破坏其他经营者的正当经营活动，是因为反不正当竞争法所保护的竞争秩序需要每个经营者自觉维护，而不对其进行破坏（这一破坏行为既可能通过言语，亦可能通过技术手段或其他行为），显然是对于经营活动正当合法性的起码要求……如果正当经营者的利益被无端侵害而无法获得救济，则无疑会鼓励其他市场主体竞相模仿，从而破坏稳定的市场竞争秩序。"②

在"极路由"视频广告屏蔽不正当竞争案中，法院认为，爱奇艺公司提供视频播放加广告的商业模式应当得到法律保护……其他竞争者若非因为公益之必要，不能影响其他经营主体的正常经营。③ 北京市高级法院在公布该案的说明时也对该种做法予以了肯定。④

这些案件的裁判思路一以贯之，法院在审理有关互联网不正当竞争案件时遵循"非公益不干扰"原则，主张当事双方之间如无公益之事由，和平相处，互不干扰。由此经营者之间生活在相对静态的环境中，与真实世界中的事实并不相符。

例如，有观点将此种审判理念下的互联网商业竞争环境归纳为三种情形，即客观原因导致的冲突，如杀毒软件等因硬件或者软件方面的客观原因，导致不能同时并存，由此产生的互联网产品或者服务之间的相互干扰；若用户知情且主动选择，损害的后果仅限于

---

① 北京市海淀区人民法院（2013）海民初字第 13155 号民事判决书
② 北京市第一中级人民法院（2014）一中民终字第 3283 号民事判决书
③ 北京知识产权法院（2014）京知民终字第 79 号民事判决书
④ 参见北京市高级人民法院 4 月 13 日发布，"2015 年度北京市法院知识产权司法保护十大创新性案例"之案例二。

用户本身且并不影响他人合法权益；若用户并不知情也并未对其进行选择，然而出于保护社会公共利益之目的，如杀毒软件普遍具有主动查杀他人提供的危害网络用户安全的病毒的功能。"非公益不干扰"之下的市场竞争，实质上是一种静态的竞争观，更接近于前文所分析的社会和谐意义的欧陆国家传统公平观。其通常习惯于将某种创新的商业模式逐步上升为一种类似权利的客体，并依照绝对权利的思路对其进行保护。此种裁判思路的问题在于过度强调对法益的保护，变相降低了适用反不正当竞争法保护的门槛，使不正当竞争的范围易于事实上扩大化。这与多方位和动态性考量竞争效果，或者对竞争的影响的动态竞争观差别较大。

正如孔祥俊所说，市场竞争却是动态的，非公益不干扰原则不符合市场竞争和反不正当竞争的属性与实际，也即不符合动态的或者效率的竞争观。非公益不干扰将干扰限于特定"公益"，无疑是将"干扰"的普遍性转换成个别性，与市场经济的运行规律并不相符。以反不正当竞争法乃至于以其他法律制止或者"干预"的"干扰"只能是极少数市场行为，是例外而不是原则。[①] 这为已有先例案件的原则提出重重的质疑。

二、动态的竞争观

同样是对于屏蔽广告的行为，有的法院在裁判范式和利益衡量上已发生了重要变化，更多地考量动态竞争。

前述优酷视频诉金山"猎豹"浏览器不正当竞争案是标志性案

---

① 孔祥俊：《论反不正当竞争法的基本范式》，载《法学家》2018年第1期。

件，此后的类似裁判大多都是循此路径。例如，在爱奇艺诉上海大摩"Adsafe 净网大师"不正当竞争案中，上海市闵行区法院一审判决认定，大摩开发运营的 Adsafe 净网大师具有"看视频不等待"的跳过他人视频广告的功能，并通过其网站向用户提供下载服务，违背公认的商业道德，损害爱奇艺之合法利益而为自己获益，属于不正当竞争行为。上海知识产权法院二审判决维持原判（2016 年 7 月 15 日）。

优酷等诉杭州硕文"乐网"不正当竞争案，该案基本案情是优酷公司提交证据证明硕文公司开发并向互联网用户提供"乐网-广告拦截，视频广告过滤、应用、网页广告屏蔽神器"App，且引诱用户安装。用户使用该软件可以跳过优酷视频前广告，损害了优酷公司的合法权益。故优酷公司于 2017 年向杭州铁路运输法院起诉。杭州铁路运输法院判决被告立即停止通过"乐网"软件屏蔽原告视频前播放广告的行为。[1]

在这些案件中，法院一致的态度是保护目前视频网站"免费内容＋广告"的商业模式，即认为该等商业模式不为法律禁止，应当受到法律保护，而拦截视频广告的软件违背诚实信用原则和公认的商业道德，属于不正当竞争行为。在爱奇艺诉上海大摩"Adsafe 净网大师"不正当竞争案中，二审法院认为，"市场经济虽然鼓励自由竞争，但经营者必须是通过自己努力诚信经营，如果经营者不当利用他人已经取得的市场成果来谋求自身竞争优势，则为不正当竞争。"[2]

---

[1] 浙江省杭州铁路运输法院 (2017) 浙 8601 民初 928 号民事判决书
[2] 上海知识产权法院（2016）沪 73 民终 33 号民事判决书

但是，在爱奇艺诉 UC 浏览器的不正当竞争案[①]中，法院驳回了权利人爱奇艺的主张并指出，用户在使用 UC 浏览器通过小窗口播放视频时，可以切换到原告网站中的网页或者其他网页中，增加了用户的选择可能，也反过来促进原告提升自己经营的网站服务质量。

在原告腾讯公司与世界星辉公司不正当竞争纠纷案[②]中，一审判决改变此类案件不正当竞争判断范式。一审判决认为，在判断世界星辉公司的产品及经营行为是否违反诚实信用原则的基础是要在市场竞争的环境下去考量、探究。市场竞争是不同经营者之间对市场机会或市场利益得失展开的争夺，最终都是为了获得更多的商业机会。因而，市场竞争具有天然的"损人利己"特性，反映出市场竞争具有强烈的对抗性。就本案而言，视频内容的播放，要通过对浏览器的使用。由此，致使原、被告双方具有利益冲突、形成竞争对抗。反不正当竞争法具有行为法属性，即重在根据行为特征认

---

① 北京市海淀区人民法院（2015）海民（知）初字第 23773 号民事判决书。该案基本案情是爱奇艺公司是爱奇艺网站的所有者和经营者，当前主要的经营模式是向用户提供"广告+免费视频"播放服务，用户点播视频时播放广告，由此取得广告收益以弥补视频版权费等网站经营成本。原告主张二被告经营的 UC 浏览器，可以实现对爱奇艺网站视频广告的快进、小窗播放以及在线视频下载行为，对其构成不正当竞争，主张被告赔偿其经济损失 500 万元等。

② 北京市朝阳区人民法院（2017）京 0105 民初 70786 号民事判决书。该案基本案情是腾讯公司认为，"世界之窗浏览器"软件系世界星辉公司开发经营，该浏览器设置有广告过滤功能，用户使用该功能后可以有效屏蔽我公司网站在播放影片时的片头广告和暂停广告。世界星辉公司的上述行为使得我公司不能就网站影片的片头及暂停广告获取直接收益，使我公司遭受了经济上的损失。而世界星辉公司屏蔽广告的行为，提升了其用户的使用体验度，获得其商业价值的提升，其行为违反了诚实信用原则及公认的商业道德，损害了我公司的合法权益。世界星辉公司辩称，通过浏览器过滤广告的行为未侵害网站经营者的利益，用户没有观看广告的义务，广告拦截也不必然导致视频网站商业利益的减损，即使利益受损也属于正常商业竞争的结果。

定竞争行为的正当性。而对行为本身的关注应重在是否扰乱"市场竞争秩序"和其他经营者合法权益。认定竞争行为的正当性主要是从客观角度进行衡量。市场竞争本就是会造成损害的,不能仅仅因为经营者一方出现了损害就径自认定另一方行为失当。换言之,一般而言,市场竞争产生的损害也即竞争性损害是中性的,即该损害仅仅只是一种客观意义上的结果,并不直接导致对行为人实施行为的正当性与否的判断。

该判决认为,法律对经营模式的保护要谨慎,要给予市场宽松的竞争环境。避免通过反不正当竞争法不当干涉市场正常经营秩序。市场竞争具有创造性破坏的属性,是一种创造性破坏的过程。如果经营者经营依托的产品或者服务确实有利于消费者和广大的网络用户,保护该利益同时也不至于损害公共利益,则该行为不应受到法律的禁止。就互联网领域中具有选择性屏蔽广告功能浏览器而言,其不针对特定视频经营者的行为。使用此类浏览器虽然会造成用户流量减少,但只损害其部分经营利益并不影响其实际的生存……故而最终认定该屏蔽广告行为不构成不正当竞争。

该案一审判决对于竞争行为正当性判断考量了市场竞争的多种因素,并把市场竞争当作一个动态的机制和过程,没有过分看重商业模式的静态利益,因而更多奉行竞争自由的原则,具有更强的市场意识,注重结合了现实案件的特点进行裁判。当然需要强调的是,法院不能将竞争利益专有权化,并依据审理财产权侵犯的思路来进行处理。而是更想说明,市场有其自己的发展规律,一般市场中的纠纷和损害本就是自由竞争背景下的必然结果。此种情况非但不会损害消费者,反而还更加有益于竞争秩序的维护。因此,法律在面对市场时应当保持适度的谦抑性,给予市场足够的空间让其自己解决问题。因此,该案更符合动态竞争对正当的要求。

综上,静态竞争观总体上不太符合自由和效率的反不正当竞争法价值取向,所谓的公平也是保护静态利益基础上的公平。动态竞争观总体上更为符合自由和效率的价值取向,其公平是建立在动态的市场机制之上,更多是发挥市场竞争的活力。

结　　论

从反不正当竞争法单一价值取向现状及其引发的问题出发，分析国际范围内的反不正当竞争法价值取向的不同视角，重点阐释我国反不正当竞争法三元价值取向及其相互关系，并对我国反不正当竞争法的价值取向主要支撑制度进行了实证分析。重视考察并深入探索价值与制度之间的内在有机联系，建立竞争秩序正当合理为确保制度的实施及改善实务操作提供了思路和入径。

一、价值取向的核心指引功能

反不正当竞争法规制市场经济领域，所以是一个内容庞杂和变幻不定的法律部门和法律领域。克里斯托费说，"不正当竞争"只是一种称谓，"不正当"过于不精确，而不能在法律责任上进行界定；或者说，该词表述的既不是单一的诉因，也不是任何独立的或者可以精确界定的行为类型；它的调整边界和术语不过是由历史和习惯所形成的。[①] 这说明了反不正当竞争法和不正当竞争行为的"杂烩"性。如格林所说，"不正当竞争"不过是内含多个原则的一种

---

① Christopher Wadlow, *The Law of Passing-off: Unfair Competition by Misrepresentation*, Sweet & Maxwell (2011), p.5.

名目,"不正当"标签之下的案件类型通常都有特定的名头,如仿冒行为、侵害商号、诋毁、盗窃商业秘密和客户名单、剽窃或者博彩。许多涉及欺骗、欺诈、诽谤和违反制定法,而其他的无非是涉及单纯侵占商业价值。那些难以归入现有特定名目的新的情形,被笼而统之地归为"不正当竞争"。那些难以在原则上准确定位的行为,也被称为"不正当竞争"。[1] 反不正当竞争法的内容难以标准化。尽管国际范围内的反不正当竞争法有一些共通的内容,但在理念、立法、行为类型和行为标准上差异很大。即便是在欧陆国家,由于各国反不正当竞争法存在差异,其反不正当竞争法的一体化异常困难。[2]

我国反不正当竞争法吸收了国际通行的规则,但更注重解决国内突出的不正当市场竞争问题。采取了一般条款与类型化列举性规定相结合的,其法律规范整体上具有高度的概括性和抽象性。尤其是,一般条款在法律的开放性适用中具有独特功能和突出作用,但一般条款的构成要素及其相互关系具有高度的不确定性,其适用更多依靠经济政策、经济行业内的共识、经验的累积以及法官的专业智慧。这种状况使得我国反不正当竞争法在法律适用层面出现分歧。尤其是,反不正当竞争法的多元目标取向、有限"兜底"性以及市场竞争的高度复杂性,致使法律的适用难度极大。为确保法律的妥当适用和法律适用标准的相对统一,正确把握反不正当竞

---

[1] L.Green,*Protection of Trade Relations under Tort Law*,47 *VLR* 559(1961) at 566.See Anselm Kamperman Sanders,*Unfair Competition Law:The Protection of Intellectual and Industrial Creativity*,Clarendon Press(1997), p.13.

[2] Anselm Kamperman Sanders ,*Unfair Competition Law:The Protection of Intellectual and Industrial Creativity*,Clarendon Press(1997),p.1.

法的价值取向显得更为重要。

价值取向是反不正当竞争法的元命题，是贯彻于反不正当竞争立法、司法和理论研究的灵魂，是反不正当竞争法最基本、最根本和最重要的问题，是构建反不正当竞争法理念、原则和规则的根基。

在我国当前反不正当竞争法的理论研究与法律实践中，价值取向缺乏系统深入的研究，尤其是缺乏切中问题和能够切实解决实践问题的精细理论研究；实践中存在诸多似是而非的观点和认识，并已不同程度上影响法律的实际适用。只有在价值观元问题上正本清源，对于一个法律部门或者法律领域而言，才能够纲举目张。

二、三元价值取向及其互补关系

我国理论研究与司法实践中，通常泛泛地将反不正当竞争法的价值取向定位于含义宽泛的公平，并以此区别于反垄断法所维护的竞争自由。也即，通常认为反不正当竞争法旨在维护竞争公平，反垄断法旨在维护竞争自由，公平与自由是两部法律的基本分界线，而公平则是一个笼统的概念，并未与竞争自由和市场效率相连接，从而未能体现和揭示反不正当竞争法价值取向的本质。这种价值取向的单一定位直接影响了通过反不正当竞争法的立法目的、其对竞争行为正当性与否判断时的标准、反不正当竞争法与知识产权专门法的关系等核心问题，使得反不正当竞争法的适用不能准确地实现其法律目标，甚至严重偏离法律适用方向和扭曲法律适用标准。因此，戒除公平价值单一论，需要对反不正当竞争法价值取向进行全面的界定和考量。

反不正当竞争法以维护市场竞争的公平为目标，但这种公平是建立在竞争自由和市场效率的基础之上的，自由、效率与公平三位一体，形成其价值取向的内在规定性。那些与竞争自由和市场效率无关的公平，如社会和谐或者世俗道德意义上的公平，不是反不正当竞争法的追求目标，也不是衡量竞争行为正当性的标准。

在市场竞争中，自由是基础，没有自由就没有效率；自由又必须有限度，过度自由或者滥用自由，或者滥用自由达到危害正常自由程度的，则可能构成不正当竞争。或者说，滥用竞争自由达到不公平程度的，即构成不正当竞争。反不正当竞争法本身是以维护竞争的公平为本体，但必须以自由和效率为约束，防止以公平的名义过度无限宽泛地干预竞争自由。公平的直接目标是限制特定的竞争自由，自由与公平之间存在着此消彼长的关系，但两者之间的界限又可以通过效率进行衡量，效率是划定自由与公平之间的范围和界限的标尺，是两者之间冲突的调节器。恰当的竞争公平能够确保健康的竞争自由，最终实现良好的市场效率。因此，仅仅局限于公平的价值取向是不足的，应当从公平、自由和效率三个维度上界定反不正当竞争法的价值取向。公平、自由与效率缺一不可，功能互补，共同构建了反不正当竞争法的价值观念体系。

就竞争的特点和竞争规律以及反不正当竞争法的目标而言，公平固然是其基本的价值取向，但自由和效率仍是位居基本价值之中。公平、自由与效率构成反不正当竞争法的完整价值取向。其中，公平是本位性价值，若非为了追求公平，反不正当竞争法即无产生和存在的必要。反不正当竞争法的具体制度也都是围绕公平而设计的。自由是反不正当竞争法的限定性价值，即反不正当竞争法是为了适当限制竞争自由而生，是对于竞争自由的直接限制，但对于竞争自由的限制仍然是有限度和限制的，限制不正当竞争范围的基准恰是竞争自由,即出于最大限度地维护竞争自由的需要,不允许将太多的竞争行为纳入不正当竞争。市场竞争的基调是自由竞争,自由竞争是原则,不正当竞争属于竞争自由的例外。效率是反不正当竞争法的实际目标价值,即之所以干预竞争,最终是为了更好地实现市场效率。公平、自由与效率从不同的侧面,构成了反不正当竞争法完整的价值体系。忽视自由和效率,竞争公平即无法实现,忽视自由和效率不仅丧失不正当行为的参照物和逻辑前提,而且缺失其衡量标准。

反不正当竞争法是以维护市场竞争的公平为本位,公平是其本体性的价值取向和直接目标,即反不正当竞争法是以维护公平竞争(或者正当竞争)为名,制止一些竞争行为,因而直接表现为限制竞争自由;被列举的类型化不正当竞争行为已打上了不公平竞争的标签,这些标签具有判断竞争行为正当性的作用,也是竞争公平的标准。概言之,反不正当竞争法具体制度是围绕公平竞争进行设计的。

反不正当竞争法意义上的公平可以从两种意义上理解,即一种是效率基础上的公平,或者说能够实现效率就是达到了公平;另一种是效率之外的纯粹伦理意义或者社会和谐意义上的公平。前者是反不正当竞争法基本的公平目标,也体现了公平与效率的一体两面式的有机结合。例如,行为人对其劳动成果受法律保护,这既是公平的要求,更是一种符合效率的激励机制。后者或许是反不正当竞争法必要的或者特殊的社会价值取向,但不应该是其主流,尤其是各国对此态度不尽相同。英美国家认可的不正当竞争行为以及《巴黎公约》中列举的体现国际共识的不正当竞争行为,所体现的都是效率基础上的公平竞争观;欧陆国家为追求和谐社会目标所扩张的不正当竞争行为,所体现的多是纯粹的公平竞争观。在当今时代，欧陆国家已向效率取向的公平取向转变。我国反不正当竞争法价值取向应当正确理解为效率取向意义上的公平。

竞争自由是反不正当竞争法的逻辑前提，是出发点，也是归宿。竞争自由是不正当竞争得以产生的土壤和基础，但反不正当竞争法通过遏制不正当竞争行为，最终仍回归到竞争自由。竞争自由的存在，构成对于反不正当竞争法调整范围和干预程度的约束。据此，不能认为由于反不正当竞争法以维护竞争公平为本体，就与竞争自由水火不容，竞争自由仍是其基本价值追求，是一种基础性价值。

无论是竞争的公平还是竞争的自由，最终都是为了更好地实现市场效率，即实现市场配置资源的最优化。效率无疑是反不正当竞争法经济的追求目标，因此可以将其称为反不正当竞争法的效用价值。自由竞争是市场经济的本质特征，反不正当竞争法以维护竞争自由为基本价值。市场经济通过自由竞争降低成本和市场价格，而使消费者受益。这是反不正当竞争法效率的体现，或者说反不正当竞争法体现的是效率。效率观念的总体思路是充分发挥市场机制的作用，市场竞争的问题尽可能交给市场机制的内生动力去解决，技术带来的问题尽可能交给技术发展来解决，尽可能减少以不正当竞争名义的权力干预。维护正当竞争归根结底就是维护有效率的市场竞争机制，效率是竞争的务实目标。那些干扰或者阻碍市场资源优化配置的竞争，可能被贴上不正当竞争的标签。反不正当竞争法虽然以公平或者正当为标榜，但效率无疑是公平或者正当的根本衡量标准和根本取向。当然，它还可能追求效率之外的公平目标或者社会目标（如欧洲国家传统上对社会和谐价值的追求），但不可能将效率置于次要地位，否则就会丧失反不正当竞争的目标价值。

三、价值取向的制度基础

反不正当竞争法价值取向应落实到具体原则与制度之中，必须有制度设计上的支撑。反不正当竞争法的基本原则、基本判断标准、一般条款、具体规定等，均体现其价值取向，受价值取向的引导和拘束。反不正当竞争法价值取向贯穿于这些原则和制度的解释和适用，并用以指引反不正当竞争法与知识产权专门法等特殊关系的处理。把价值取向问题理顺和解决了，原则与制度的适用就具有明确的和准确的方向，反不正当竞争法也就具有在我国法律体系中准确的和恰当的定位。

价值取向是通过制度设计落到实处，并通过法律标准与界限加以实现。自由、效率与公平的反不正当竞争价值取向，体现于和落实到具体的法律制度之中，通过具体制度付诸实施，因而以具体的制度设计为支撑。反之，反不正当竞争制度能否实现良好的目标取向为检验器，当能够使公平与效率各得其所，反不正当竞争法的具体规则才具有妥当性。当然，体现在反不正当竞争法律条文中的制度设计通常是微观的制度，在价值取向与微观制度之间，还存在一些中间层次和承上启下的中观制度，其中包括连接目标与具体制度的理念。这些受现实经济制度与经济政策的深刻影响。

反不正当竞争是由价值、理念、原则与规则构成的制度体系。在这一制度体系中，价值取向是高位阶的制度元素。高位阶元素可以构成低位阶元素的主导和灵魂，而低位阶元素则是其体现和落实。特别是，在竞争行为正当性的认定中，尤其是在难以决断具体行为正当性的利益衡量中，价值取向必然担当终极裁判者的角色。

参考文献

一、中文著作

［1］博登海默：《法理学法律哲学与法律方法》，邓正来译，中国政法大学出版社1999年。

［2］范长军：《德国反不正当竞争法研究》，法律出版社2010年。

［3］何帆：《大局观真实世界中的经济学思维》，民主与建设出版社2018年。

［4］河山、肖水：《反不正当竞争法概要》，首都师范大学出版社1993年。

［5］黄茂荣：《法学方法与现代民法》，法律出版社2007年。

［6］黄茂荣：《公平交易法专题研究》，植根法学丛书编辑室编辑1998年。

［7］孔祥俊：《反不正当竞争法新论》，人民法院出版社2012年。

［8］孔祥俊：《反不正当竞争法原理》，知识产权出版社2005年。

［9］孔祥俊：《商标与不正当竞争法原理和判例》，法律出版社2009年。

［10］赖源河：《公平交易法新论》，中国政法大学出版社2002年。

［11］李昌麒主编：《经济法学》第二版，法律出版社2008年。

［12］李琛：《知识产权法的体系化》，北京大学出版社2005年。

［13］李琛：《知识产权法关键词》，法律出版社2006年。

［14］李明德、闫文军、黄晖、邰中林：《欧盟知识产权法》，法律出版社2010年。

［15］林毅夫：《新结构经济学反思经济发展与政策的理论框架》，北京大学出版社2014年。

［16］刘春田主编：《知识产权法》，高等教育出版社、北京大学出版社2000年。

［17］刘春田主编:《知识产权法》,中国人民大学出版社 2009 年。
［18］龙卫球:《民法总论》,中国法制出版社 2002 年。
［19］吕来明、熊英:《反不正当竞争法比较研究——以我国反不正当竞争法修改为背景》,知识产权出版社 2014 年。
［20］吕世伦、文正邦:《法哲学论》,中国人民大学出版社 1999 年。
［21］宁立志主编:《知识产权与市场竞争》第四辑,湖北人民出版社 2018 年。
［22］全国人大常委会法制工作委员会民法室主编:《〈中华人民共和国反不正当竞争法〉释义》,法律出版社 1994 年。
［23］邵建东:《德国反不正当竞争法》,中国人民大学出版社 2001 年。
［24］邵建东:《竞争法教程》,知识产权出版社 2003 年。
［25］孙琬钟主编:《反不正当竞争法实用全书》,中国法律年鉴社 1993 年。
［26］汪丁丁:《新政治经济学讲义在中国思索正义、效率与公共选择》,上海人民出版社 2013 年。
［27］王保树:《中国商事法》,人民法院出版社 1996 年。
［28］王瑞贺主编:《中华人民共和国反不正当竞争法释义》,法律出版社 2018 年。
［29］王先林:《竞争法律与政策评论》(第 4 卷),法律出版社 2018 年。
［30］王先林:《竞争法学》,中国人民大学出版社 2009 年。
［31］王泽鉴:《民法总则》,北京大学出版社 2009 年。
［32］吴敬琏、刘吉瑞:《论竞争性市场体制》,中国大百科全书出版社 2009 年。
［33］吴炯:《反不正当竞争法答问》,中国经济出版社 1994 年。
［34］谢晓尧:《竞争秩序的道德解读——反不正当竞争法研究》,法律出版社 2005 年。
［35］谢晓尧:《在经验与制度之间:不正当竞争司法案例类型化研究》,法律出版社 2010 年。
［36］熊秉元:《法的经济解释》,东方出版社 2017 年。
［37］熊秉元:《解释的工具》,东方出版社 2014 年。

［38］熊秉元：《正义的成本》，东方出版社2014年。
［39］徐国栋：《民法基本原则解释》，中国政法大学出版社1992年。
［40］曾世雄：《民法总则之现在与未来》，中国政法大学出版社2001年。
［41］张俊浩：《民法学原理》第三版，中国政法大学出版社2000年。
［42］张文显：《法的概念》，法律出版社2011年。
［43］张文显：《法治中国的理论建构》，法律出版社2016年。
［44］张新宝：《侵权责任构成要件研究》，法律出版社2007年。
［45］种明钊主编：《竞争法学》，高等教育出版社2012年。
［46］朱庆育：《民法总论》，北京大学出版社2013年。

二、期刊论文

［1］蔡琳：《不确定法律概念的法律解释》，《华东政法大学学报》2014年第6期。
［2］崔国斌：《知识产权法官造法批判》，《电子知识产权》2006年第1期。
［3］董笃笃：《〈反不正当竞争法〉的定位与功能》，《法治研究》2016年第4期。
［4］高志宏：《经济全球化背景下对反不正当竞争法的反思与重构建议》，《河南广播电视大学学报》2009年第2期。
［5］郭禾：《公平竞争与知识产权保护的协调》，《河南社会科学》2005年第6期。
［6］何泽华：《反不正当竞争法律制度的分析与完善》，《理论界》2011年第6期。
［7］蒋舸：《关于竞争行为正当性评判泛道德化之反思》，《现代法学》2013年第6期。
［8］孔祥俊：《论反不正当竞争法修订的若干问题——评〈中华人民共和国反不正当竞争法(修订草案)〉》，《东方法学》2017年第3期。
［9］孔祥俊：《我国知识产权保护的反思与展望——基于制度和理念的若干思考》，《知识产权》2018年第9期。
［10］孔祥俊：《〈民法总则〉新视域下的反不正当竞争法》，《比较法研究》

2018年第2期。

[11] 孔祥俊:《反不正当竞争法是公法还是私法及其他》,《工商行政管理》1999年第16期。

[12] 孔祥俊:《论反不正当竞争的基本范式》,《法学家》2018年第1期。

[13] 孔祥俊:《论反不正当竞争法的竞争法取向》,《法学评论》2017年第5期。

[14] 孔祥俊:《论反不正当竞争法的现代化》,《比较法研究》2017年第3期。

[15] 孔祥俊:《论反不正当竞争法的新定位》,《中外法学》2017年第3期。

[16] 孔祥俊:《论新修订〈反不正当竞争法〉的时代精神》,《东方法学》2018年第1期。

[17] 孔祥俊:《中国知识产权保护的新态势——40年来我国知识产权保护的回顾与展望》,《中国市场监管研究》2018年第12期。

[18] 兰磊:《比例原则视角下〈反不正当竞争法〉一般条款解释》,《东方法学》2015年第3期。

[19] 李琛:《法的第二性原理与知识产权概念》,《中国人民大学学报》2004年第1期。

[20] 刘春田:《私权观念和科学态度是知识产权战略的根本保障——纪念〈国家知识产权战略纲要〉颁布实施十年》,《知识产权》2018年第6期。

[21] 刘春田:《中国反不正当竞争法的几个问题》,《中国专利商标》1994年第1期。

[22] 刘丽娟:《论知识产权法与反不正当竞争法的适用关系》,《知识产权》2012年第1期。

[23] 孟雁北:《反不正当竞争法视野中的商业道德解读——以互联网行业不正当竞争行为的规制为例证》,《中国工商管理研究》2012年第12期。

[24] 邱本:《论市场竞争法的基础》,《中国法学》2003年版第4期。

[25] 邵建东:《论私法在维护正当竞争秩序中的作用——以中德不正当竞

争法为考察对象》,《山西大学学报(哲学社会科学版)》2003年第3期。

[26] 石必胜:《网络不正当竞争认定中的公共利益考量》,《电子知识产权》2015年第3期。

[27] 王博文:《德国反不正当竞争法私法属性的历史和理论建构(上)》,《竞争政策研究》2016年第7期。

[28] 王为农:《中日反不正当竞争法比较研究》,《外国法译评》1998年第4期。

[29] 谢晓尧:《未阐明的规则与权利的证成——不正当竞争案件中法律原则的适用》,《知识产权》2014年第10期。

[30] 薛军:《质疑非公益必要不干扰原则》,《电子知识产权》2015年第1期。

[31] 张平:《反不正当竞争法的一般条款及其适用——搜索引擎爬虫协议引发的思考》,《法律适用》2013年第3期。

[32] 郑友德、范长军:《反不正当竞争法一般条款具体化研究》,《法商研究》2005年第5期。

[33] 郑友德、伍春燕:《我国反不正当竞争法修订十问》,《法学》2009年第1期。

[34] 郑友德、杨国云:《现代反不正当竞争法中"竞争关系"之界定》,《法商研究》2002年第6期。

三、中文译著

[1] 〔比〕保罗·纽尔:《竞争与法律》,刘利译,法律出版社2004年。

[2] 〔澳〕彼得·德霍斯:《知识产权法哲学》,商务印书馆2008年。

[3] 〔美〕戴维·格伯尔:《全球竞争,法律、市场和全球化》,陈若鸿译,孙一梁、毛寿龙、冯兴元校,北京,中国法制出版社2012年。

[4] 〔美〕丹尼尔·F.史普博:《管制与市场》,余晖、何帆、周维富译,格致出版社2008年。

[5] 〔美〕德沃金:《认真对待权利》,信春鹰、吴玉章译,上海三联出版社2008年。

[6]〔德〕迪特尔·梅迪库斯:《德国民法总论》,邵建东译,法律出版社2013年。

[7]〔美〕弗里德曼:《法律制度》,李琼英、林欣译,中国政法大学出版社2004年。

[8]〔德〕弗诺克·亨宁·博德维西:《全球反不正当竞争法指引》,黄武双、刘维、陈雅秋译,法律出版社2015年。

[9]〔美〕哈特:《法律概念》,许家瑞、李冠宜译,法律出版社2011年。

[10]〔英〕哈耶克:《法律、立法与自由》,邓正来译,中国大百科全书出版社2000年。

[11]〔德〕卡尔·拉伦茨:《法学方法论》,商务印书馆2003年。

[12]〔美〕康芒斯:《制度经济学》(上下册),于树生译,商务印书馆2014年。

[13]〔英〕克里斯汀·格林哈尔希、马克·罗格:《创新、知识产权与经济增长》,刘劭君、李维光译,知识产权出版社2017年。

[14]〔美〕理查德·A.波斯纳:《道德和法律理论的疑问》,苏力译,中国政法大学出版社2001年。

[15]〔美〕理查德·A.波斯纳:《正义/司法的经济学》,苏力译,中国政法大学出版社2002年。

[16]〔英〕理查德·贝拉米:《自由主义与现代社会——一项历史论证》,毛兴贵等译,江苏,江苏人民出版社2012年。

[17]〔美〕罗伯特·考特、托马斯·尤伦:《法和经济学》,张军等译,上海三联书店、上海人民出版社1994年。

[18]〔美〕罗纳德·H.科斯:《企业、市场与法律》,盛洪、陈郁译校,格致出版社·上海三联书店·上海人民出版社2014年。

[19]〔美〕罗斯科·庞德:《法理学》(第一卷),余履雪译,法律出版社2007年。

[20]〔英〕洛克:《政府论》,叶启芳、瞿菊农等译,商务印书馆1997年。

[21]〔比〕马克·范·胡克:《法律的沟通之维》,孙国东译,法律出版社2008年。

［22］〔美〕曼昆:《经济学原理》,梁小民、梁砾译,北京大学出版社 2015年。
［23］〔德〕米歇尔·鲍曼:《道德的市场》,肖君、黄承业译,中国社会科学出版社 2003年。
［24］〔德〕齐佩利乌斯:《法学方法论》,金振豹译,法律出版社 2009年。
［25］〔德〕乌尔里希克卢格:《法律逻辑》,雷磊译,法律出版社 2016年。
［26］〔美〕谢而登·W.哈而彭、克雷格·艾伦纳德、肯尼思·L.波特等:《美国知识产权法原理》,宋慧献译,商务印书馆 2013年。

四、外文原著及文献

［1］Christian Riffel, *Protection Against Unfair Competition in the WTO Trips Agreement*, Martinus Nijhoff Publishers(2016).

［2］Christopher Wadlow, *The Law of Passing-off: Unfair Competition by Misrepresentation*, Sweet & Maxwell (2011).

［3］Colin P.Marks, Douglas K.Moll, *The Law of Business Torts and Unfair Competition, Cases Materials, and Problems*, West Academic Publishing(2016).

［4］David Vaver and Lionel Bently, *Intellectual Property in the New Millennium: Essays in Honour of William R. Cornish*, Cambridge University Press(2004).

［5］Rogier W.de Vrey, *Towards a European Unfair Competition Law: A Clash between Legal Families*, Martinus Nijhoff Publishers (2006).

五、学位论文

吉田庆子:《中日反不正当竞争法比较研究》,西南政法大学经济法学院经济法专业 2006年博士毕业论文。

六、其他主要文献

1.北京海淀法院课题组:《北京市海淀区人民法院关于网络不正当竞争纠

纷案件的调研报告》。
2. 中国律师协会、北京市工商行政管理局:《课题八关于反不正当竞争法修订的建议》。

案例列表

1. 山东省食品进出口公司、山东山孚集团有限公司、山东山孚日水有限公司与青岛圣克达诚贸易有限公司、马达庆不正当竞争纠纷案

   最高人民法院民事裁定书（2009）民申字第 1065 号

2. 宁波微亚达制笔有限公司与上海中韩晨光文具制造有限公司、原审被告宁波微亚达文具有限公司、原审被告上海成硕工贸有限公司擅自使用知名商品特有装潢纠纷案

   最高人民法院（2010）民提字第 16 号民事裁定书

3. 北京奇虎科技有限公司、奇智软件（北京）有限公司与腾讯科技（深圳）有限公司、深圳市腾讯计算机系统有限公司不正当竞争纠纷案

   最高人民法院（2013）民三终字第 5 号民事判决书

4. 麦达可尔（天津）科技有限公司与华阳新兴科技（天津）集团有限公司、一审被告王某等侵害商业秘密纠纷案

   最高人民法院民事判决书（2019）最高法民再 268 号

5. 合一信息技术（北京）有限公司与北京金山安全软件有限公

司、贝壳网际（北京）安全技术有限公司、北京金山网络科技有限公司不正当竞争纠纷案

北京市海淀区人民法院(2013)海民初字第 13155 号民事判决书

北京市第一中级人民法院(2014)一中民终字第 3283 号民事判决书

6. 北京奇虎科技有限公司与北京百度网讯科技有限公司、百度在线网络技术（北京）有限公司、奇智软件（北京）有限公司侵害注册商标专用权及不正当竞争纠纷案

北京市高级人民法院(2013)高民终字第 2352 号民事判决书

7. 爱奇艺诉 UC 浏览器的不正当竞争案

北京市海淀区人民法院(2015)海民（知）初字第 23773 号民事判决书

8. 北京微梦创科网络技术有限公司诉北京淘友天下技术有限公司、北京淘友天下科技发展有限公司不正当竞争纠纷案

北京知识产权法院(2016)京 73 民终 588 号民事判决书

9. 深圳市腾讯计算机系统有限公司与北京世界星辉科技有限责任公司不正当竞争纠纷案

北京市朝阳区人民法院(2017)京 0105 民初 70786 号民事判决书

10. 路易威登马利蒂公司与被告上海鑫贵房地产开发有限公司、上海国际丽都置业有限公司商标侵权和不正当竞争纠纷案

上海市第二中级人民法院(2004)沪二中民五(知)初字第242号民事判决书

11.北京百度网讯科技有限公司与上海汉涛信息咨询有限公司不正当竞争纠纷案

上海知识产权法院(2016)沪73民终242号民事判决书

12.上海大摩网络科技有限公司与北京爱奇艺科技有限公司不正当竞争纠纷案

上海知识产权法院(2016)沪73民终33号民事判决书

13.北京爱奇艺公司与北京搜狗公司等不正当竞争纠纷案

上海知识产权法院(2018)沪73民420号民事判决书

14.优酷信息技术(北京)有限公司诉杭州硕文软件有限公司不正当竞争纠纷案浙江省杭州铁路运输法院(2017)浙8601民初928号民事判决书

浙江省杭州市中级人民法院(2018)浙01民终231号民事判决书

15.武汉鱼趣网络科技有限公司与上海炫魔网络科技有限公司、上海脉淼信息科技有限公司、朱浩侵害著作权及不正当竞争纠纷案

湖北省武汉市中级人民法院(2017)鄂01民终4950号民事判决书